Learning
JAPANESE KANJI
Practice Book
VOLUME 1

ERIKO SATO

TUTTLE Publishing
Tokyo | Rutland, Vermont | Singapore

"Books to Span the East and West"

Tuttle Publishing was founded in 1832 in the small New England town of Rutland, Vermont [USA]. Our core values remain as strong today as they were then—to publish best-in-class books which bring people together one page at a time. In 1948, we established a publishing outpost in Japan—and Tuttle is now a leader in publishing English-language books about the arts, languages and cultures of Asia. The world has become a much smaller place today and Asia's economic and cultural influence has grown. Yet the need for meaningful dialogue and information about this diverse region has never been greater. Over the past seven decades, Tuttle has published thousands of books on subjects ranging from martial arts and paper crafts to language learning and literature—and our talented authors, illustrators, designers and photographers have won many prestigious awards. We welcome you to explore the wealth of information available on Asia at **www.tuttlepublishing.com**.

Published by Tuttle Publishing, an imprint of Periplus Editions (HK) Ltd.

www.tuttlepublishing.com

Copyright © 2015 by Periplus Editions (HK) Ltd.

All rights reserved. No part of this publication may be reproduced or utilized in any form or by any means, electronic or mechanical, including photocopying, recording, or by any information storage and retrieval system, without prior written permission from the publisher.

ISBN: 978-0-8048-4493-2
ISBN: 978-4-8053-1377-0 (For sale in Japan only)

Distributed by:

North America, Latin America & Europe
Tuttle Publishing
364 Innovation Drive
North Clarendon, VT 05759-9436 U.S.A.
Tel: 1 (802) 773-8930
Fax: 1 (802) 773-6993
info@tuttlepublishing.com
www.tuttlepublishing.com

Japan
Tuttle Publishing
Yaekari Building, 3rd Floor
5-4-12 Osaki
Shinagawa-ku
Tokyo 141 0032
Tel: (81) 3 5437-0171
Fax: (81) 3 5437-0755
sales@tuttle.co.jp
www.tuttle.co.jp

Asia Pacific
Berkeley Books Pte. Ltd.
3 Kallang Sector #04-01
Singapore 349278
Tel: (65) 6741-2178
Fax: (65) 6741-2179
inquiries@periplus.com.sg
www.tuttlepublishing.com

First edition
27 26 25 24 23
15 14 13 12 11

Printed in China   2308CM

TUTTLE PUBLISHING® is a registered trademark of Tuttle Publishing, a division of Periplus Editions (HK) Ltd.

Contents

Introduction	4
一 二 三 四 五	10
六 七 八 九	12
十 百 千 万	14
円 曜 週 年	16
日 月 火 水	18
木 金 土 午	20
今 分 半 毎	22
何 時 計 間	24
男 女 父 母	26
子 友 人 手	28
目 足 耳 口	30
右 左 前 後	32
上 下 中 外	34
北 南 西 東	36
白 花 川 山	38
空 天 気 雨	40
学 校 生 先	42
休 本 書 読	44
見 聞 言 語	46
車 駅 会 社	48
行 来 出 入	50
国 道 安 高	52
飲 食 魚 長	54
古 新 小 大	56
少 多 買 電	58
名 立	60
Writing Practice	61

Practice 1	62
Practice 2	64
Practice 3	66
Practice 4	68
Practice 5	70
Practice 6	72
Practice 7	74
Practice 8	76
Practice 9	78
Practice 10	80
Practice 11	82
Practice 12	84
Practice 13	86
Practice 14	88
Practice 15	90
Practice 16	92
Practice 17	94
Practice 18	96
Practice 19	98
Practice 20	100
Practice 21	102
Practice 22	104
Practice 23	106
Practice 24	108
Practice 25	110
Practice 26	112
Radical Index	113
Readings Index	114
Japanese–English Index	117
English–Japanese Index	124

Introduction

Modern Japanese can be written horizontally, from left to right, or vertically, from top to bottom. Japanese is one of the rare languages that uses multiple writing systems simultaneously, sometimes even in the same sentence. It is written by combining Chinese characters, called *kanji*, and two sets of syllabic alphabets called *kana* (*hiragana* and *katakana*) along with a few punctuation marks. Each kanji character represents a meaning, while each kana character represents a sound. For example, the following short sentence contains kanji, hiragana, and katakana:

パーティーに来ました。
Pātī ni kimashita.
(He) came to the party.

The non-Chinese loanword パーティー, written **pātī** in Roman letters and meaning *party*, is written in katakana. The stem of the verb 来, pronounced *ki* and meaning *to come*, is written using kanji. The grammatical particle に, written **ni** in Roman letters and meaning *to*, and the inflectional element ました, pronounced **mashita** (polite past affirmative), are written in hiragana. Isn't it interesting that all three writing systems can be used in such a simple sentence?

The total number of kana is relatively small: there are only 46 basic characters for each kana system in modern Japanese. By contrast, the total number of kanji is quite large. The Japanese government selected a total of 1,945 kanji (the so-called **jōyō** kanji, or kanji for daily use) in 1981. Japanese students are expected to learn how to read all of these kanji by the time they graduate high school. Additional kanji are used in proper names and certain other words.

You might think that there are too many kanji characters to learn, but don't get discouraged! If you learn the first several hundred kanji characters, you will be able to understand or guess the meaning of most street signs, restaurant menus, merchandise names, a variety of instructions, and much more! Furthermore, it is a lot of fun to learn kanji because the characters have interesting historical and cultural backgrounds and amazing compositional structures. Each kanji character has a unique meaning and shape, so each time you learn a new kanji character, you'll feel a bit like you've made a new friend.

The key to your ultimate success is to learn the basic kanji correctly and solidly. A thorough knowledge of the simplest kanji will provide you with a firm foundation for mastering more complex kanji quickly. The 103 kanji included in this book are the basic kanji used in everyday life and also commonly appear in Level 5 of the Japanese Language Proficiency Test. If you make a manageable plan for learning with this workbook everyday, you'll be able to enjoy the process of learning kanji and greatly improve your reading proficiency in Japanese. This introduction provides you with the basic information you need to know about the development and use of kanji and shows you how to write them properly.

How did kanji develop?

The word **kanji** literally means "characters of the Han Dynasty of ancient China" (206 B.C.E. to 220 A.D.). The initial forms of kanji originated in the Yellow River region of China between 2000 and 1500 B.C.E. The earliest preserved characters were written on tortoise shells and animal bones, and about 3,000 characters have been discovered from this early period. Depending on how they were formed, kanji can be classified into four main categories: pictorial kanji, indicative kanji, compound ideographic kanji, and phonetic-ideographic kanji.

Pictorial kanji originated from pictures of objects or phenomena. For example:

Meaning	Original Picture	Modern Kanji
River		川
Mountain		山
Tree		木
Sun		日
Moon		月
Rain		雨

Indicative kanji were created as symbolic representations of abstract concepts using points and lines. For example:

Meaning	Original Sign	Modern Kanji
One	—	一
Two	=	二
Three	≡	三
Top	•̄	上
Bottom	̄•	下

Compound ideographic kanji were formed by combining two or more pictorial or indicative kanji to bring out a new but simple idea. For example:

Meaning	Combining Multiple Kanji	Resulting Kanji
Woods	木 + 木 tree + tree	林
Forest	木 + 木 + 木 tree + tree + tree	森
Bright	日 + 月 sun + moon	明

Finally, *phonetic-ideographic kanji* were formed by combining an element that expressed meaning and an element that carried the sound. For example, the following characters all stand for some body of water:

Meaning	Combining Elements	Kanji
Inlet	氵 + 工 water + KŌ	江
Ocean	氵 + 羊 water + YŌ	洋
River	氵 + 可 water + KA	河

The left side of each character above, 氵, contributes the meaning, showing that each kanji's meaning is related to water. The right side of each character 工, 羊, or 可, contributes the sound, showing how the kanji should be pronounced.

Kanji characters were brought to Japan from China between the fourth and the fifth centuries A.D. Until then, there were no written symbols in Japanese. The Japanese initially developed a hybrid system where kanji were given Japanese pronunciations and were used for writing Japanese. This system proved unwieldy, since Japanese and Chinese grammar and structure are so different. Then, they developed a system, **man'yōgana**, in which a limited set of kanji was used to write Japanese words with their sounds. Hiragana and katakana were developed in the Heian Period (794-1185) from some of the kanji characters included in **man'yōgana**. About 2,000 kanji as well as hiragana and katakana are still used in modern Japanese. Interestingly, there are some kanji characters that were created in Japan. For example, the kanji 峠 (mountain pass), 畑 (field of crops), and 働 (work) were all created in Japan by combining multiple existing kanji components.

How are kanji pronounced?
The Japanese language is very different from the Chinese language, having very distinct grammar and sounds. Many Chinese words consist of one syllable, but most Japanese words have more than one syllable. So, the assignment of a Japanese pronunciation to each kanji required both flexibility and creativity.

On-readings and kun-readings
There are two different ways of reading kanji in Japanese: on-readings (or **on-yomi**) and kun-readings (or **kun-yomi**). When kanji characters were first introduced to Japan, the original Chinese pronunciations were also adapted with only minor modifications. Such Chinese ways of reading kanji are called on-readings and are still used, especially when a character appears as a part of a compound where two or more kanji are combined to form a word.

At the same time, many kanji characters were assigned the pronunciation of the existing native Japanese word whose meaning was closest to that of the character. Such Japanese readings are called kun-readings, and are used especially when a character occurs independently in a sentence. For example, the character 母 is pronounced **bo** (on-reading) when used as a part of the compound word 母国, **bokoku** (mother country), but is pronounced **haha** (kun-reading) when used by itself. This is illustrated in the following sentence.

私の母の母国はフランスです。
Watashi no haha no bokoku wa Furansu desu.
My mother's mother country is France.

INTRODUCTION

In this workbook, on-readings are shown in katakana and, when Romanized, in upper-case letters. Conversely, kun-readings are shown in hiragana and in lower-case letters when Romanized.

Some kanji characters have more than one on-reading or kun-reading, and different readings are used in different contexts. Also note that there are special cases where it is not possible to clearly divide a kanji compound into components that can be pronounced separately.

Okurigana

As noted above, many Chinese words consist of a single syllable, expressed by only one Chinese character, but the corresponding Japanese words often have more than one syllable. In order to use kanji in the Japanese language, some kanji characters needed to be accompanied by kana. Such kana are called **okurigana**. Okurigana are particularly important for verbs and adjectives, which need inflectional elements, although they may also be used for other types of words, including nouns and adverbs. For example, in the following words, the kanji 高, meaning *expensive* or *high*, and the kana that follow jointly represent the pronunciation of the whole word, successfully representing its complete meaning:

高い	**takai**	expensive (plain present affirmative)
高くない	**takakunai**	not expensive (plain present negative)
高かった	**takakatta**	was expensive (plain past affirmative)

In this book, the okurigana are preceded by "–" when first presented in kun-readings.

Furigana

Kanji characters are occasionally provided with kana that shows how they are intended to be read in the given context. Such kana used as a pronunciation guide are called **furigana**. For example, the hiragana characters placed right above the kanji in the following word are furigana:

たか
高い

Furigana is often used for children or learners of Japanese. This can be a great help for you at the beginning! It is also used in newspapers for unusual readings and for characters not included in the officially recognized set of essential kanji. Japanese comic books use furigana generously!

How are kanji used in compounds?

Some Japanese words are represented by only one kanji (e.g., 赤, **aka**, *red*), but many Japanese words are represented by a kanji with okurigana (e.g., 高い, **takai**, *expensive*) or by a kanji compound. Kanji compounds constitute a large proportion of Japanese vocabulary. For example, 先生, written **sensei** in Roman letters, is a compound meaning *teacher*. It consists of two characters, 先 (ahead) and 生 (live). In general, on-readings are used for compounds, but occasionally, kun-readings are also used.

By the way, when you write a compound, there is no need to add a space between the kanji characters in it, but don't try to squeeze the characters together to fit in one-character space. Each character in a compound should take one-character space. For example, notice the difference between 女子 (girl) and 好 (to like). The first item (女子) is a kanji compound that consists of two kanji characters, 女 (woman) and 子 (child). By contrast, the second item (好) is a single kanji character that consists of two kanji components, 女 and 子.

Some kanji compounds were created in Japan and have been brought back to China and are now being used there. Examples include 電話 **denwa** (telephone), 化学 **kagaku** (science), and 社会 **shakai** (society). Many kanji compounds are also used to represent Japanese culture, concepts, and ideas (e.g., 神道 **Shinto**) as well as to name Japanese people (e.g., 田中 **Tanaka**), institutions and companies (e.g., 三菱 **Mitsubishi**), places (e.g., 東京 **Tokyo**), and eras (e.g., 明治 **Meiji**). Regardless of their origin, kanji compounds form an essential part of the lives of Japanese people.

There are two special cases where you may have a hard time reading kanji compounds: **jukujikun** and **ateji**. A **jukujikun** is a unique kun-reading assigned to an entire kanji compound rather than to each kanji character separately. For example, the compound 明日 (tomorrow) can be read as **myōnichi** using the on-reading of each character in the compound one after another, as in the majority of typical kanji compounds, but can also be read as **asu**, which is a **jukujikun**. In the latter case, it is impossible to tell which syllable corresponds to 明 and which syllable corresponds to 日 because the reading is assigned to the whole compound. Other examples of **jukujikun** include 一日 **tsuitachi** (the first day of the month), 五月雨 **samidare** (early summer rain), 海老 **ebi** (shrimp), and 土産 **miyage** (souvenir).

Ateji are kanji characters whose sounds are used to represent native Japanese words or non-Chinese loanwords regardless of the meanings of the kanji. For example, the kanji compound 寿司 is made of **ateji**. It is pronounced **sushi**, and means sushi, the food, even though 寿 means *one's natural life span* and 司 means *to administer*, neither of which are directly related to food. Other examples of **ateji** include 目出度い **medetai** (happy), 出鱈目 **detarame** (random), and 珈琲 **kōhī** (coffee). Many **ateji** for non-Chinese loanwords, including proper names, have been replaced by katakana, but some are still used. In addition, new **ateji** are occasionally created.

What are radicals?
Most kanji characters are composed of two or more components. Each component may contribute to the kanji's meaning, sound, or merely its shape. For example, 日 is an independent kanji character meaning *sun*, but is also a component that lends meaning to many kanji. For example:

明 *bright*   時 *time*   晴 *clear up*

There are many kanji-components, but the most basic and identifiable elements of kanji are called *radicals*. For hundreds of years, Chinese dictionaries have organized kanji characters according to their radicals. Each Chinese character was assigned a radical and placed in an appropriate section of a dictionary according to the designated radical.

It is not always clear which component of a kanji is the radical, but this workbook shows the radical for each kanji at the upper right corner of the page. Whenever you learn a new kanji using this book, check its radical. It will help you understand and remember the meaning and the internal composition of the kanji. Eventually, you will be able to identify the radical just by looking at a kanji. There is an index of characters organized by radical near the end of this book.

Depending on its position in a kanji character, radicals are classified into seven categories, as shown in the chart on page 8.

How do I look up a kanji in a Japanese dictionary?
Many dictionaries list kanji characters according to their pronunciation, for both on-readings and kun-readings, either in kana or in Roman letters. So, if you know the reading of a kanji character, you can easily find it in such a dictionary using its pronunciation-based index. For example, *The Original Modern Reader's Japanese-English Character Dictionary* by Andrew N. Nelson (Tuttle Publishing), has an on/kun index in the back, and kanji characters are alphabetically listed according to both their on-readings and their kun-readings in

Roman letters with a unique code number provided for each character. Using that code number, you can easily find the page you should go to in the dictionary.

What if you see a kanji, but you don't know how to read it? You could then use the radical index included in most dictionaries. In a radical index, hundreds of radicals are listed according to the radical's total number of strokes. For example, 日 is the radical of 明, and it has 4 strokes. You can find the radical 日 in the radical list under the section for four-stroke radicals in just a few seconds. There you will find a code number, which will guide you to the list of all the kanji with the radical 日. For example, you will see many kanji, including 明, 晴, and 時, on the page specified by the code number for the radical 日. They are ordered according to their total stroke count. You can easily find the kanji character you want in the list.

If you have no clue about either the pronunciation or the radical of the kanji, you can use the kanji's total stroke count as a reference. This book specifies the total stroke count for each kanji at the upper left corner of the box containing the kanji, but if you always write kanji in the correct stroke order and with the correct stroke count, you can figure it out by yourself.

How are kanji characters written?
To write kanji properly and legibly, it is very important to know how each stroke in a kanji is drawn. Here are some principles and tendencies for stroke endings, stroke directions, and stroke orders.

Stroke Endings
Each stroke ends in とめ **tome** (stop), はね **hane** (jump), or はらい **harai** (sweep). (Note that some diagonal lines end in stop-sweep.) For example, a vertical straight line can end in stop, jump, or sweep, as shown below:

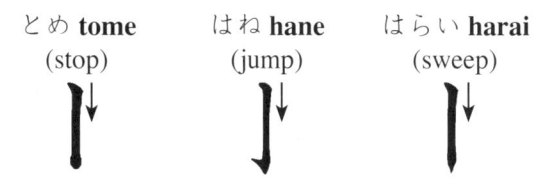

とめ **tome**   はね **hane**   はらい **harai**
(stop)   (jump)   (sweep)

Stroke Directions
A stroke can be vertical, horizontal, diagonal, angled, or curved, or can be just a short abbreviated line.

Vertical lines always go from top to bottom, and *horizontal lines* always go from left to right.

Name	Position		Example
偏 **hen** (lit., partial, one-sided)	left	亻	にんべん **ninben** (person) 休 (rest), 体 (body), 作 (make)
旁 **tsukuri** (lit., aside)	right	斤	おのづくり **onozukuri** (ax) 近 (near), 新 (new), 所 (place)
冠 **kanmuri** (lit., crown)	top	艹	くさかんむり **kusakanmuri** (grass) 草 (grass), 花 (flower), 茶 (tea)
脚 **ashi** (lit., leg)	bottom	儿	ひとあし **hitoashi** (human legs) 見 (look), 兄 (older brother), 先 (ahead)
構 **kamae** (lit., enclosure)	frame	囗	くにがまえ **kunigamae** (border) 国 (country), 困 (be in difficulty), 囚 (prisoner)
		門	もんがまえ **mongamae** (gate) 問 (inquire), 聞 (listen), 間 (between)
		凵	うけばこ **ukebako** (container, vessel) 画 (picture), 凶 (bad), 歯 (tooth)
		匚	かくしがまえ **kakushigamae** (conceal) 区 (ward), 医 (physician), 匿 (conceal)
		勹	つつみがまえ **tsutsumigamae** (wrap) 包 (wrap), 抱 (embrace), 句 (phrase)
垂 **tare** (lit., something hanging down)	top & left	疒	やまいだれ **yamaidare** (sickness) 病 (illness), 痛 (painful), 癌 (cancer)
繞 **nyō, nyū** (lit., going around)	left & bottom	辶	しんにょう **shinnyō** (proceed) 道 (road), 進 (proceed), 過 (pass)

Diagonal lines can go either downward or upward. For example:

Some strokes are extremely short and are called て ん **ten**. They may be vertical or slightly diagonal:

If a stroke forms a corner, a sharp angle, or a curve, it goes from left to right and then goes down, or goes down and then left to right. For example:

corner

sharp angle

curve

Stroke Order

You should remember how the strokes in each character are ordered in order to write a character neatly with the appropriate shape. Most kanji characters are written following the general principles of stroke order:

1. Kanji are written from top to bottom.

三 (three)   一 二 三

2. Kanji are written from left to right.

川 (river)   丿 川 川

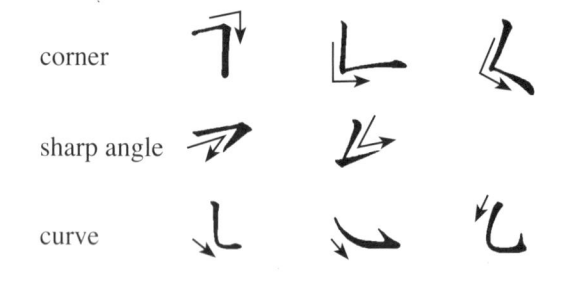

Some strokes have a combination of a sharp angle and a curve. For example:

3. Horizontal strokes usually precede vertical strokes when crossing, although there are some exceptions such as 王 and 田.

十 (ten)   一 十

8

4. A central line usually precedes the strokes placed on its right and left.

　小 (small)　丨　小　小

5. An outer frame must be written first before finishing the inside except for the bottom line. The bottom line of an outer frame must be completed at the very end.

　国 (country)　丨　冂　国　国

6. A right-to-left diagonal stroke precedes a left-to-right diagonal stroke.

　人 (person)　丿　人

7. A vertical line piercing through the center of a character is written last.

　車 (vehicle)　一　曰　亘　車

8. A horizontal line piercing the center of the character is written last.

　子 (child)　乛　了　子

How do I learn to write kanji?
Remember that a good beginning and good planning are the keys to success in learning kanji. The following are some suggested steps for learning kanji using this workbook.

Get used to the strokes
Before writing any kanji, practice drawing some of the simple strokes with different endings many times on a sheet of scrap paper. For example, try drawing the strokes presented above (e.g., vertical lines, diagonal lines). Each time you end the stroke, say とめ **tome** (stop), はね **hane** (jump), or はらい **harai** (sweep), depending on which type of ending you are working on. If you have a brush and ink, try to make changes in the thickness of different portions of each stroke. Of course, you can also use a pen or pencil. If you do, ignore the difference in the thickness of different portions of each stroke. Just get used to the general flow of strokes. It will help you to write kanji beautifully in an authentic style.

Understand the character
Before writing an actual kanji character as a whole, familiarize yourself with its meaning, pronunciation, usage examples, and radical. Be creative and make associations to help you remember the shape, composition, meaning, and sound of the character you are working on. Your associations can be logical or natural, or can be silly or funny. Your imagination and creativity will always help you learn and remember new things, especially when you are dealing with numerous items. Under each character in this book, the first several boxes show the stroke order and direction. Refer to them, and try writing the character once. The number of strokes for each kanji is specified in the upper-left corner of each page. Check whether you used the correct number of strokes when you wrote the kanji. Then compare your character with the one printed on the page. Pay attention to the size and the position of the character in relation with the box as well as the proportion and shape of the lines.

Practice writing the character
When you have fully understood the given character in terms of meaning, pronunciation, usage, radical, and stroke order, write it about 10 times in a row. You may not believe it, but your hand muscle will remember how to write a kanji if you repeat writing it many times. If helpful, trace over the gray characters at the beginning of each page.

Review kanji periodically
Practice a few new characters at a time every day following the above steps. Once you have worked your way through the first half of the book, in which the kanji are introduced for the first time, move on to the practice exercises in the second half of the book. These practice exercises will allow you to use the 103 kanji you have learned, plus your existing knowledge of hiragana and katakana, to write real vocabulary words, which is a great way to reinforce and remember the kanji. Each exercise gives particular emphasis to the four kanji given in the heading, and you should find that as you work your way through the exercises that your writing becomes smoother and your recall of the characters easier. The more vocabulary words you learn, and the more you practice writing them, the easier it becomes to memorize the kanji!

　頑張ってください。
　Ganbatte kudasai!
　Try your best (and good luck)!

	meaning one	**ON readings** イチ **ICHI**, イッ **I'**	**common words** 一人　ひとり　**hitori**　one person
一 (1 stroke)	**radical** 一	**KUN readings** ひと- **hito-**, ひと-つ **hito-tsu**	一日　いちにち/ **ichinichi**/　a day; all day/ 　　　ついたち　**tsuitachi**　the first day (of the month) 一つ　ひとつ　**hitotsu**　one (piece; age) 一月　いちがつ　**ichigatsu**　January

	meaning two	**ON readings** ニ **NI**	**common words** 二月　にがつ　**nigatsu**　February
二 (2 strokes)	**radical** 二	**KUN readings** ふた　**futa**, ふた-つ　**futa-tsu**	二人　ふたり　**futari**　two people 二日　ふつか　**futsuka**　two days, 2nd day of the month 二千　にせん　**nisen**　two thousand 二つ　ふたつ　**futatsu**　two (pieces; age)

	meaning three	**ON readings** サン **SAN**	**common words** 三月　さんがつ　**sangatsu**　March
三 (3 strokes)	**radical** 一	**KUN readings** み **mi-**, み(っ)-つ　**mi(t)-tsu**	三日　みっか　**mikka**　three days, 3rd day of the month 三人　さんにん　**san'nin**　three people 三つ　みっつ　**mittsu**　three (pieces; age)

10

四

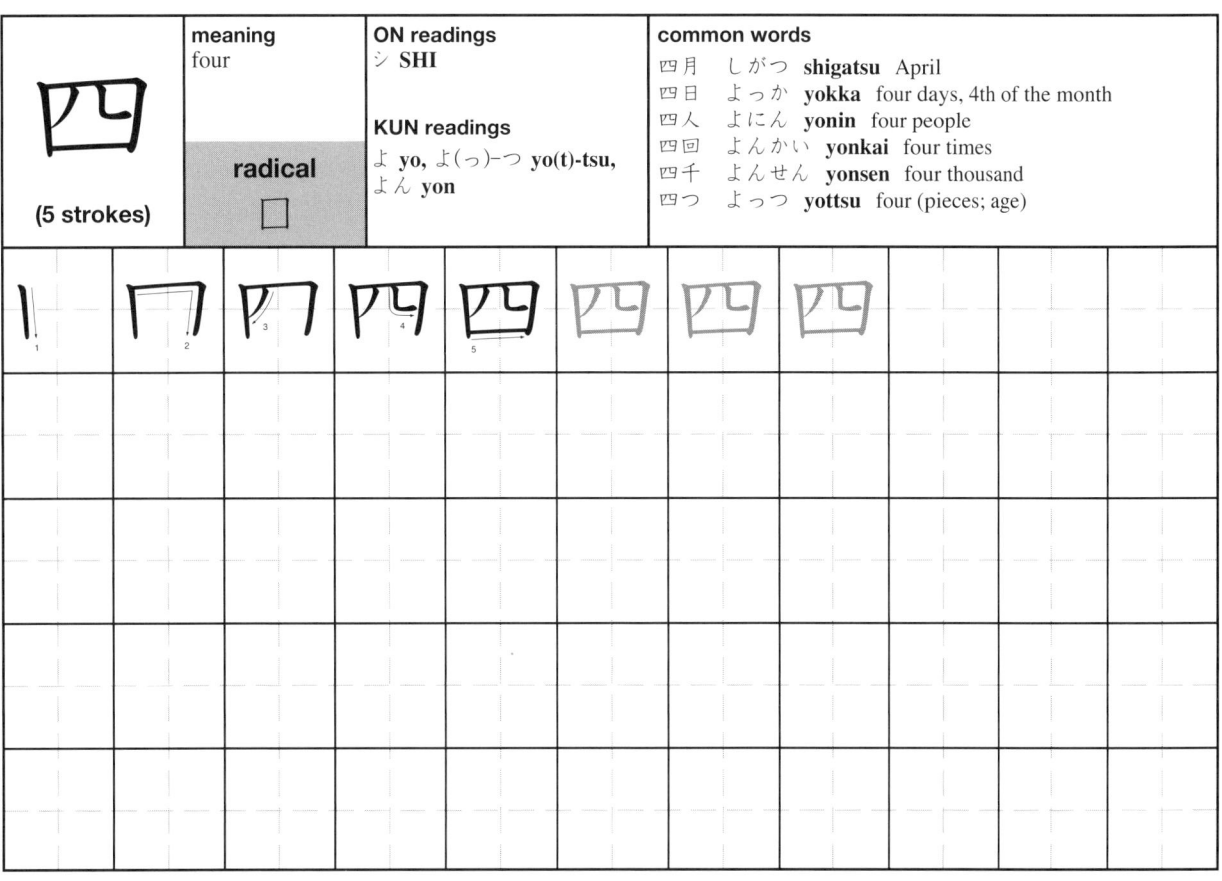

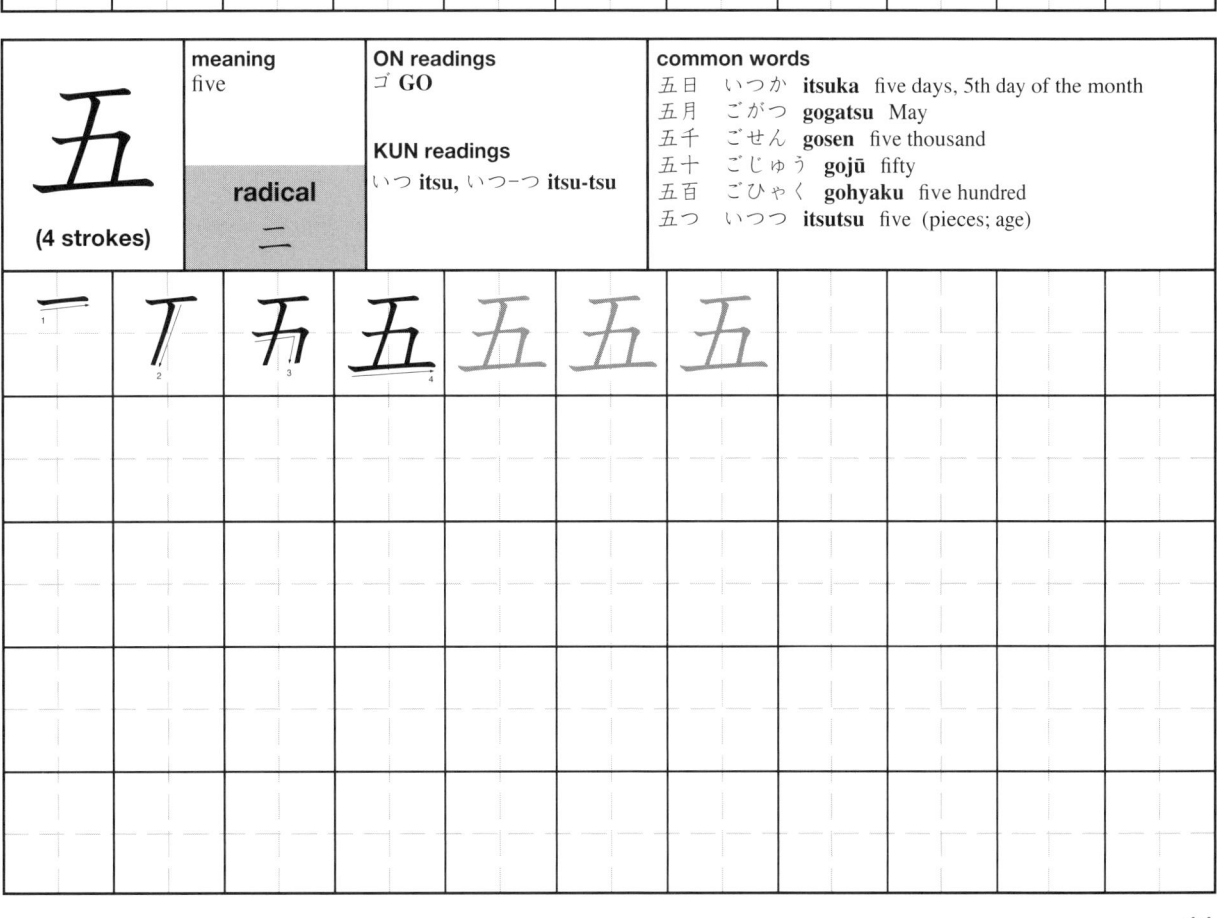

meaning: four

ON readings: シ SHI

KUN readings: よ yo, よ(っ)-つ yo(t)-tsu, よん yon

radical: 口

(5 strokes)

common words
- 四月　しがつ　**shigatsu**　April
- 四日　よっか　**yokka**　four days, 4th of the month
- 四人　よにん　**yonin**　four people
- 四回　よんかい　**yonkai**　four times
- 四千　よんせん　**yonsen**　four thousand
- 四つ　よっつ　**yottsu**　four (pieces; age)

五

meaning: five

ON readings: ゴ GO

KUN readings: いつ itsu, いつ-つ itsu-tsu

radical: 二

(4 strokes)

common words
- 五日　いつか　**itsuka**　five days, 5th day of the month
- 五月　ごがつ　**gogatsu**　May
- 五千　ごせん　**gosen**　five thousand
- 五十　ごじゅう　**gojū**　fifty
- 五百　ごひゃく　**gohyaku**　five hundred
- 五つ　いつつ　**itsutsu**　five (pieces; age)

六

六 (4 strokes)	**meaning** six **radical** 八	**ON readings** ロク ROKU **KUN readings** む mu, む(っ)-つ mu(t)-tsu

common words
- 六日　むいか **muika** six days, 6th day of the month
- 六月　ろくがつ **rokugatsu** June
- 六年生　ろくねんせい **rokunensei** sixth grader
- 六時　ろくじ **rokuji** six o'clock
- 六百　ろっぴゃく **roppyaku** six hundred
- 六十　ろくじゅう **rokujū** sixty
- 六つ　むっつ **muttsu** six (pieces; age)

七

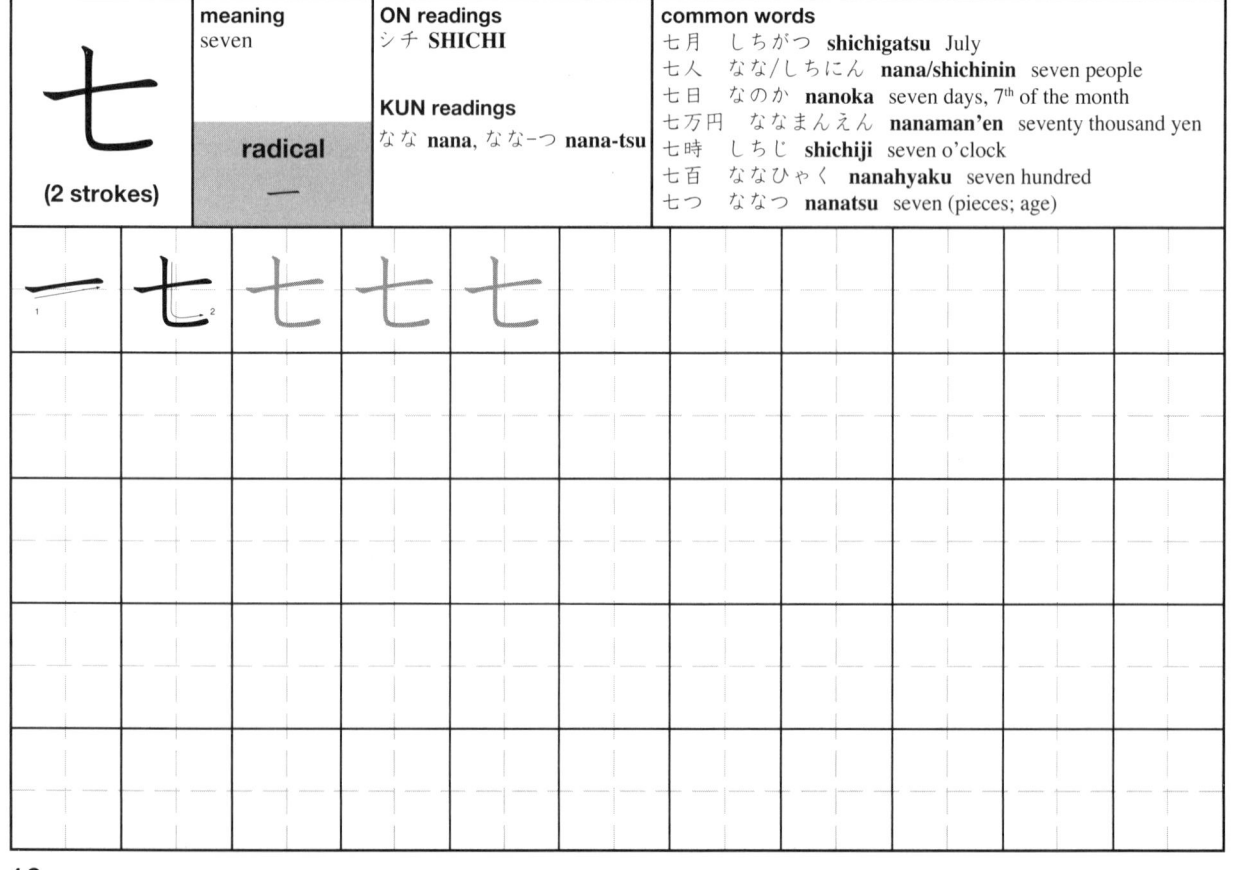

七 (2 strokes)	**meaning** seven **radical** 一	**ON readings** シチ SHICHI **KUN readings** なな nana, なな-つ nana-tsu

common words
- 七月　しちがつ **shichigatsu** July
- 七人　なな/しちにん **nana/shichinin** seven people
- 七日　なのか **nanoka** seven days, 7th of the month
- 七万円　ななまんえん **nanaman'en** seventy thousand yen
- 七時　しちじ **shichiji** seven o'clock
- 七百　ななひゃく **nanahyaku** seven hundred
- 七つ　ななつ **nanatsu** seven (pieces; age)

八 (2 strokes)

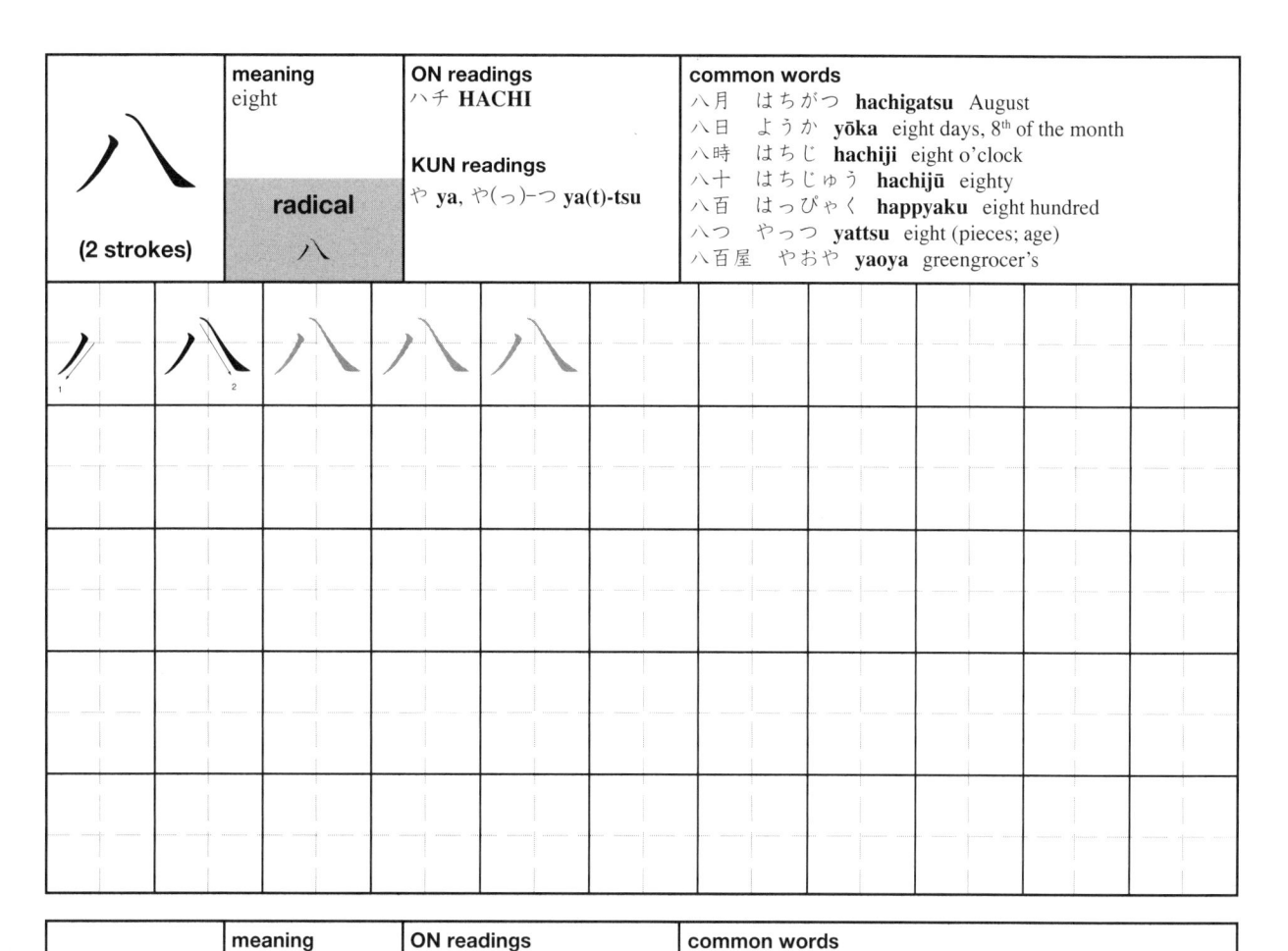

meaning: eight

ON readings: ハチ HACHI

KUN readings: や ya, や(っ)-つ ya(t)-tsu

radical: 八

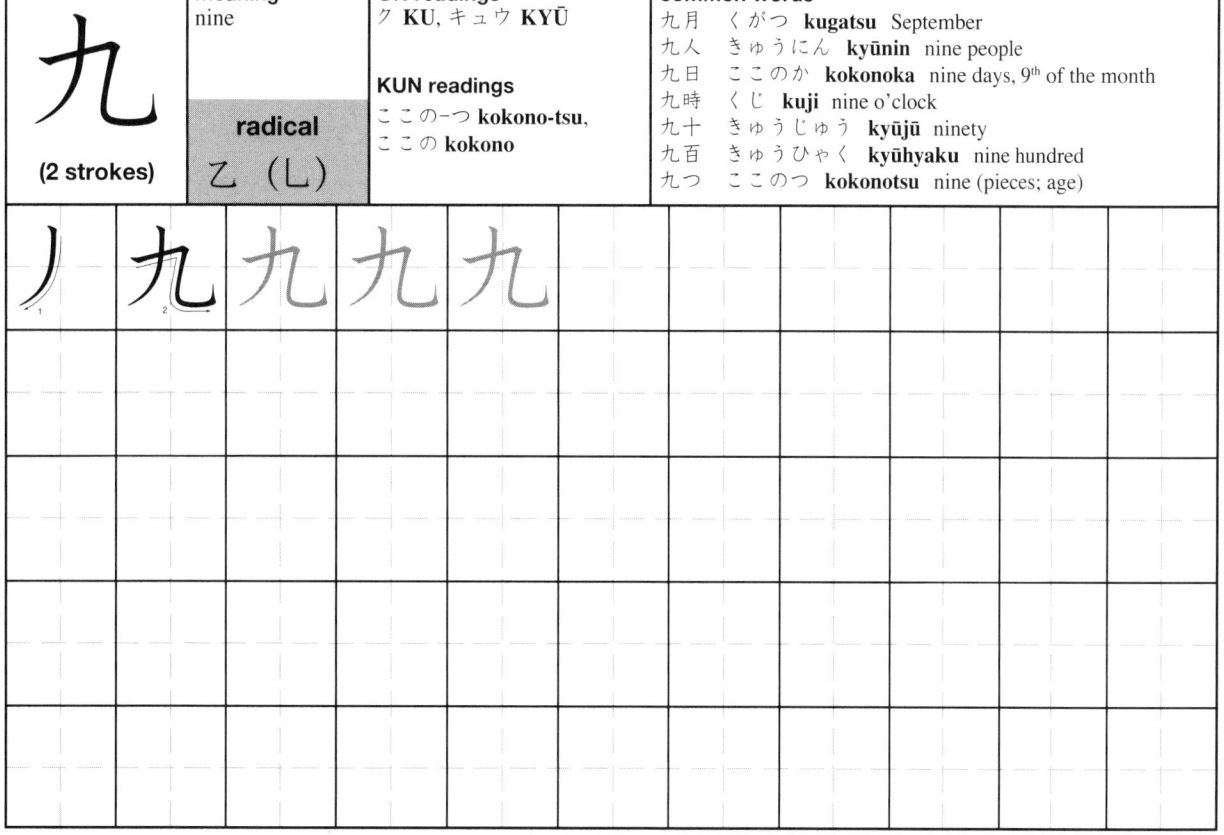

common words:
- 八月　はちがつ　**hachigatsu**　August
- 八日　ようか　**yōka**　eight days, 8th of the month
- 八時　はちじ　**hachiji**　eight o'clock
- 八十　はちじゅう　**hachijū**　eighty
- 八百　はっぴゃく　**happyaku**　eight hundred
- 八つ　やっつ　**yattsu**　eight (pieces; age)
- 八百屋　やおや　**yaoya**　greengrocer's

九 (2 strokes)

meaning: nine

ON readings: ク KU, キュウ KYŪ

KUN readings: ここの-つ kokono-tsu, ここの kokono

radical: 乙 (乚)

common words:
- 九月　くがつ　**kugatsu**　September
- 九人　きゅうにん　**kyūnin**　nine people
- 九日　ここのか　**kokonoka**　nine days, 9th of the month
- 九時　くじ　**kuji**　nine o'clock
- 九十　きゅうじゅう　**kyūjū**　ninety
- 九百　きゅうひゃく　**kyūhyaku**　nine hundred
- 九つ　ここのつ　**kokonotsu**　nine (pieces; age)

十

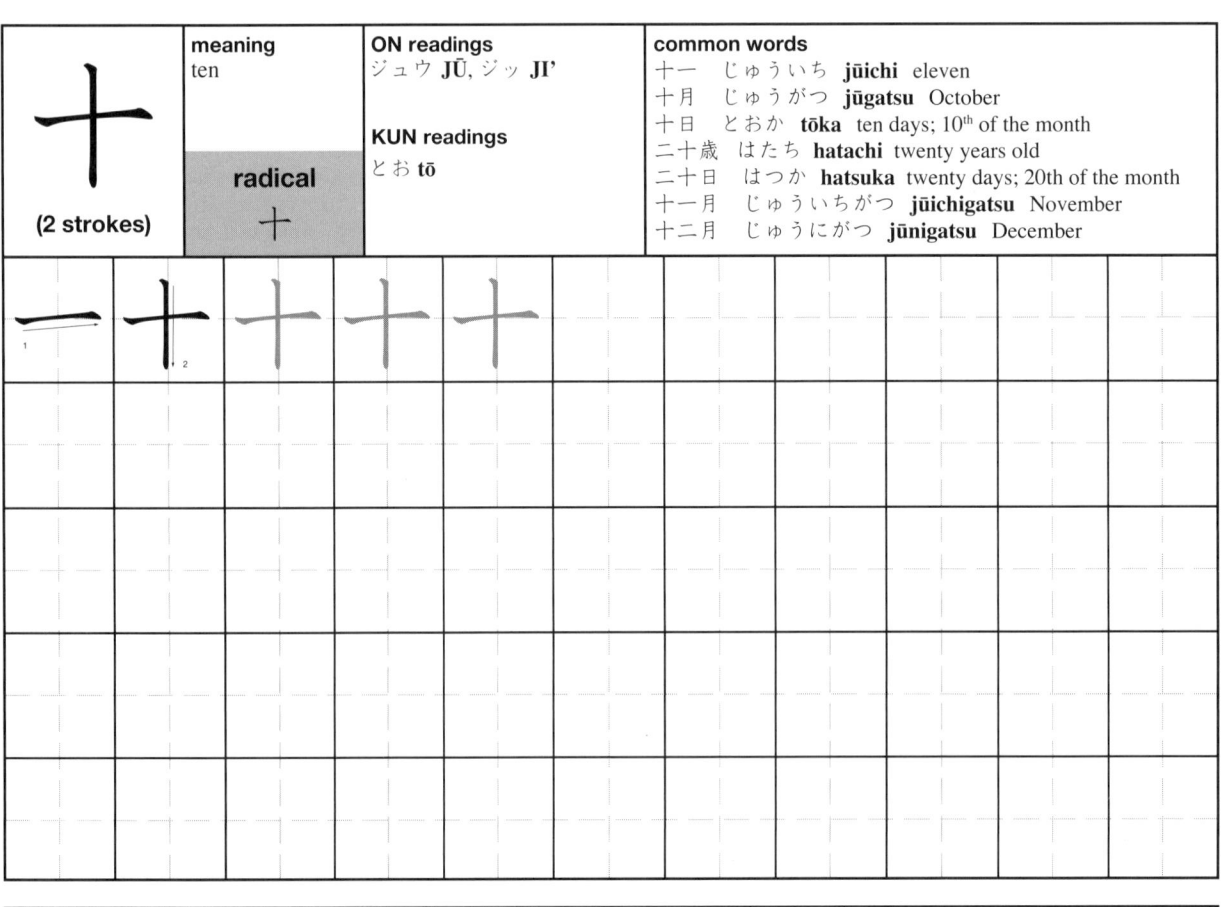

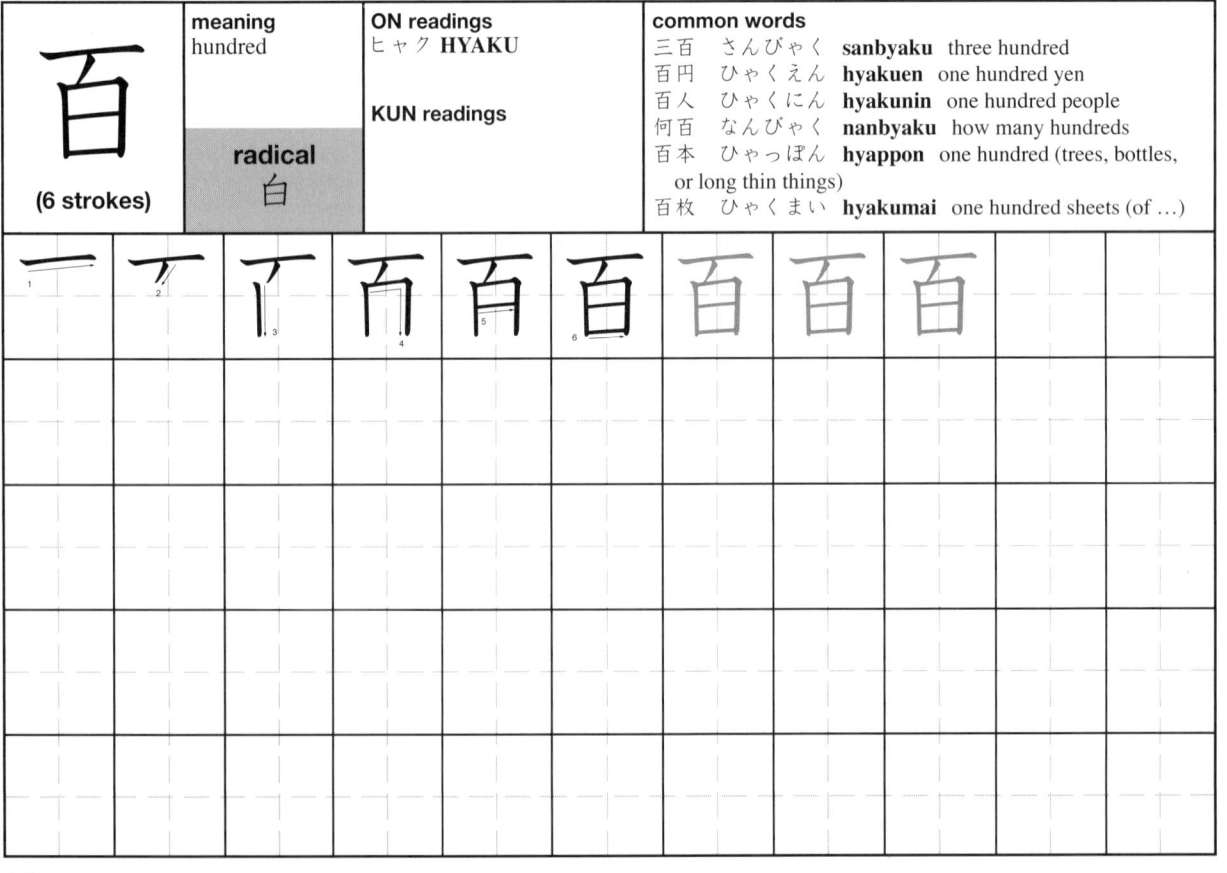

(2 strokes)

meaning
ten

radical
十

ON readings
ジュウ JŪ, ジッ JI'

KUN readings
とお tō

common words
十一	じゅういち	jūichi	eleven
十月	じゅうがつ	jūgatsu	October
十日	とおか	tōka	ten days; 10th of the month
二十歳	はたち	hatachi	twenty years old
二十日	はつか	hatsuka	twenty days; 20th of the month
十一月	じゅういちがつ	jūichigatsu	November
十二月	じゅうにがつ	jūnigatsu	December

百

(6 strokes)

meaning
hundred

radical
白

ON readings
ヒャク HYAKU

KUN readings

common words
三百	さんびゃく	sanbyaku	three hundred
百円	ひゃくえん	hyakuen	one hundred yen
百人	ひゃくにん	hyakunin	one hundred people
何百	なんびゃく	nanbyaku	how many hundreds
百本	ひゃっぽん	hyappon	one hundred (trees, bottles, or long thin things)
百枚	ひゃくまい	hyakumai	one hundred sheets (of ...)

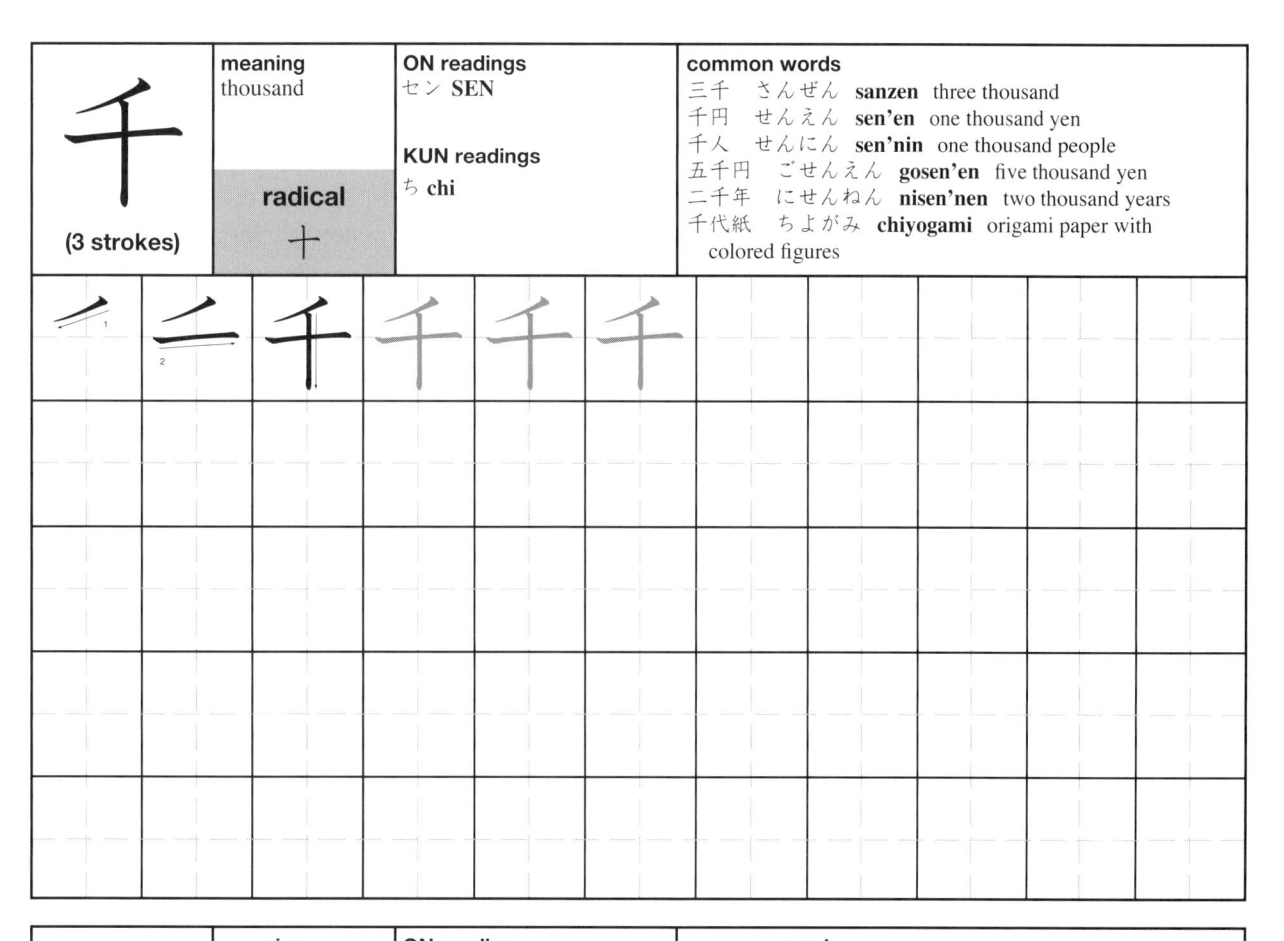

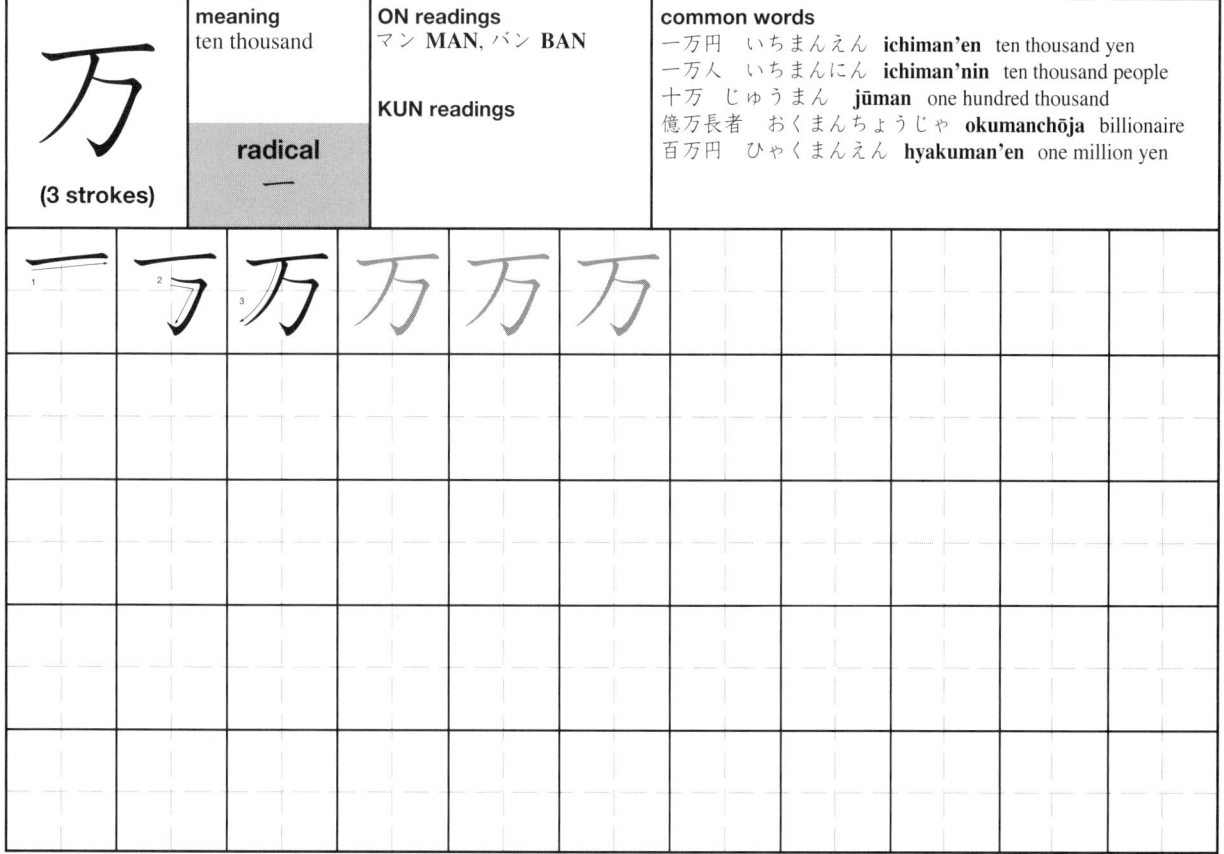

	meaning thousand	ON readings セン **SEN** KUN readings ち **chi**	common words 三千　さんぜん　**sanzen**　three thousand 千円　せんえん　**sen'en**　one thousand yen 千人　せんにん　**sen'nin**　one thousand people 五千円　ごせんえん　**gosen'en**　five thousand yen 二千年　にせんねん　**nisen'nen**　two thousand years 千代紙　ちよがみ　**chiyogami**　origami paper with colored figures
千 (3 strokes)	radical 十		

	meaning ten thousand	ON readings マン **MAN**, バン **BAN** KUN readings	common words 一万円　いちまんえん　**ichiman'en**　ten thousand yen 一万人　いちまんにん　**ichiman'nin**　ten thousand people 十万　じゅうまん　**jūman**　one hundred thousand 億万長者　おくまんちょうじゃ　**okumanchōja**　billionaire 百万円　ひゃくまんえん　**hyakuman'en**　one million yen
万 (3 strokes)	radical 一		

15

円 (4 strokes)

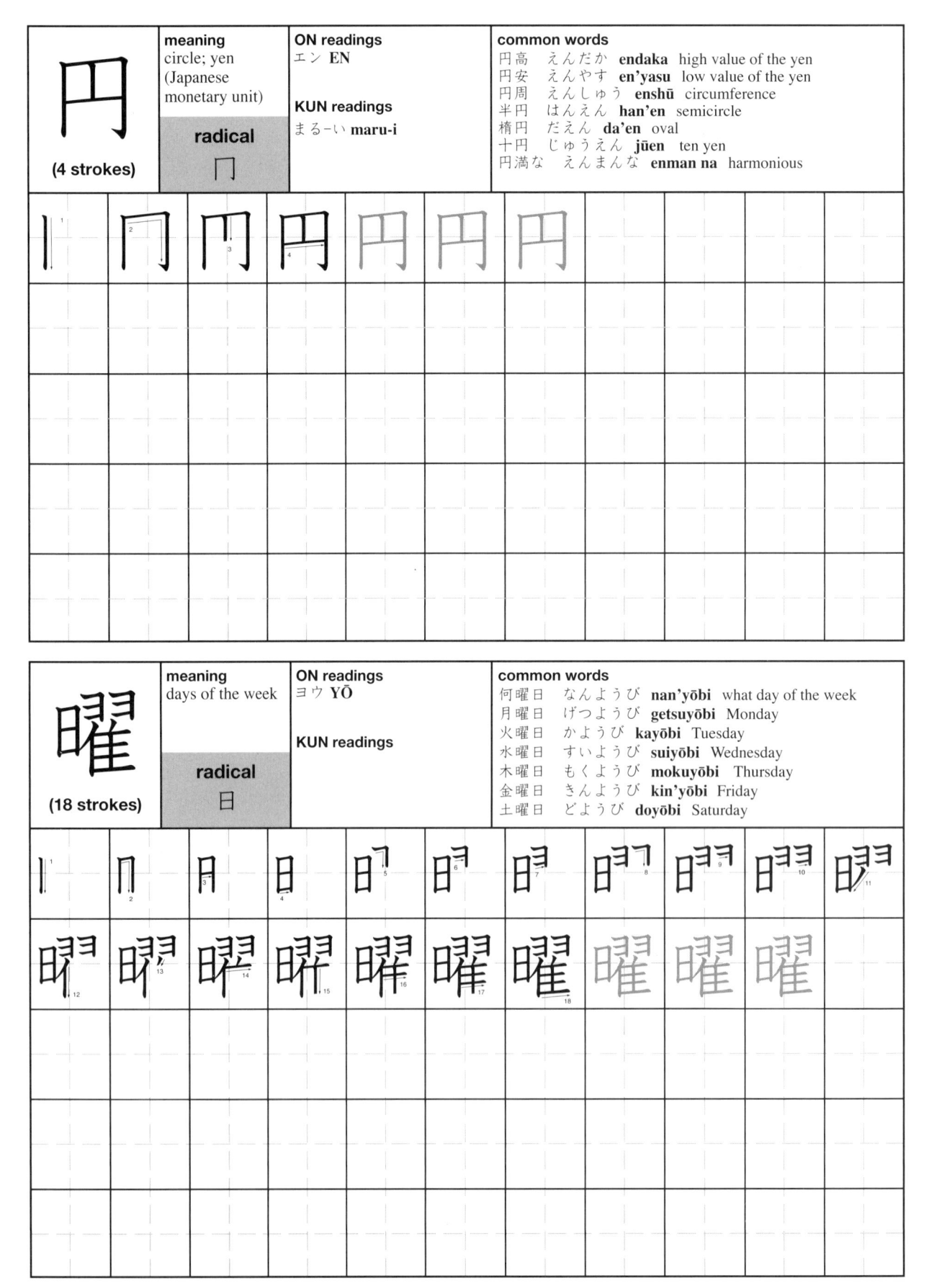

meaning: circle; yen (Japanese monetary unit)

radical: 冂

ON readings: エン **EN**

KUN readings: まる-い **maru-i**

common words:
- 円高　えんだか　**endaka**　high value of the yen
- 円安　えんやす　**en'yasu**　low value of the yen
- 円周　えんしゅう　**enshū**　circumference
- 半円　はんえん　**han'en**　semicircle
- 楕円　だえん　**da'en**　oval
- 十円　じゅうえん　**jūen**　ten yen
- 円満な　えんまんな　**enman na**　harmonious

曜 (18 strokes)

meaning: days of the week

radical: 日

ON readings: ヨウ **YŌ**

KUN readings:

common words:
- 何曜日　なんようび　**nan'yōbi**　what day of the week
- 月曜日　げつようび　**getsuyōbi**　Monday
- 火曜日　かようび　**kayōbi**　Tuesday
- 水曜日　すいようび　**suiyōbi**　Wednesday
- 木曜日　もくようび　**mokuyōbi**　Thursday
- 金曜日　きんようび　**kin'yōbi**　Friday
- 土曜日　どようび　**doyōbi**　Saturday

週

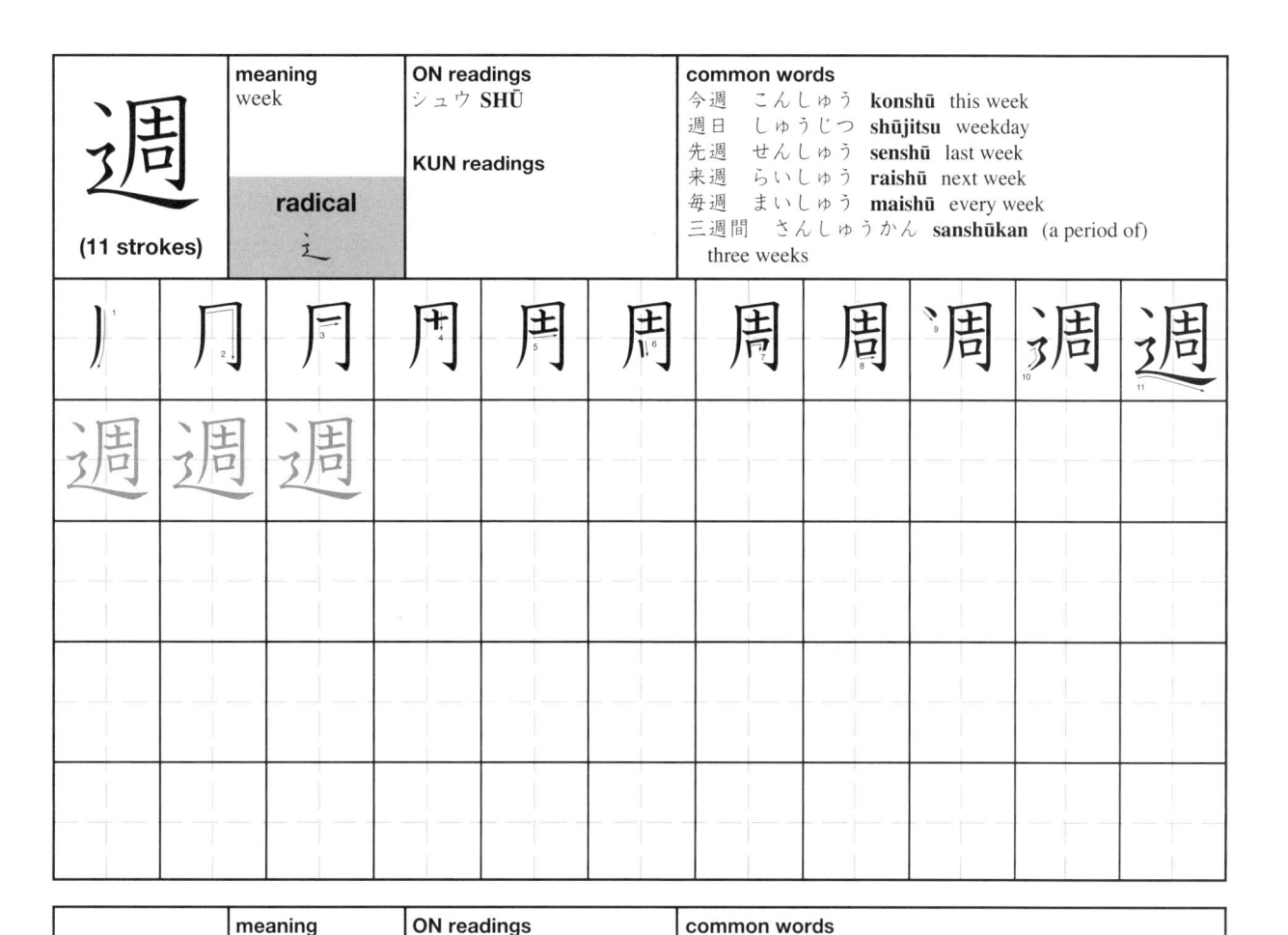

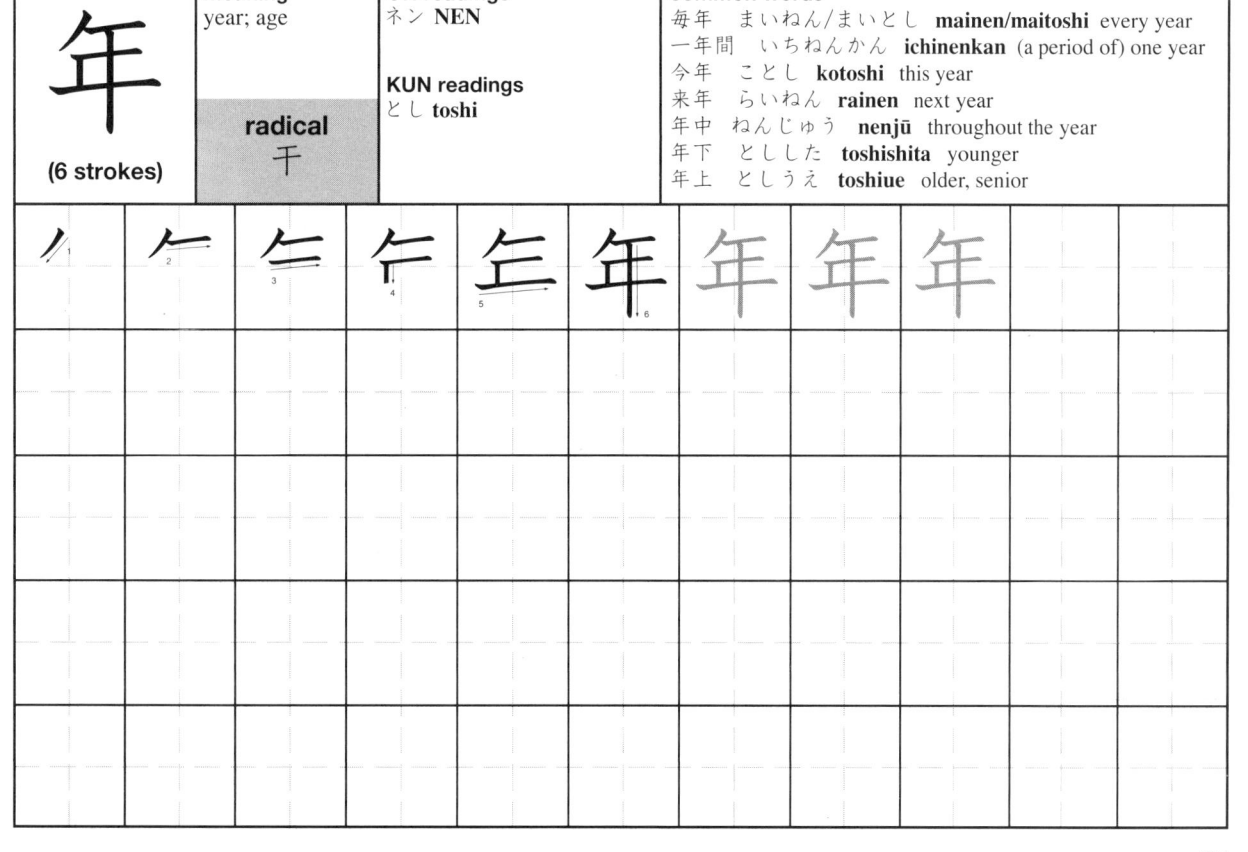

(11 strokes)

meaning	ON readings	common words
week	シュウ SHŪ	今週　こんしゅう　**konshū**　this week
	KUN readings	週日　しゅうじつ　**shūjitsu**　weekday
		先週　せんしゅう　**senshū**　last week
radical 辶		来週　らいしゅう　**raishū**　next week
		毎週　まいしゅう　**maishū**　every week
		三週間　さんしゅうかん　**sanshūkan**　(a period of) three weeks

丿 冂 月 月 用 用 周 周 週 週 週

年

(6 strokes)

meaning	ON readings	common words
year; age	ネン NEN	毎年　まいねん/まいとし　**mainen/maitoshi**　every year
	KUN readings	一年間　いちねんかん　**ichinenkan**　(a period of) one year
	とし **toshi**	今年　ことし　**kotoshi**　this year
radical 干		来年　らいねん　**rainen**　next year
		年中　ねんじゅう　**nenjū**　throughout the year
		年下　としした　**toshishita**　younger
		年上　としうえ　**toshiue**　older, senior

丿 ⺈ 二 午 年 年 年 年 年

17

日

(4 strokes)

radical 日

meaning
sun; day; counter for days

ON readings
ニチ NICHI, ジツ JITSU

KUN readings
ひ hi, か ka

common words
誕生日　たんじょうび　**tanjōbi**　birthday
毎日　まいにち　**mainichi**　every day
日本　にほん/にっぽん　**nihon/nippon**　Japan
明日　あす　**asu**　tomorrow
日の出前　ひのでまえ　**hinode mae**　before sunrise

月

(4 strokes)

radical 月

meaning
month; moon

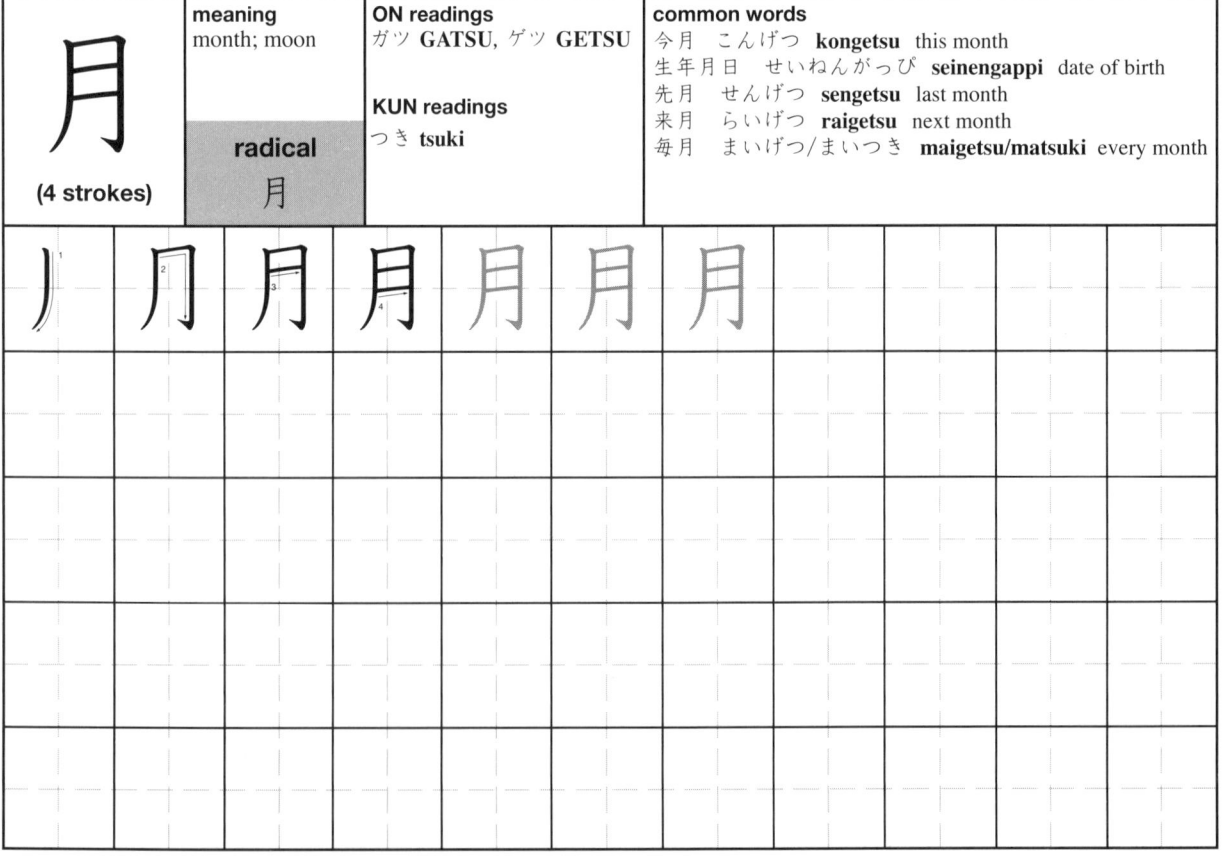

ON readings
ガツ GATSU, ゲツ GETSU

KUN readings
つき tsuki

common words
今月　こんげつ　**kongetsu**　this month
生年月日　せいねんがっぴ　**seinengappi**　date of birth
先月　せんげつ　**sengetsu**　last month
来月　らいげつ　**raigetsu**　next month
毎月　まいげつ/まいつき　**maigetsu/matsuki**　every month

火

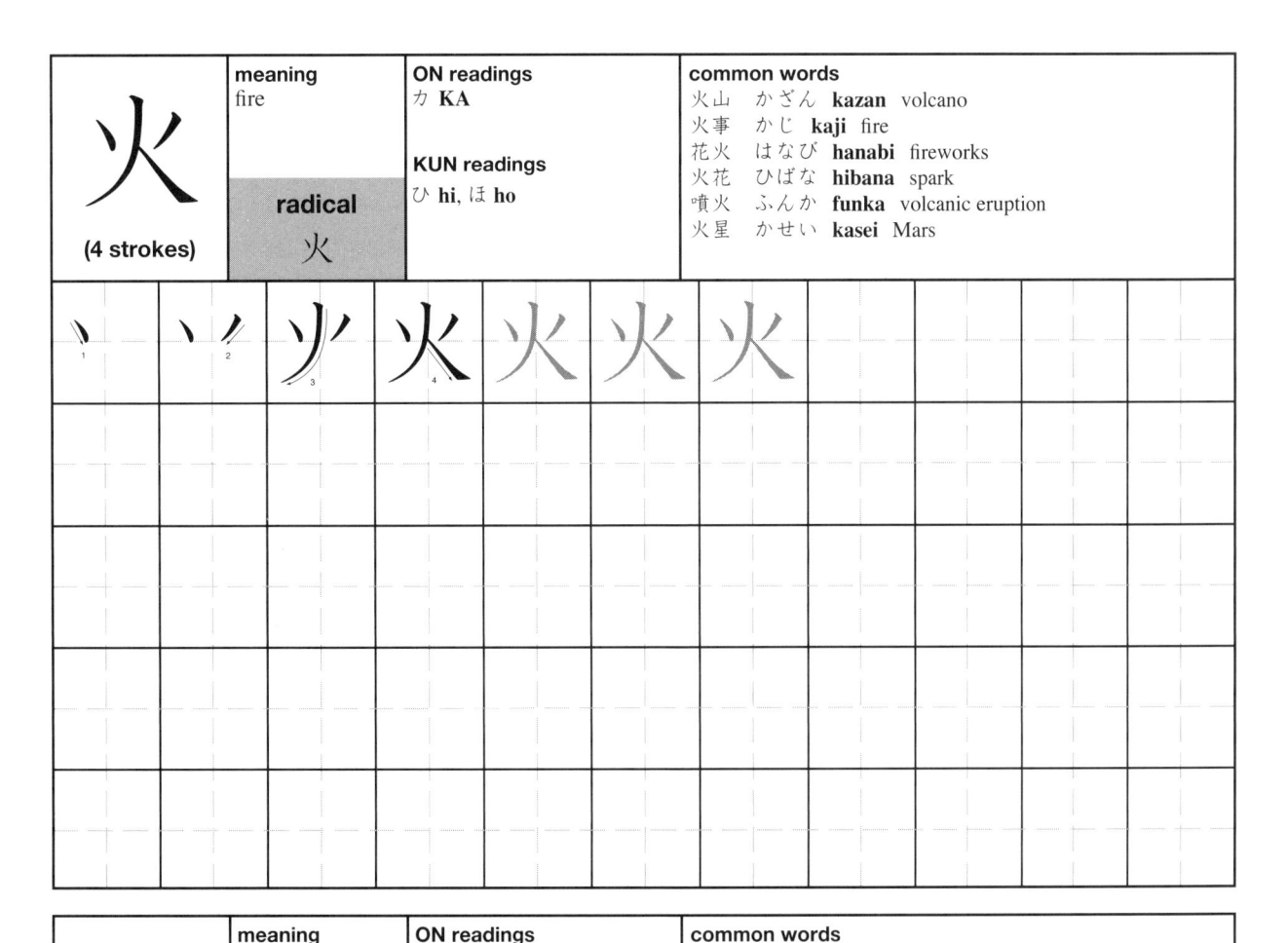

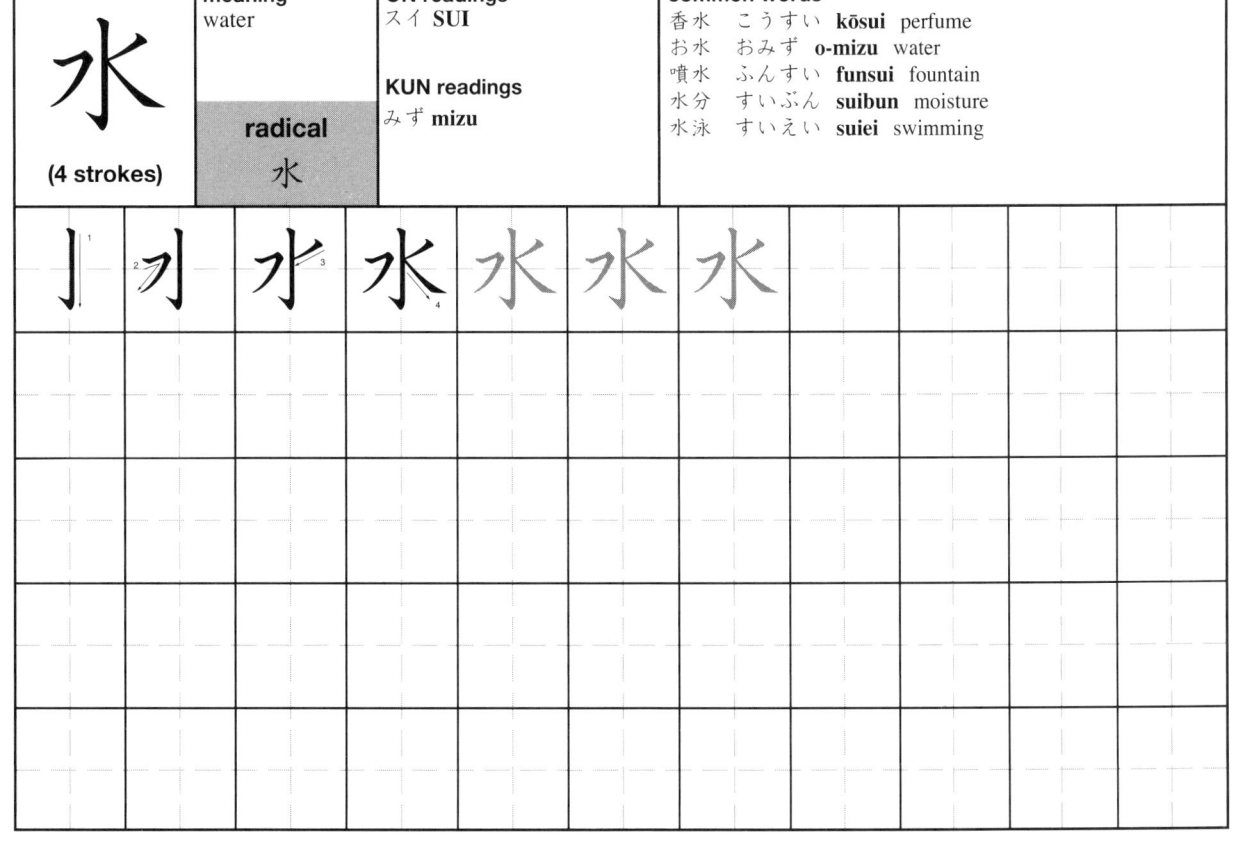

meaning: fire
(4 strokes)
radical: 火

ON readings
カ KA

KUN readings
ひ hi, ほ ho

common words
- 火山　かざん　**kazan**　volcano
- 火事　かじ　**kaji**　fire
- 花火　はなび　**hanabi**　fireworks
- 火花　ひばな　**hibana**　spark
- 噴火　ふんか　**funka**　volcanic eruption
- 火星　かせい　**kasei**　Mars

水

meaning: water
(4 strokes)
radical: 水

ON readings
スイ SUI

KUN readings
みず mizu

common words
- 香水　こうすい　**kōsui**　perfume
- お水　おみず　**o-mizu**　water
- 噴水　ふんすい　**funsui**　fountain
- 水分　すいぶん　**suibun**　moisture
- 水泳　すいえい　**suiei**　swimming

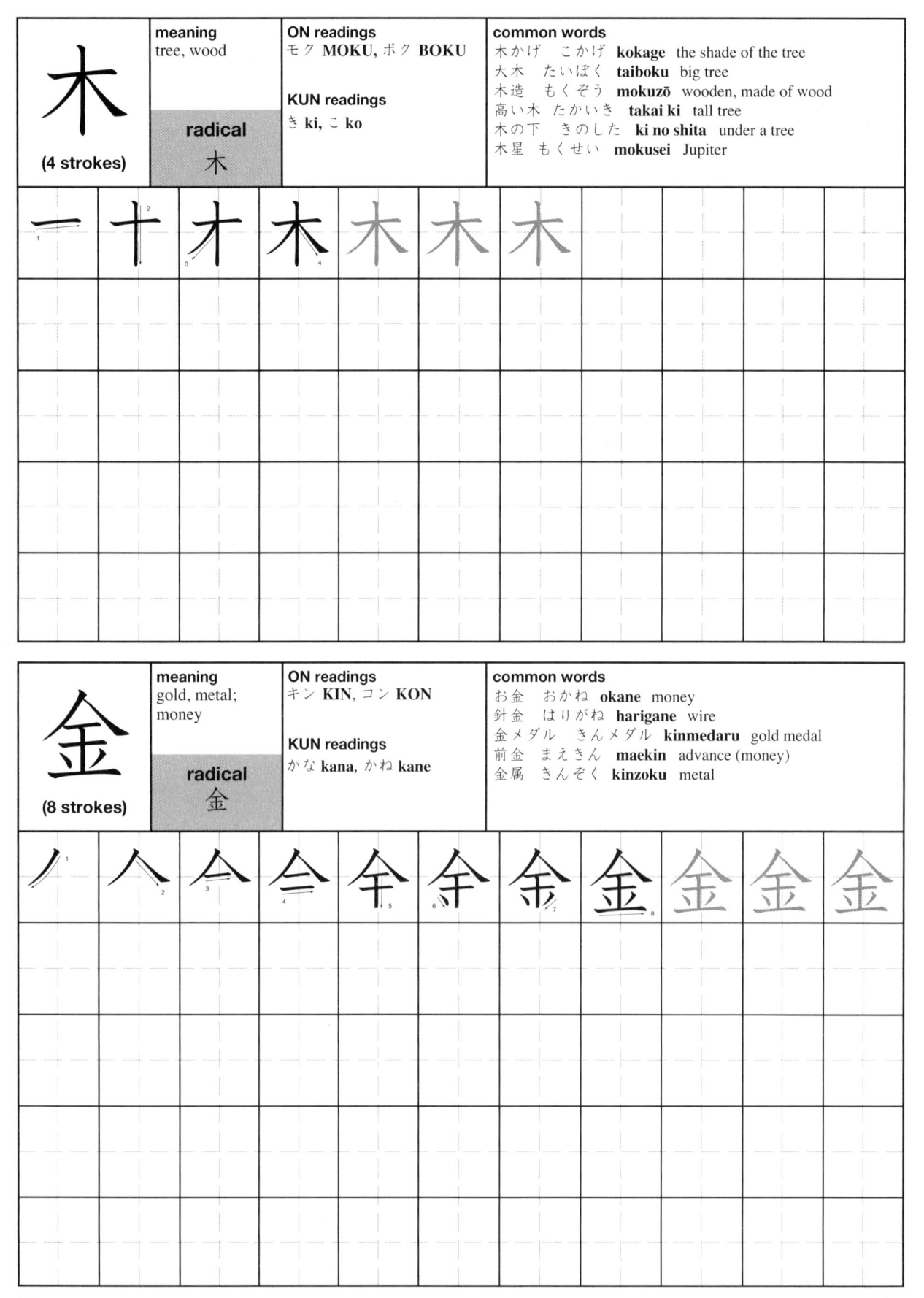

| 木 (4 strokes) | **radical** 木 | **meaning** tree, wood | **ON readings** モク MOKU, ボク BOKU **KUN readings** き ki, こ ko | **common words** 木かげ こかげ **kokage** the shade of the tree 大木 たいぼく **taiboku** big tree 木造 もくぞう **mokuzō** wooden, made of wood 高い木 たかいき **takai ki** tall tree 木の下 きのした **ki no shita** under a tree 木星 もくせい **mokusei** Jupiter |

一 十 オ 木 木 木 木

| 金 (8 strokes) | **radical** 金 | **meaning** gold, metal; money | **ON readings** キン KIN, コン KON **KUN readings** かな kana, かね kane | **common words** お金 おかね **okane** money 針金 はりがね **harigane** wire 金メダル きんメダル **kinmedaru** gold medal 前金 まえきん **maekin** advance (money) 金属 きんぞく **kinzoku** metal |

ノ 人 今 今 full 全 金 金 金 金

土

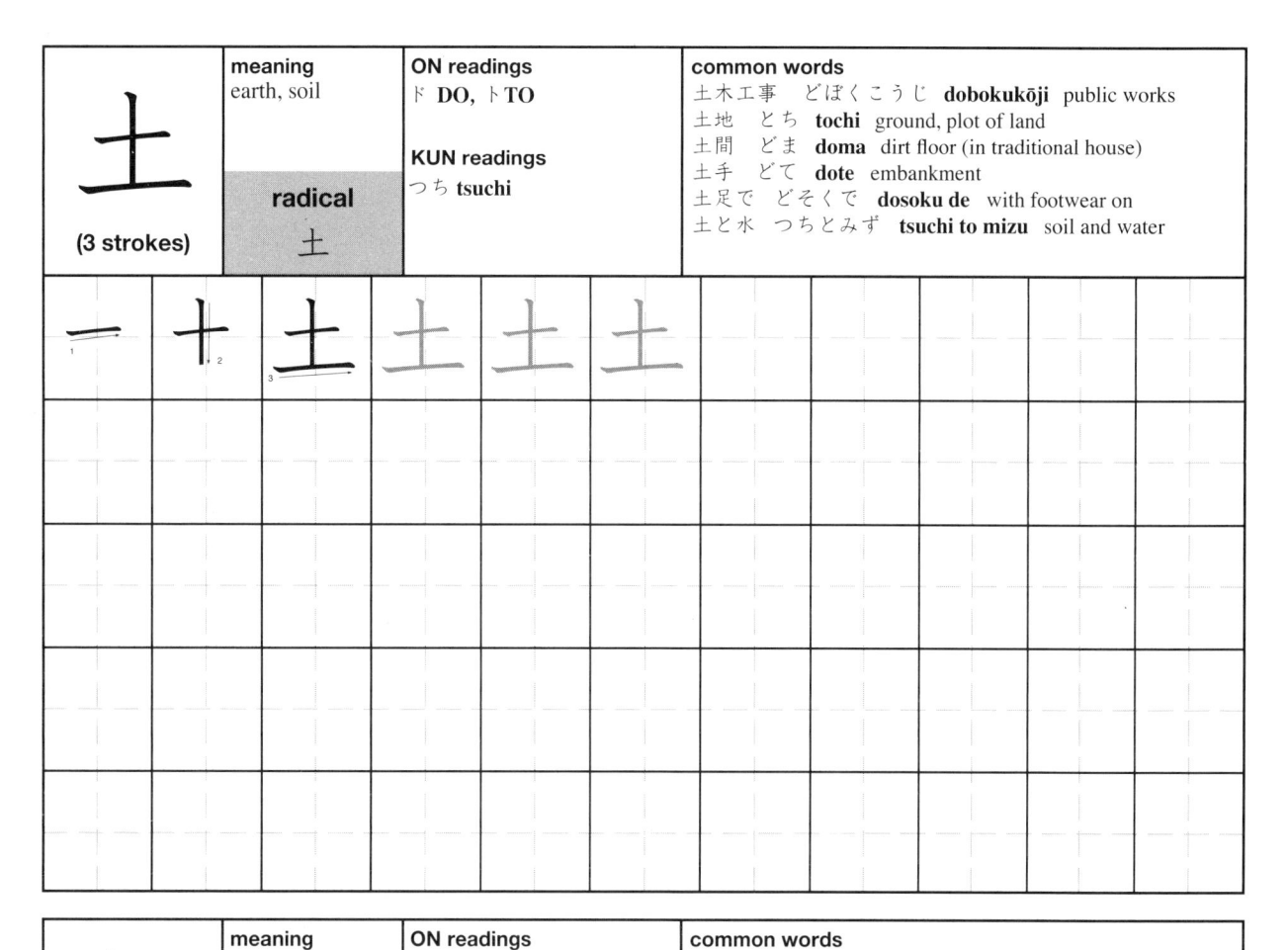

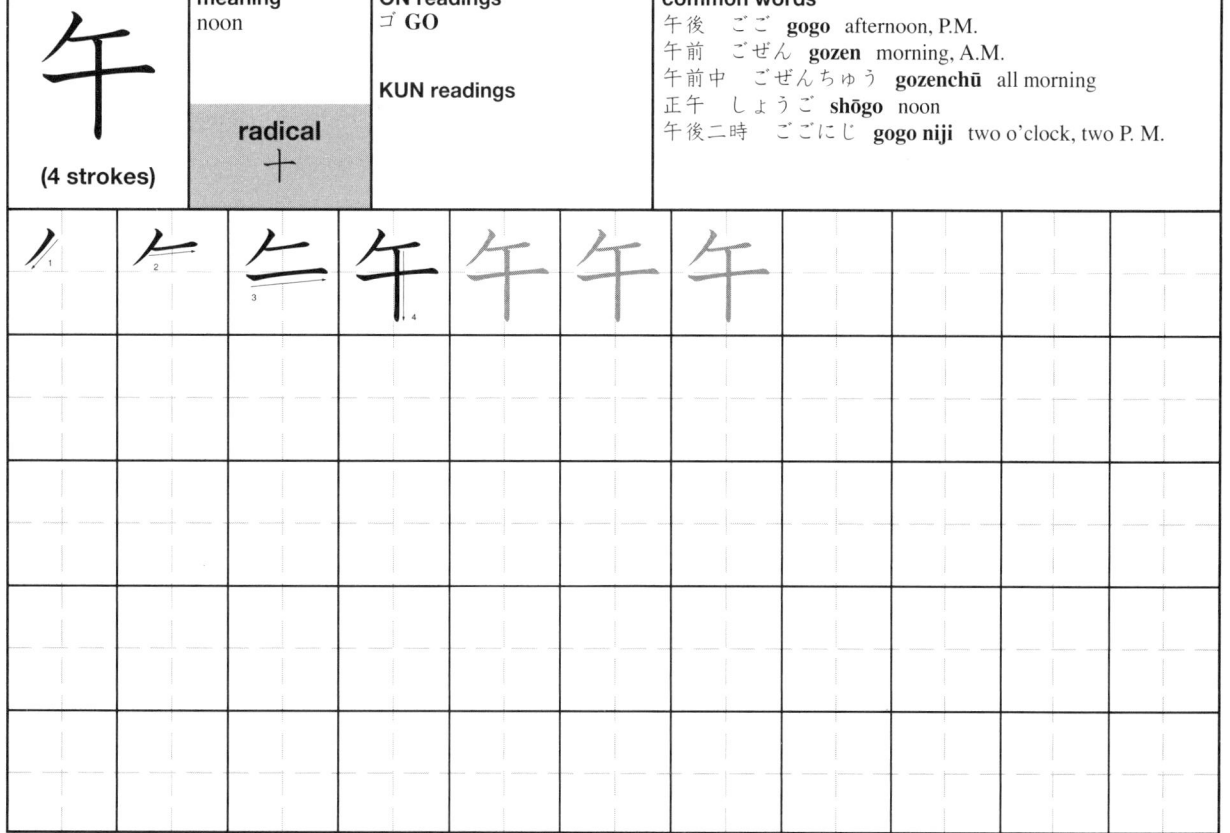

(3 strokes)

meaning	ON readings	common words
earth, soil	ド DO, ト TO	土木工事　どぼくこうじ　**dobukukōji**　public works
		土地　とち　**tochi**　ground, plot of land
	KUN readings	土間　どま　**doma**　dirt floor (in traditional house)
radical 土	つち tsuchi	土手　どて　**dote**　embankment
		土足で　どそくで　**dosoku de**　with footwear on
		土と水　つちとみず　**tsuchi to mizu**　soil and water

午

(4 strokes)

meaning	ON readings	common words
noon	ゴ GO	午後　ごご　**gogo**　afternoon, P.M.
		午前　ごぜん　**gozen**　morning, A.M.
	KUN readings	午前中　ごぜんちゅう　**gozenchū**　all morning
radical 十		正午　しょうご　**shōgo**　noon
		午後二時　ごごにじ　**gogo niji**　two o'clock, two P. M.

21

今

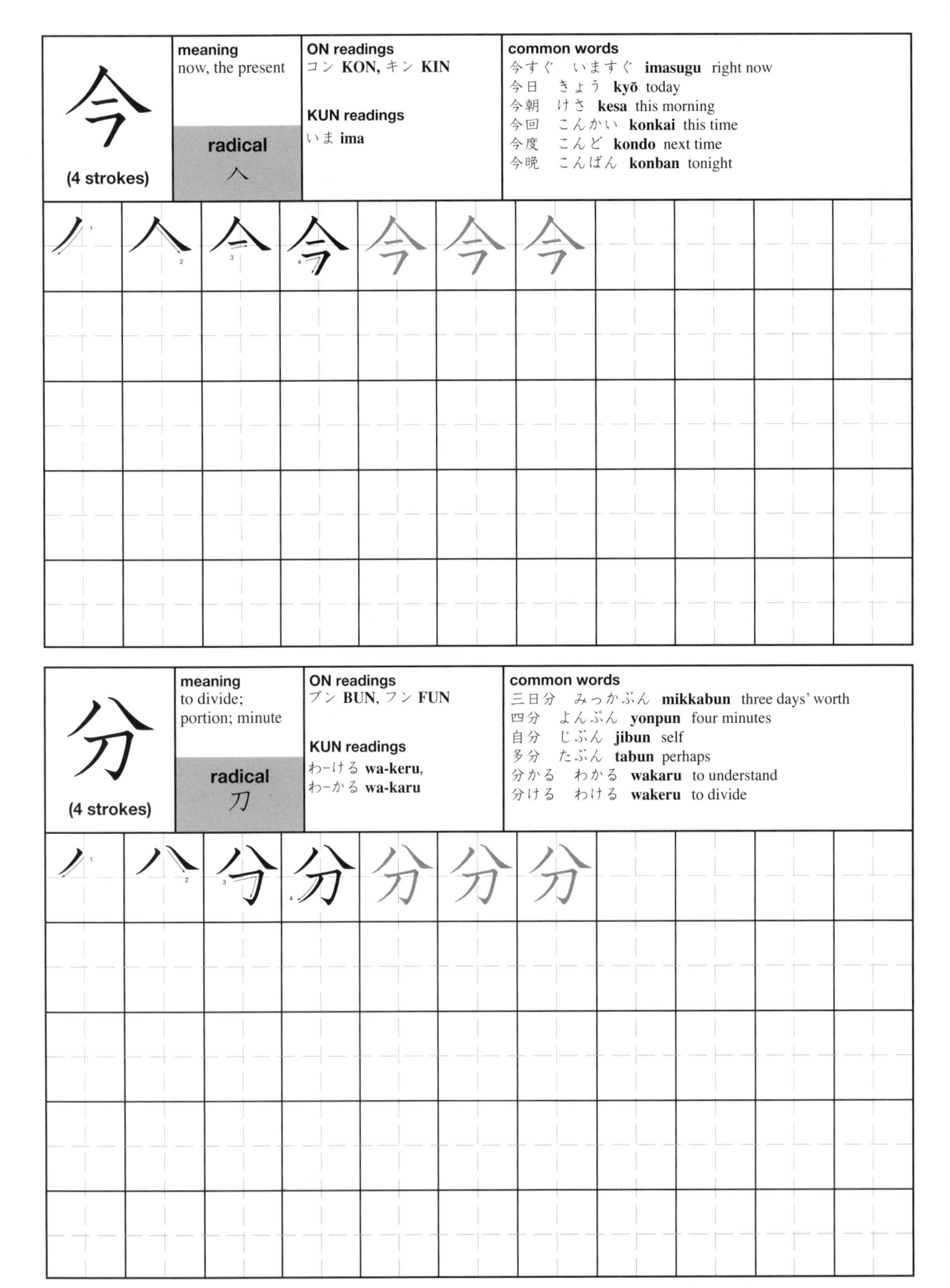

meaning	now, the present
ON readings	コン KON, キン KIN
KUN readings	いま ima
radical	人

(4 strokes)

common words
- 今すぐ　いますぐ　**imasugu**　right now
- 今日　きょう　**kyō**　today
- 今朝　けさ　**kesa**　this morning
- 今回　こんかい　**konkai**　this time
- 今度　こんど　**kondo**　next time
- 今晩　こんばん　**konban**　tonight

分

meaning	to divide; portion; minute
ON readings	ブン BUN, フン FUN
KUN readings	わ−ける wa-keru, わ−かる wa-karu
radical	刀

(4 strokes)

common words
- 三日分　みっかぶん　**mikkabun**　three days' worth
- 四分　よんぷん　**yonpun**　four minutes
- 自分　じぶん　**jibun**　self
- 多分　たぶん　**tabun**　perhaps
- 分かる　わかる　**wakaru**　to understand
- 分ける　わける　**wakeru**　to divide

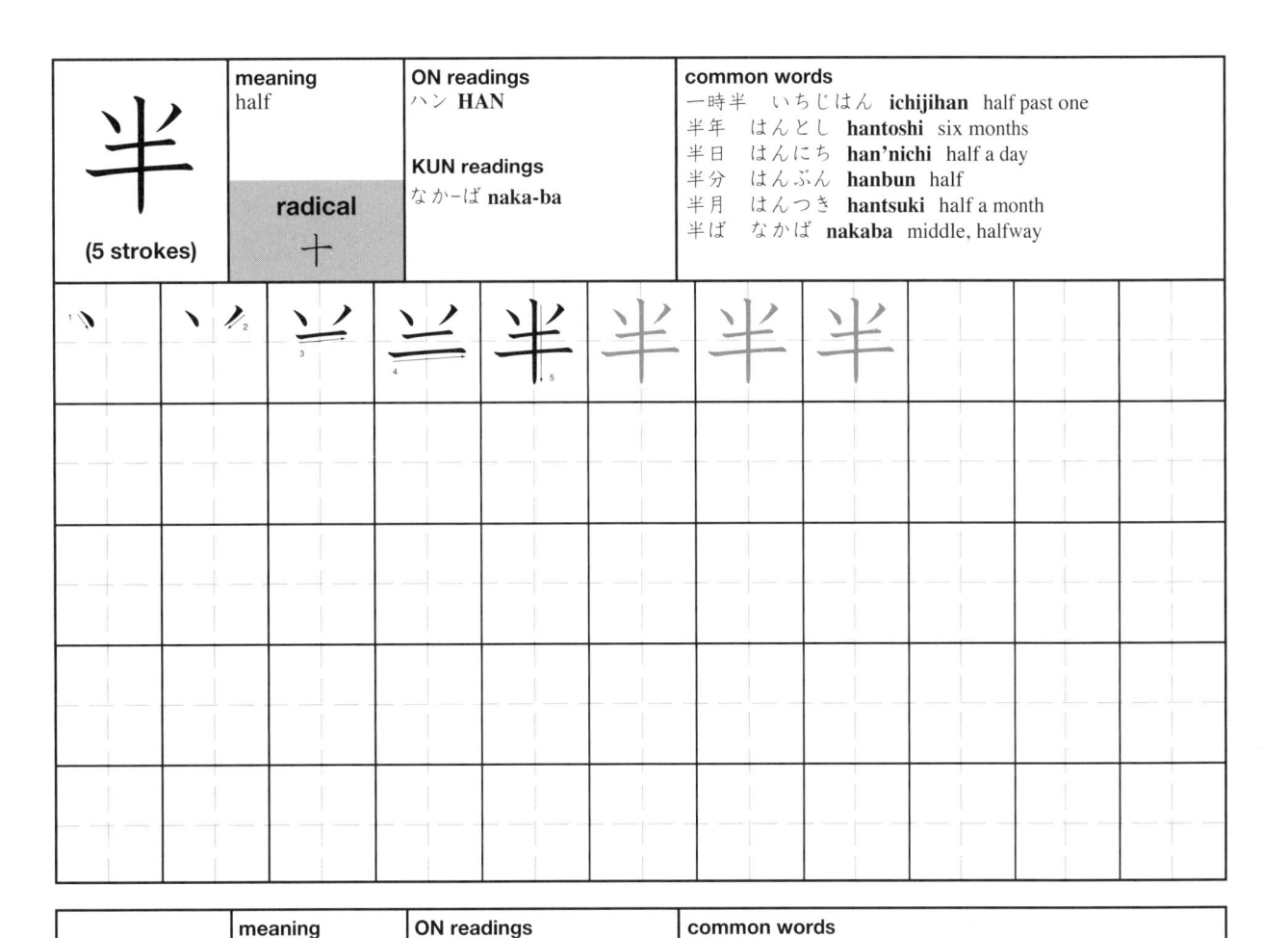

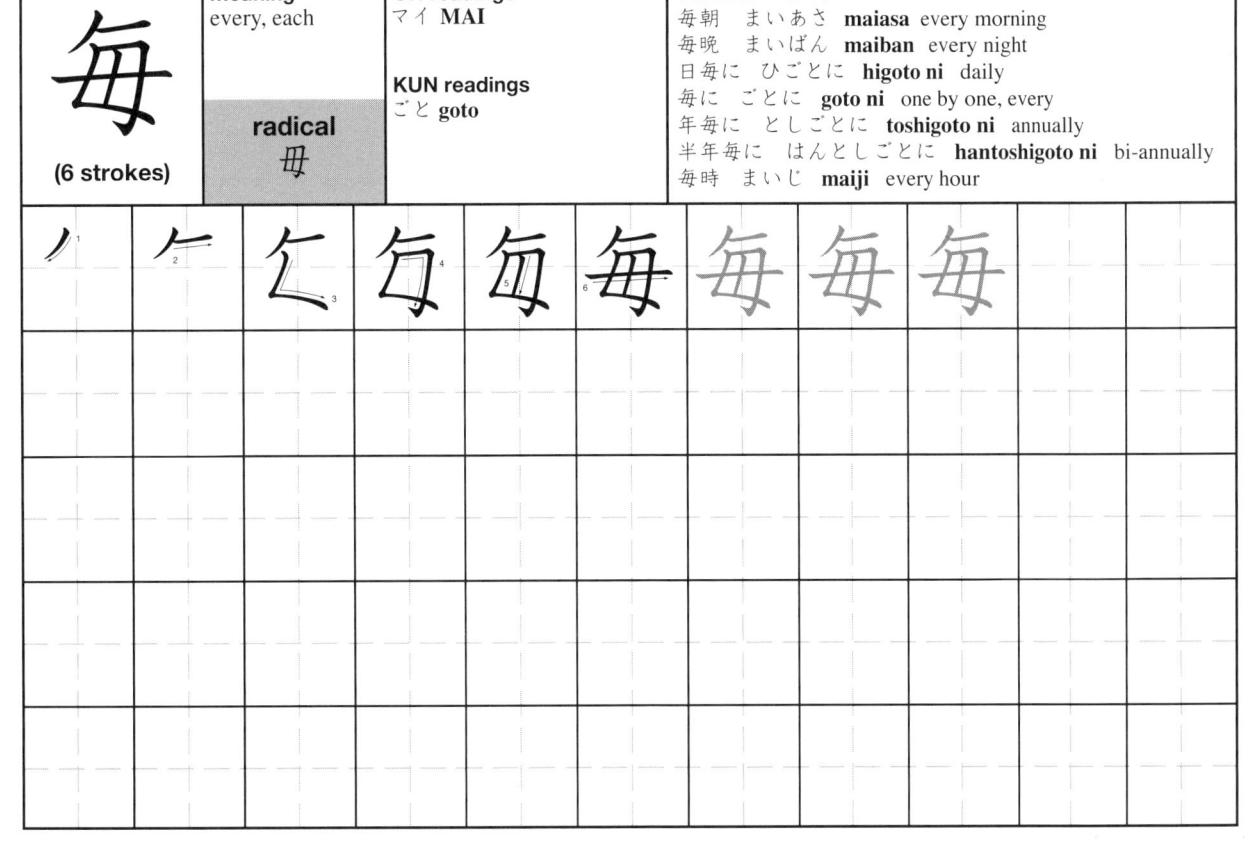

半 (5 strokes)	**meaning** half **radical** 十	**ON readings** ハン HAN **KUN readings** なか-ば naka-ba	**common words** 一時半　いちじはん　**ichijihan**　half past one 半年　はんとし　**hantoshi**　six months 半日　はんにち　**han'nichi**　half a day 半分　はんぶん　**hanbun**　half 半月　はんつき　**hantsuki**　half a month 半ば　なかば　**nakaba**　middle, halfway

毎 (6 strokes)	**meaning** every, each **radical** 毋	**ON readings** マイ MAI **KUN readings** ごと goto	**common words** 毎朝　まいあさ　**maiasa**　every morning 毎晩　まいばん　**maiban**　every night 日毎に　ひごとに　**higoto ni**　daily 毎に　ごとに　**goto ni**　one by one, every 年毎に　としごとに　**toshigoto ni**　annually 半年毎に　はんとしごとに　**hantoshigoto ni**　bi-annually 毎時　まいじ　**maiji**　every hour

何

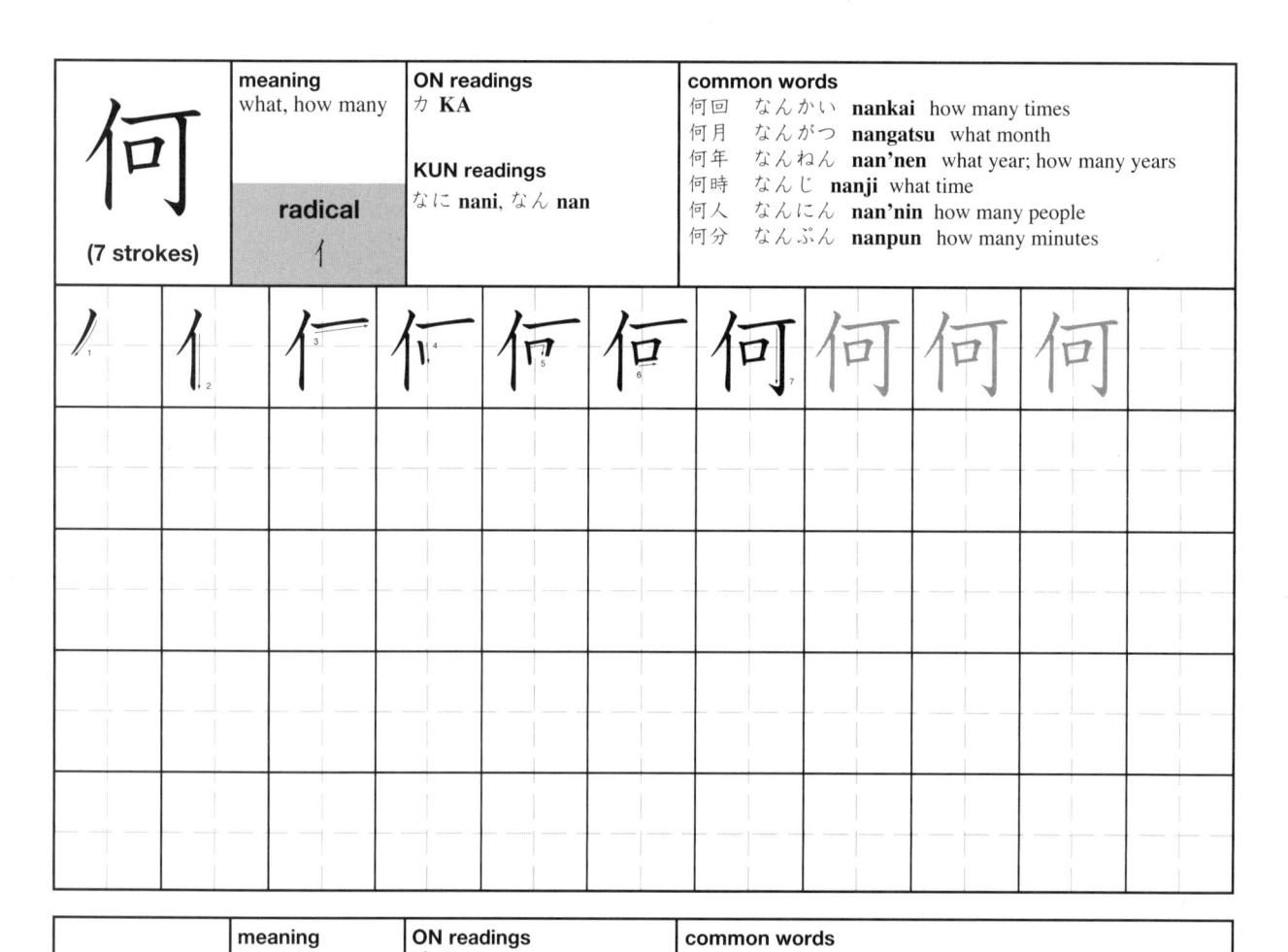

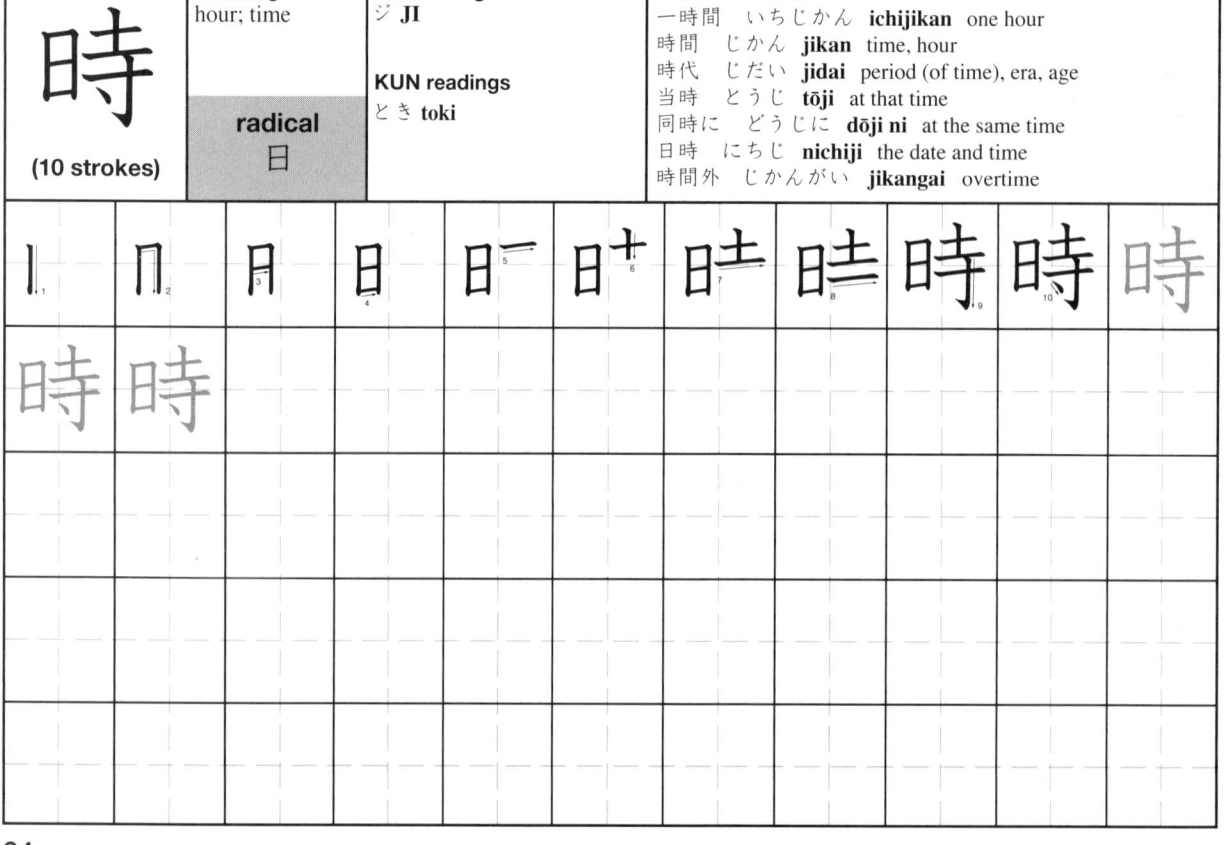

(7 strokes)

meaning	ON readings
what, how many	カ **KA**
radical 亻	KUN readings なに **nani**, なん **nan**

common words

何回	なんかい	**nankai** how many times
何月	なんがつ	**nangatsu** what month
何年	なんねん	**nan'nen** what year; how many years
何時	なんじ	**nanji** what time
何人	なんにん	**nan'nin** how many people
何分	なんぷん	**nanpun** how many minutes

時

(10 strokes)

meaning	ON readings
hour; time	ジ **JI**
radical 日	KUN readings とき **toki**

common words

一時間	いちじかん	**ichijikan** one hour
時間	じかん	**jikan** time, hour
時代	じだい	**jidai** period (of time), era, age
当時	とうじ	**tōji** at that time
同時に	どうじに	**dōji ni** at the same time
日時	にちじ	**nichiji** the date and time
時間外	じかんがい	**jikangai** overtime

計

(9 strokes)

meaning: to measure; to plan, to arrange

radical: 言

ON readings: ケイ KEI

KUN readings: はか-る haka-ru, はか-らう haka-rau

common words:
- 計画する けいかくする **keikaku suru** to plan
- 時計 とけい **tokei** watch, clock
- 温度計 おんどけい **ondokei** thermometer
- 合計する ごうけいする **gōkei suru** to total, to add up
- 小計 しょうけい **shōkei** subtotal
- 計る はかる **hakaru** to measure

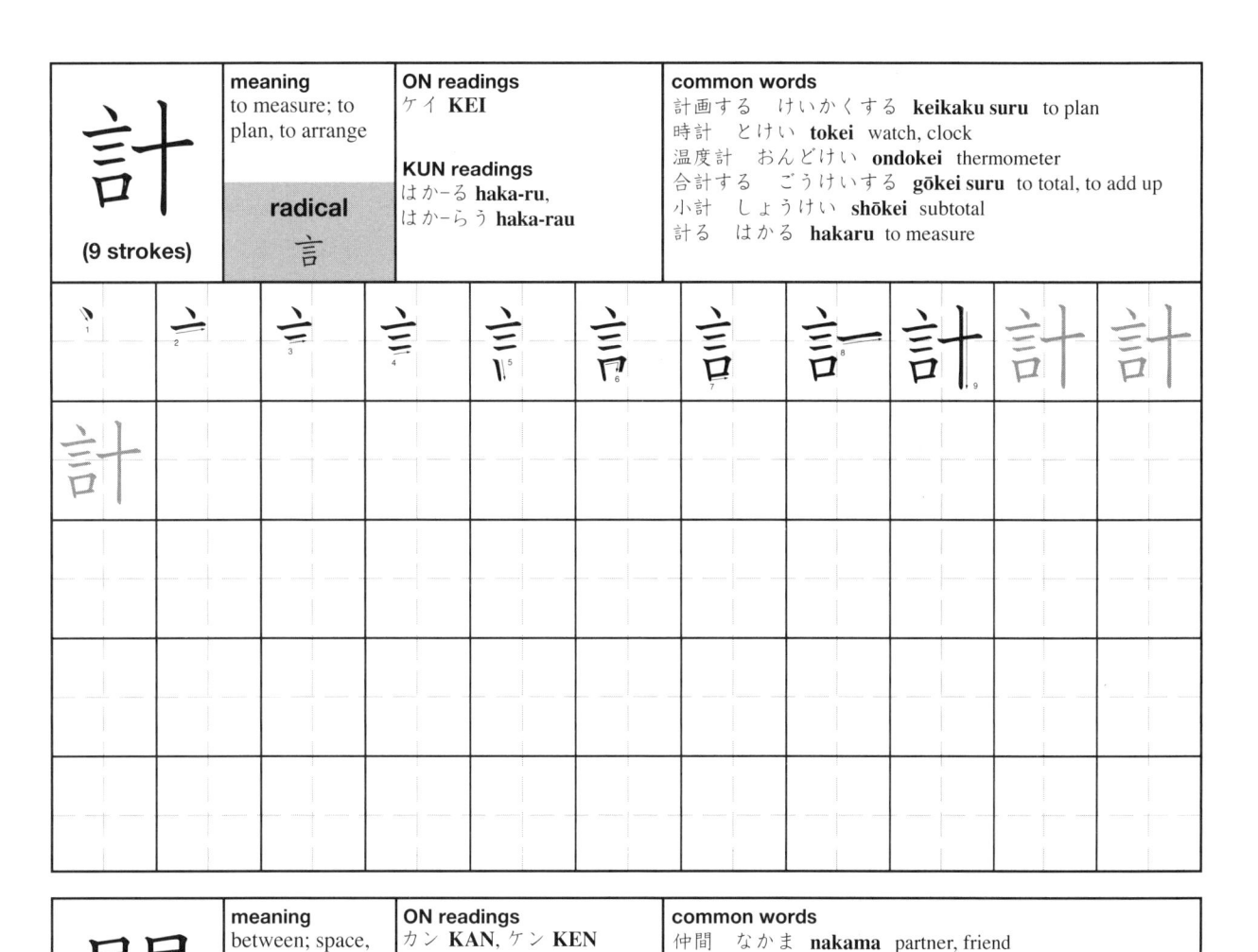

間

(12 strokes)

meaning: between; space, interval

radical: 門

ON readings: カン KAN, ケン KEN

KUN readings: あいだ aida, ま ma

common words:
- 仲間 なかま **nakama** partner, friend
- 年間の ねんかんの **nenkan no** annual
- 何週間 なんしゅうかん **nanshūkan** how many weeks
- 何日間 なんにちかん **nan'nichikan** how many days
- 居間 いま **ima** living room
- この間 このあいだ **kono aida** the other day
- 人間 にんげん **ningen** human being

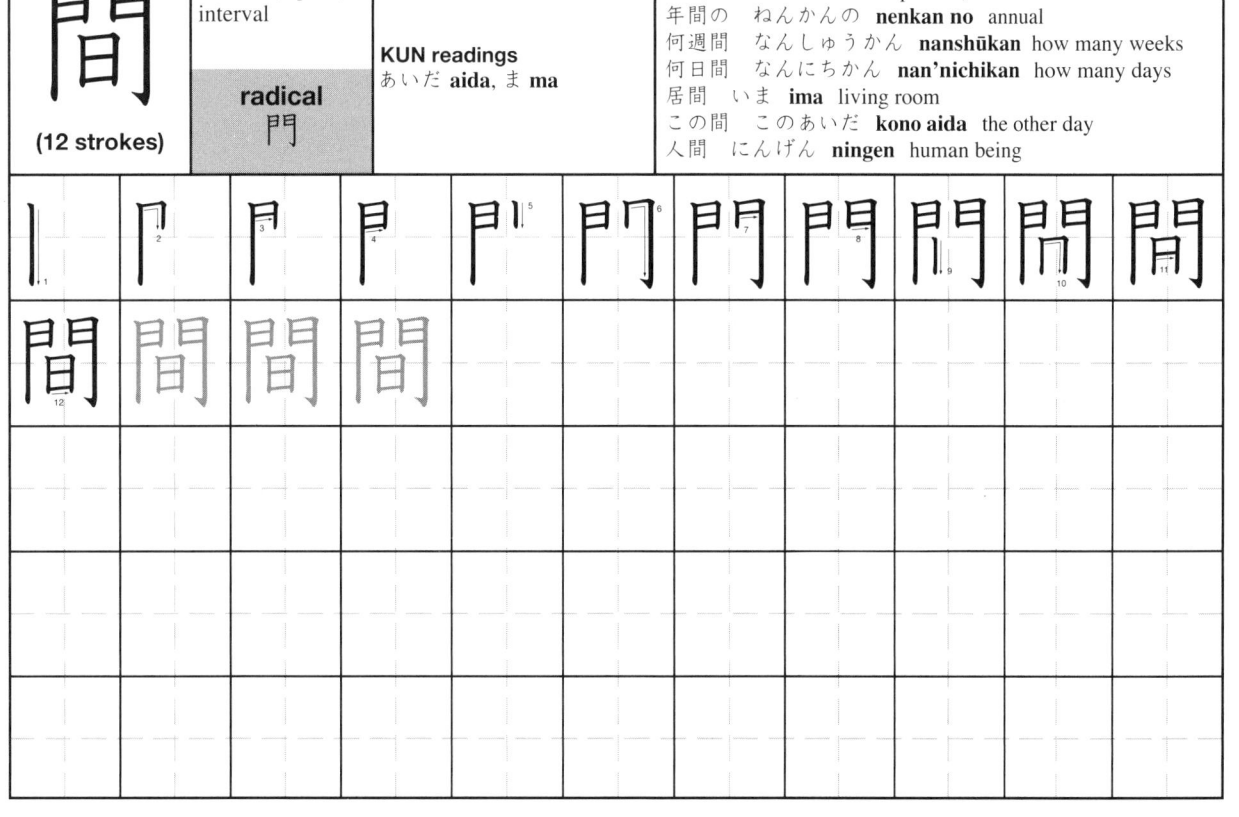

男

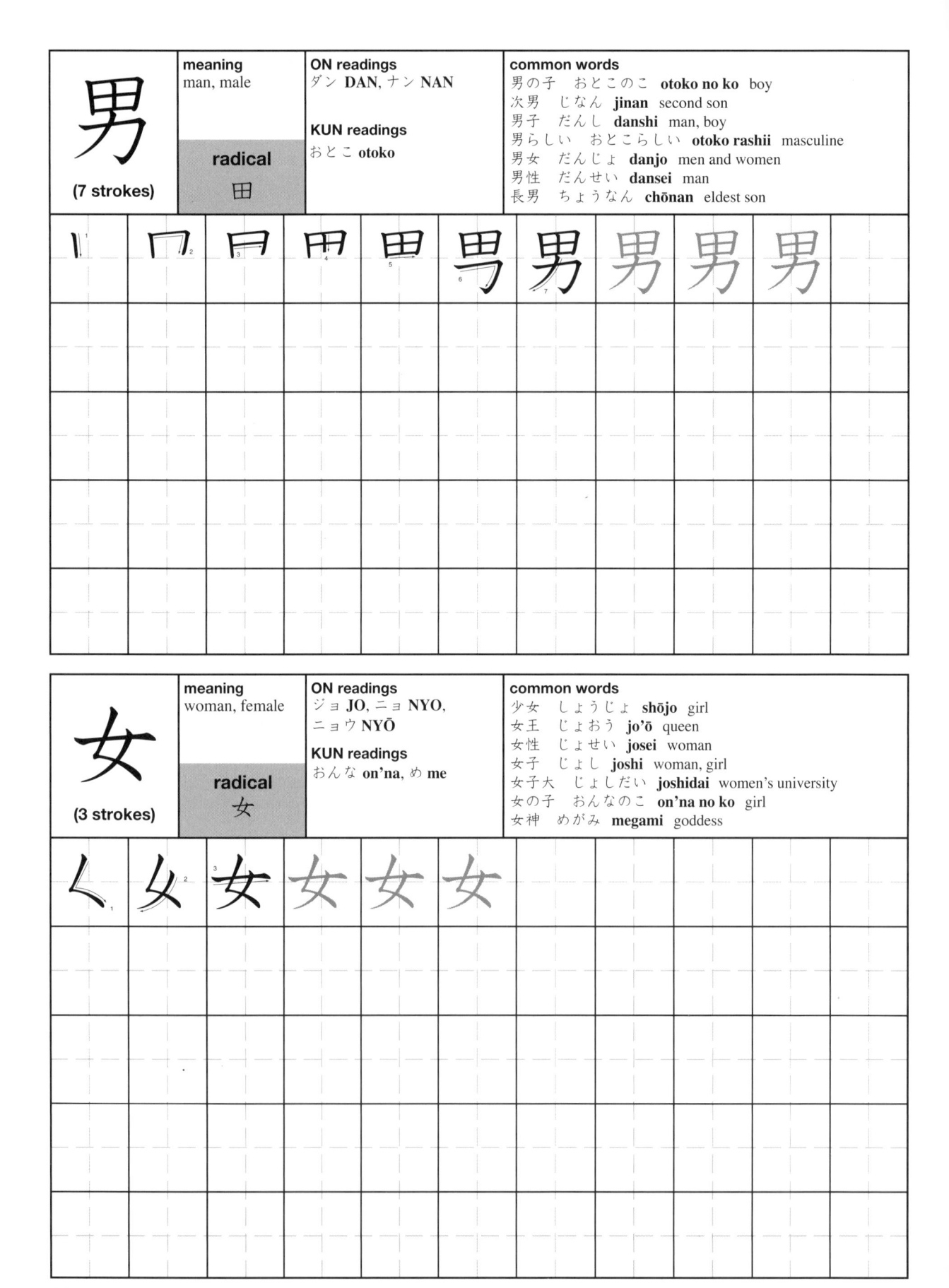

meaning: man, male

ON readings: ダン DAN, ナン NAN

KUN readings: おとこ otoko

radical: 田

(7 strokes)

common words:
- 男の子　おとこのこ　**otoko no ko**　boy
- 次男　じなん　**jinan**　second son
- 男子　だんし　**danshi**　man, boy
- 男らしい　おとこらしい　**otoko rashii**　masculine
- 男女　だんじょ　**danjo**　men and women
- 男性　だんせい　**dansei**　man
- 長男　ちょうなん　**chōnan**　eldest son

女

meaning: woman, female

ON readings: ジョ JO, ニョ NYO, ニョウ NYŌ

KUN readings: おんな on'na, め me

radical: 女

(3 strokes)

common words:
- 少女　しょうじょ　**shōjo**　girl
- 女王　じょおう　**jo'ō**　queen
- 女性　じょせい　**josei**　woman
- 女子　じょし　**joshi**　woman, girl
- 女子大　じょしだい　**joshidai**　women's university
- 女の子　おんなのこ　**on'na no ko**　girl
- 女神　めがみ　**megami**　goddess

父

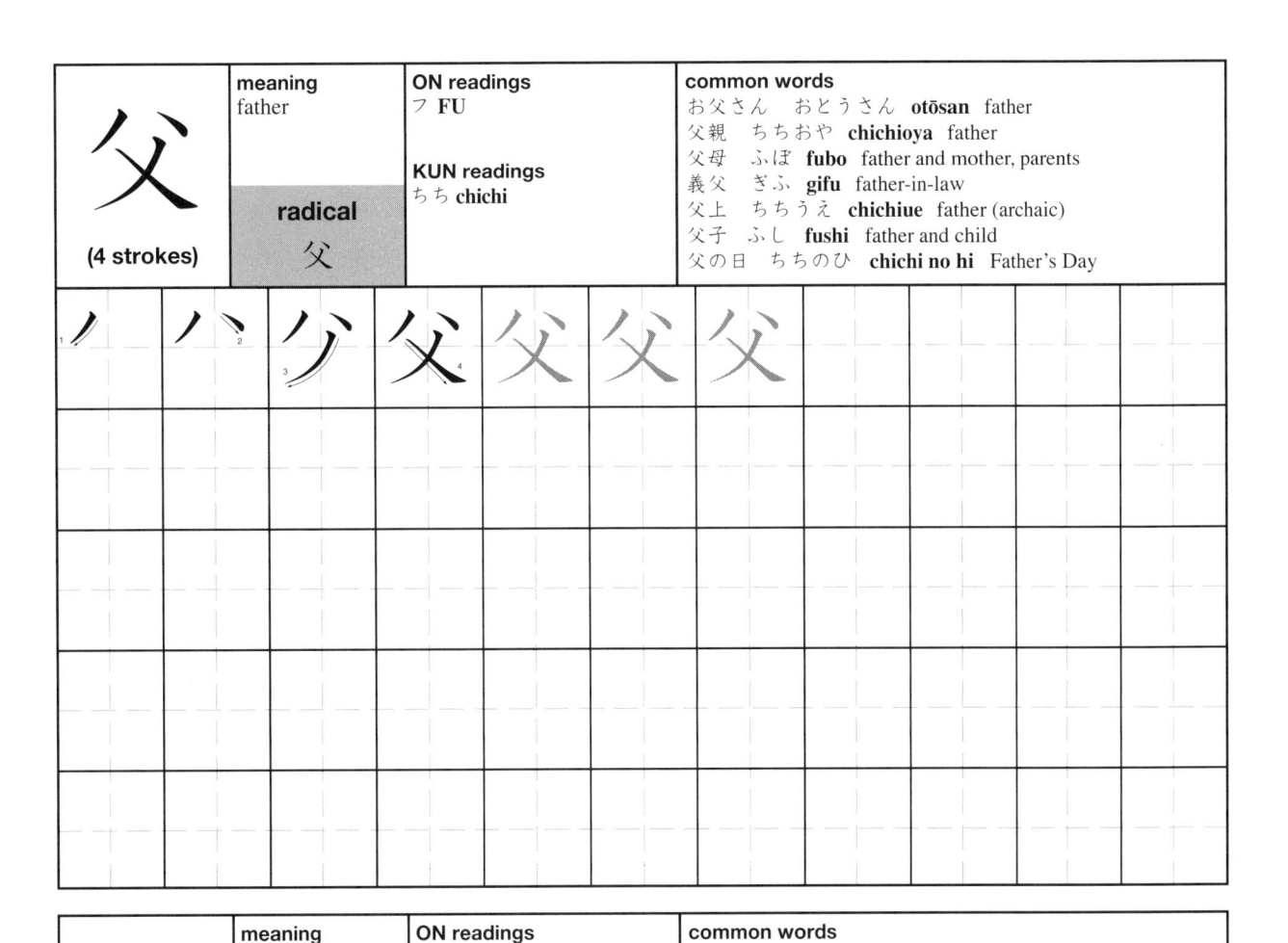

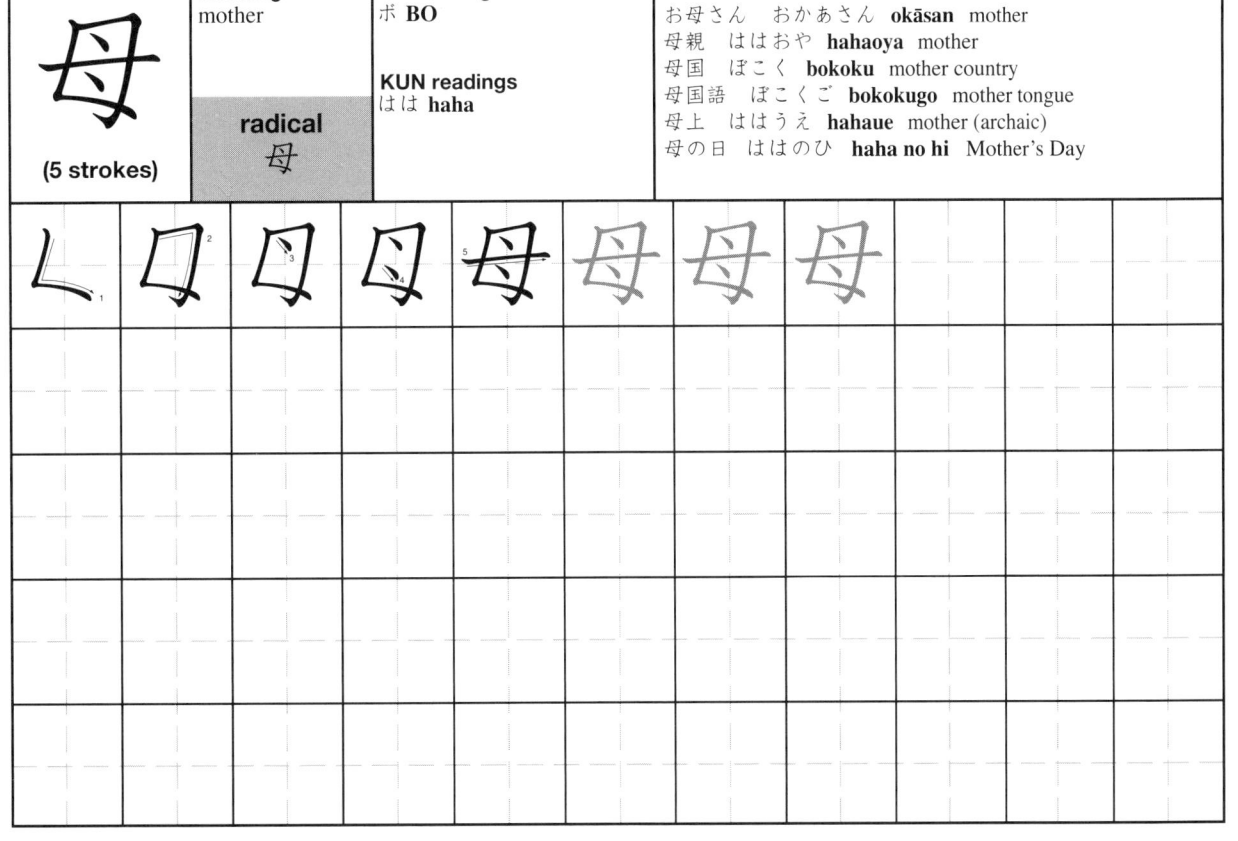

(4 strokes)

meaning: father

radical: 父

ON readings: フ **FU**

KUN readings: ちち chichi

common words:
お父さん　おとうさん　**otōsan**　father
父親　ちちおや　**chichioya**　father
父母　ふぼ　**fubo**　father and mother, parents
義父　ぎふ　**gifu**　father-in-law
父上　ちちうえ　**chichiue**　father (archaic)
父子　ふし　**fushi**　father and child
父の日　ちちのひ　**chichi no hi**　Father's Day

母

(5 strokes)

meaning: mother

radical: 母

ON readings: ボ **BO**

KUN readings: はは haha

common words:
お母さん　おかあさん　**okāsan**　mother
母親　ははおや　**hahaoya**　mother
母国　ぼこく　**bokoku**　mother country
母国語　ぼこくご　**bokokugo**　mother tongue
母上　ははうえ　**hahaue**　mother (archaic)
母の日　ははのひ　**haha no hi**　Mother's Day

27

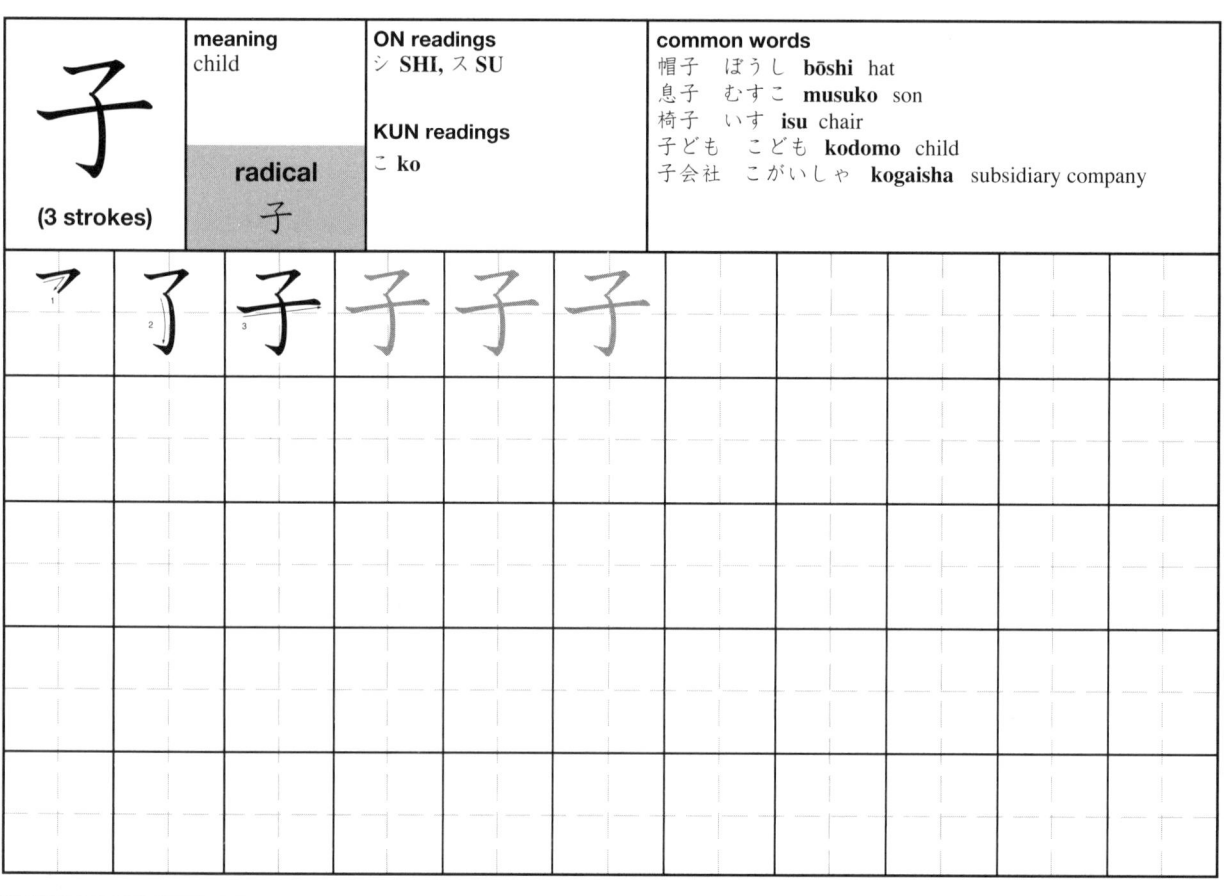

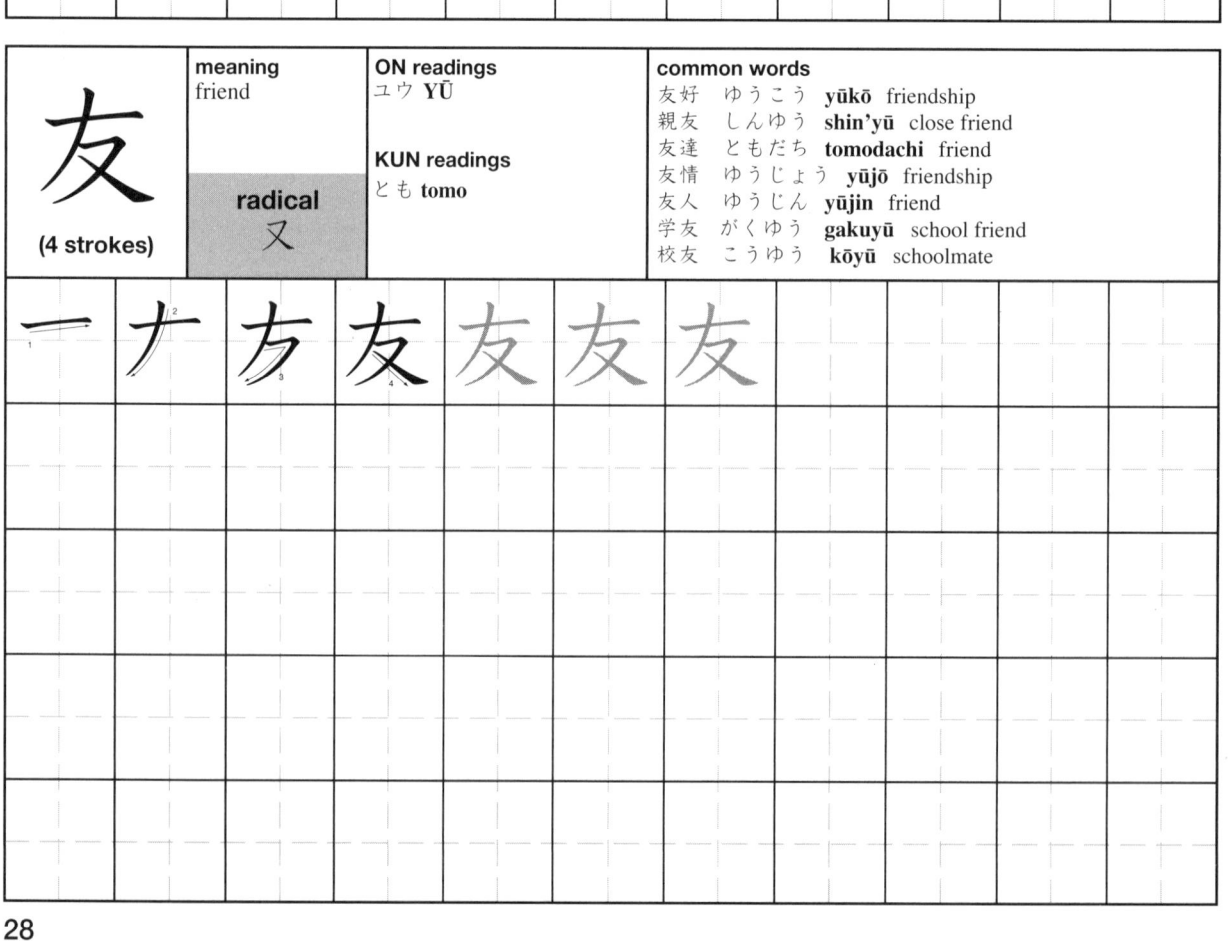

| 子 (3 strokes) | **meaning** child
 radical 子 | **ON readings** シ SHI, ス SU
 KUN readings こ ko | **common words**
 帽子　ぼうし　**bōshi**　hat
 息子　むすこ　**musuko**　son
 椅子　いす　**isu**　chair
 子ども　こども　**kodomo**　child
 子会社　こがいしゃ　**kogaisha**　subsidiary company |

了 子 子 子 子

| 友 (4 strokes) | **meaning** friend
 radical 又 | **ON readings** ユウ YŪ
 KUN readings とも tomo | **common words**
 友好　ゆうこう　**yūkō**　friendship
 親友　しんゆう　**shin'yū**　close friend
 友達　ともだち　**tomodachi**　friend
 友情　ゆうじょう　**yūjō**　friendship
 友人　ゆうじん　**yūjin**　friend
 学友　がくゆう　**gakuyū**　school friend
 校友　こうゆう　**kōyū**　schoolmate |

一 ナ 友 友 友 友 友

人 (2 strokes)

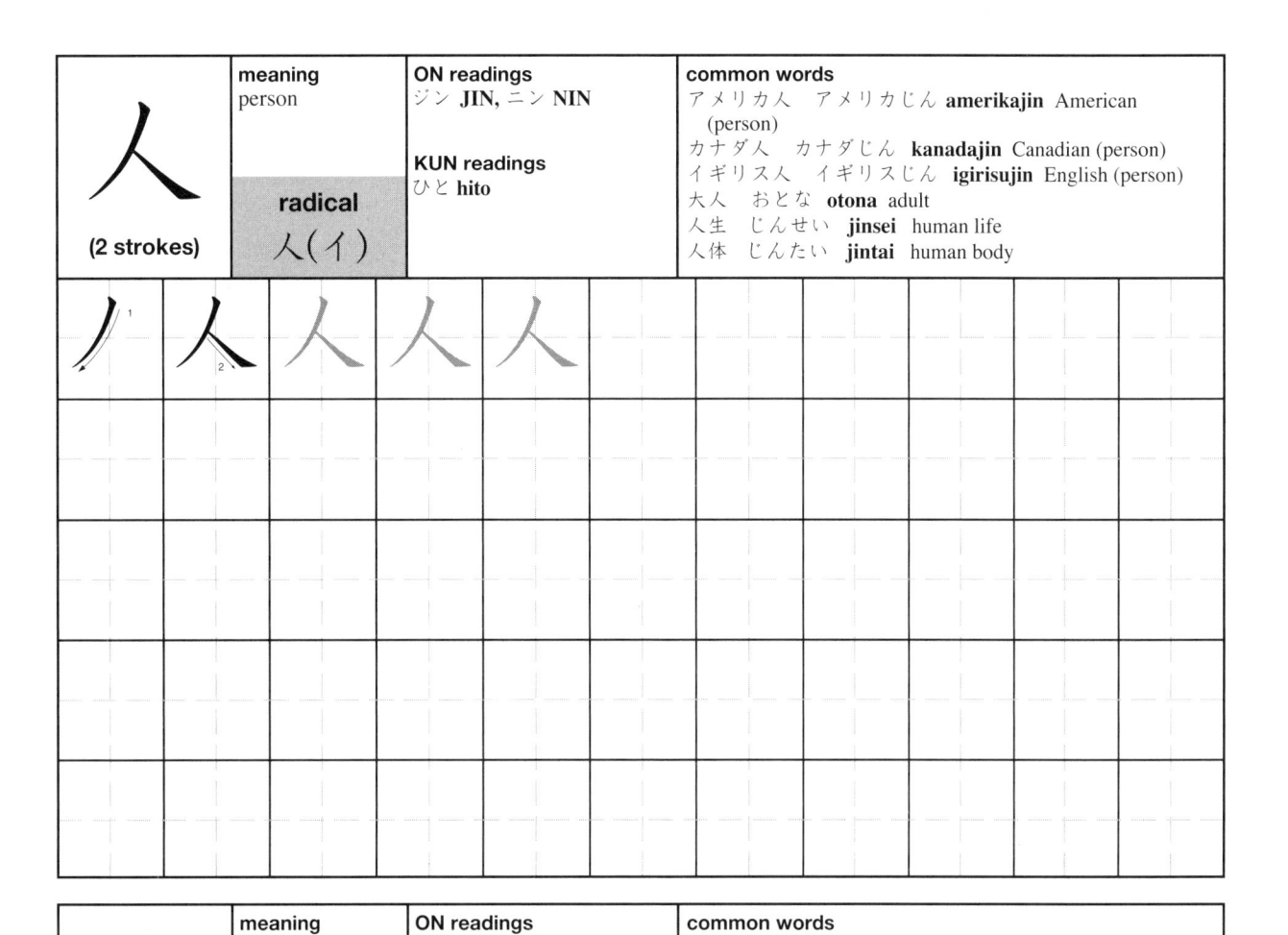

meaning: person

ON readings: ジン JIN, ニン NIN

KUN readings: ひと hito

radical: 人(亻)

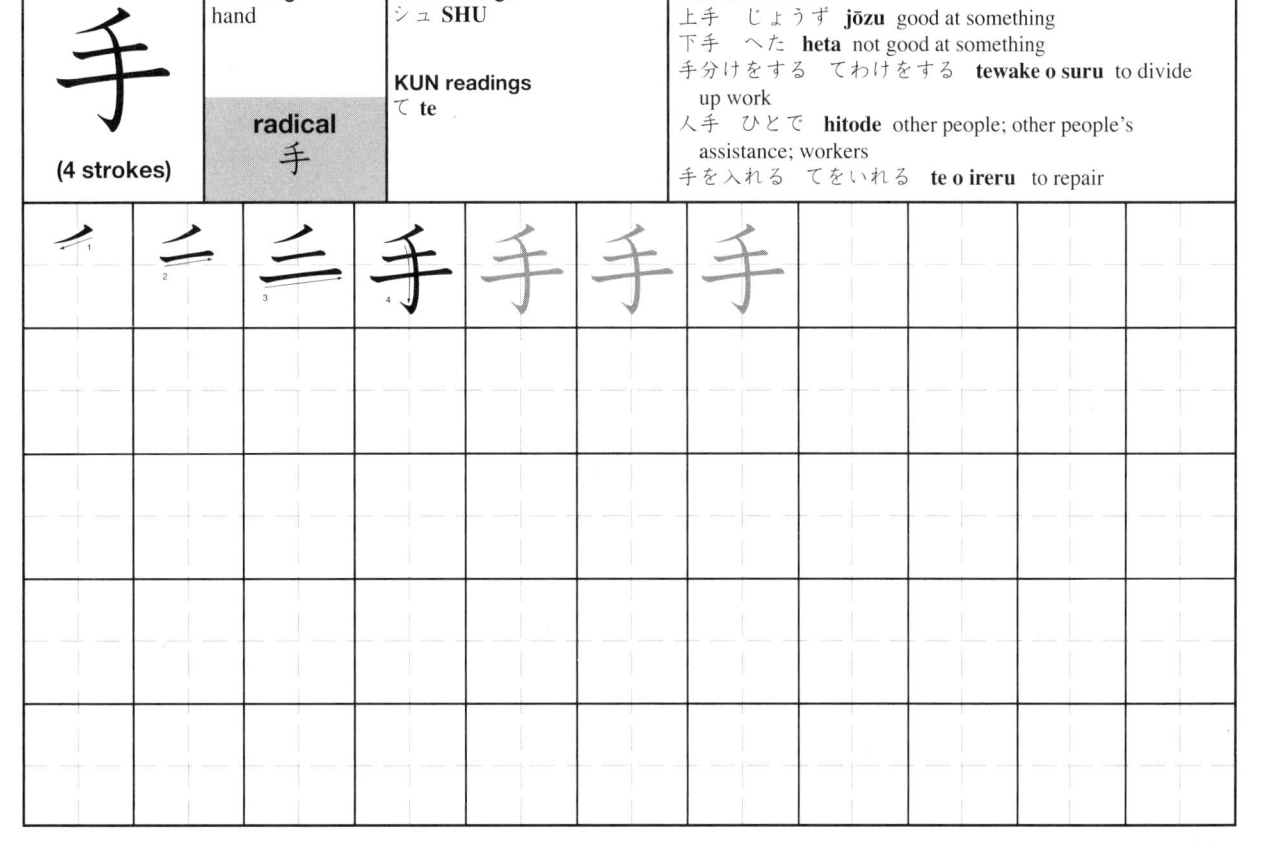

common words
- アメリカ人　アメリカじん **amerikajin** American (person)
- カナダ人　カナダじん **kanadajin** Canadian (person)
- イギリス人　イギリスじん **igirisujin** English (person)
- 大人　おとな **otona** adult
- 人生　じんせい **jinsei** human life
- 人体　じんたい **jintai** human body

手 (4 strokes)

meaning: hand

ON readings: シュ SHU

KUN readings: て te

radical: 手

common words
- 上手　じょうず **jōzu** good at something
- 下手　へた **heta** not good at something
- 手分けをする　てわけをする **tewake o suru** to divide up work
- 人手　ひとで **hitode** other people; other people's assistance; workers
- 手を入れる　てをいれる **te o ireru** to repair

29

目

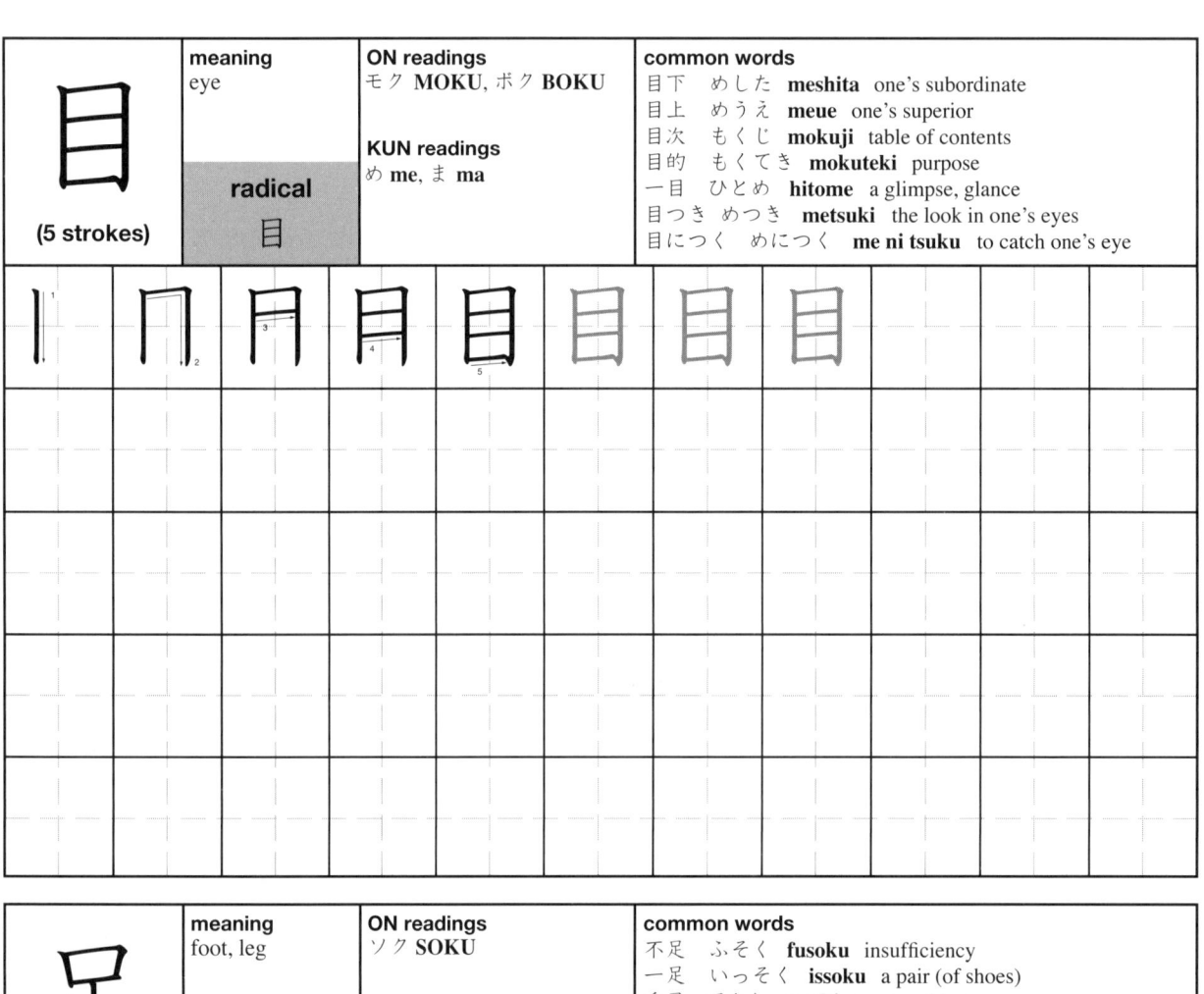

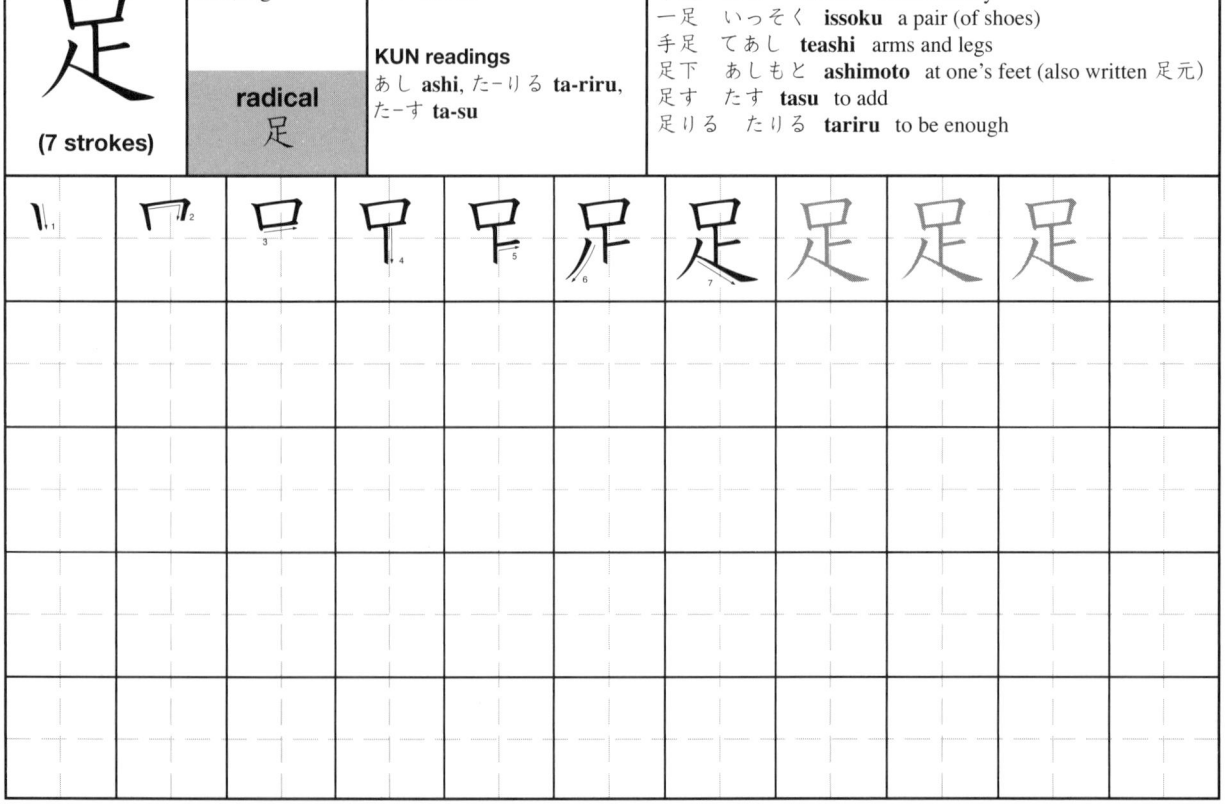

(5 strokes)

meaning
eye

radical 目

ON readings
モク MOKU, ボク BOKU

KUN readings
め me, ま ma

common words
目下　めした　**meshita**　one's subordinate
目上　めうえ　**meue**　one's superior
目次　もくじ　**mokuji**　table of contents
目的　もくてき　**mokuteki**　purpose
一目　ひとめ　**hitome**　a glimpse, glance
目つき　めつき　**metsuki**　the look in one's eyes
目につく　めにつく　**me ni tsuku**　to catch one's eye

足

(7 strokes)

meaning
foot, leg

radical 足

ON readings
ソク SOKU

KUN readings
あし ashi, たーりる ta-riru, たーす ta-su

common words
不足　ふそく　**fusoku**　insufficiency
一足　いっそく　**issoku**　a pair (of shoes)
手足　てあし　**teashi**　arms and legs
足下　あしもと　**ashimoto**　at one's feet (also written 足元)
足す　たす　**tasu**　to add
足りる　たりる　**tariru**　to be enough

| | 耳 (6 strokes) | meaning
ear

radical
耳 | ON readings
ジ **JI**

KUN readings
みみ **mimi** | common words
耳が聞こえない　みみがきこえない **mimi ga kikoenai** deaf
耳あて　みみあて **mimiate** earmuffs
耳から学ぶ　みみからまなぶ **mimi kara manabu** to learn by ear
耳たぶ　みみたぶ **mimitabu** earlobe
耳に入る　みみにいる **mimi ni hairu** to happen to hear |

| | 口 (3 strokes) | meaning
mouth

radical
口 | ON readings
コウ **KŌ**, ク **KU**

KUN readings
くち **kuchi** | common words
入口　いりぐち **iriguchi** entrance
人口　じんこう **jinkō** population
出口　でぐち **deguchi** exit
口座　こうざ **kōza** bank account
窓口　まどぐち **madoguchi** ticket window
一口　ひとくち **hitokuchi** a mouthful, a bite
口調　くちょう **kuchō** (oratorial) tone |

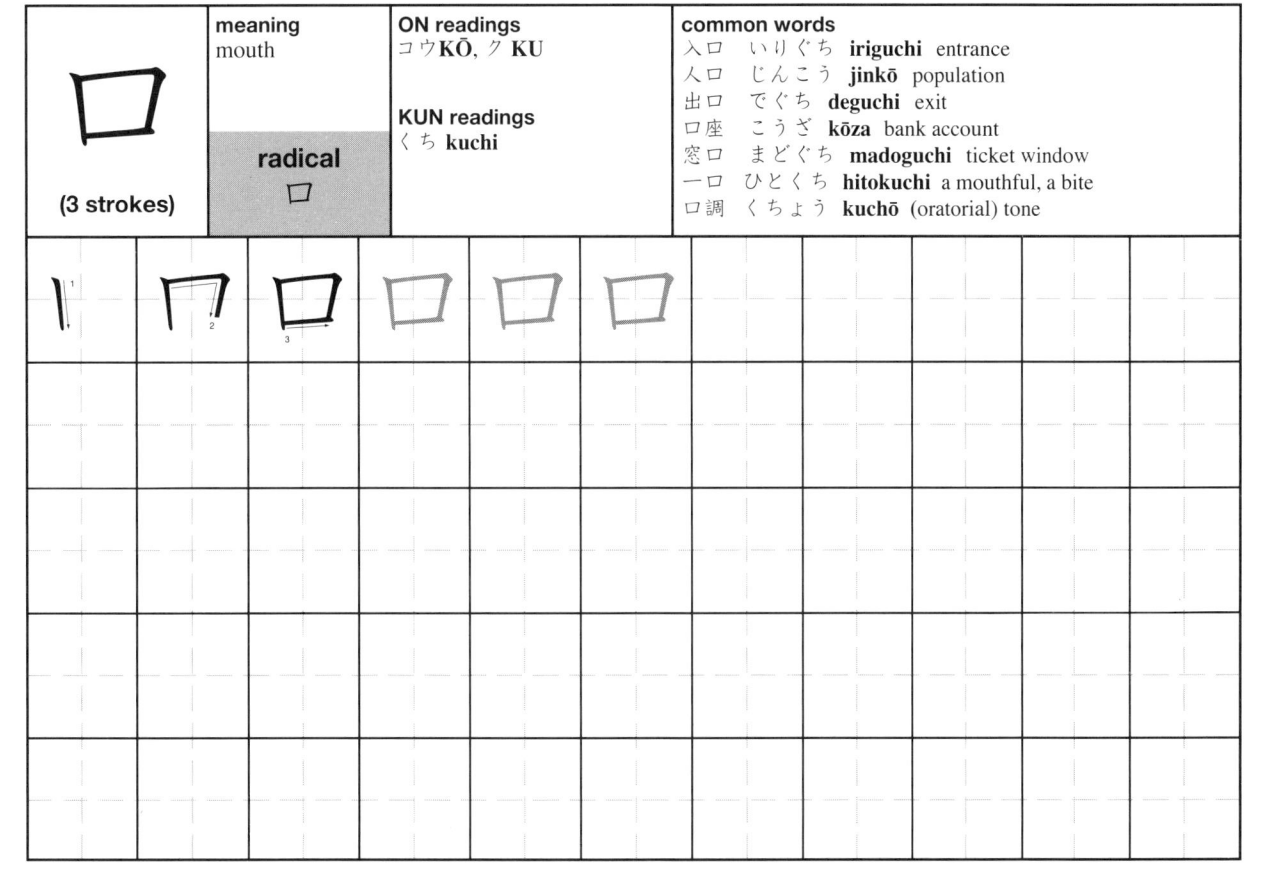

31

左 (5 strokes)

meaning: left

radical: 工

ON readings: サ SA

KUN readings: ひだり hidari

common words:
- 左側　ひだりがわ　**hidarigawa**　left side
- 左利き(の)　ひだりきき(の)　**hidarikiki (no)**　left handed
- 左手　ひだりて　**hidarite**　left hand
- 左右　さゆう　**sayū**　left and right
- 左クリック　ひだりクリック　**hidari kurikku**　left click (on a mouse)

右 (5 strokes)

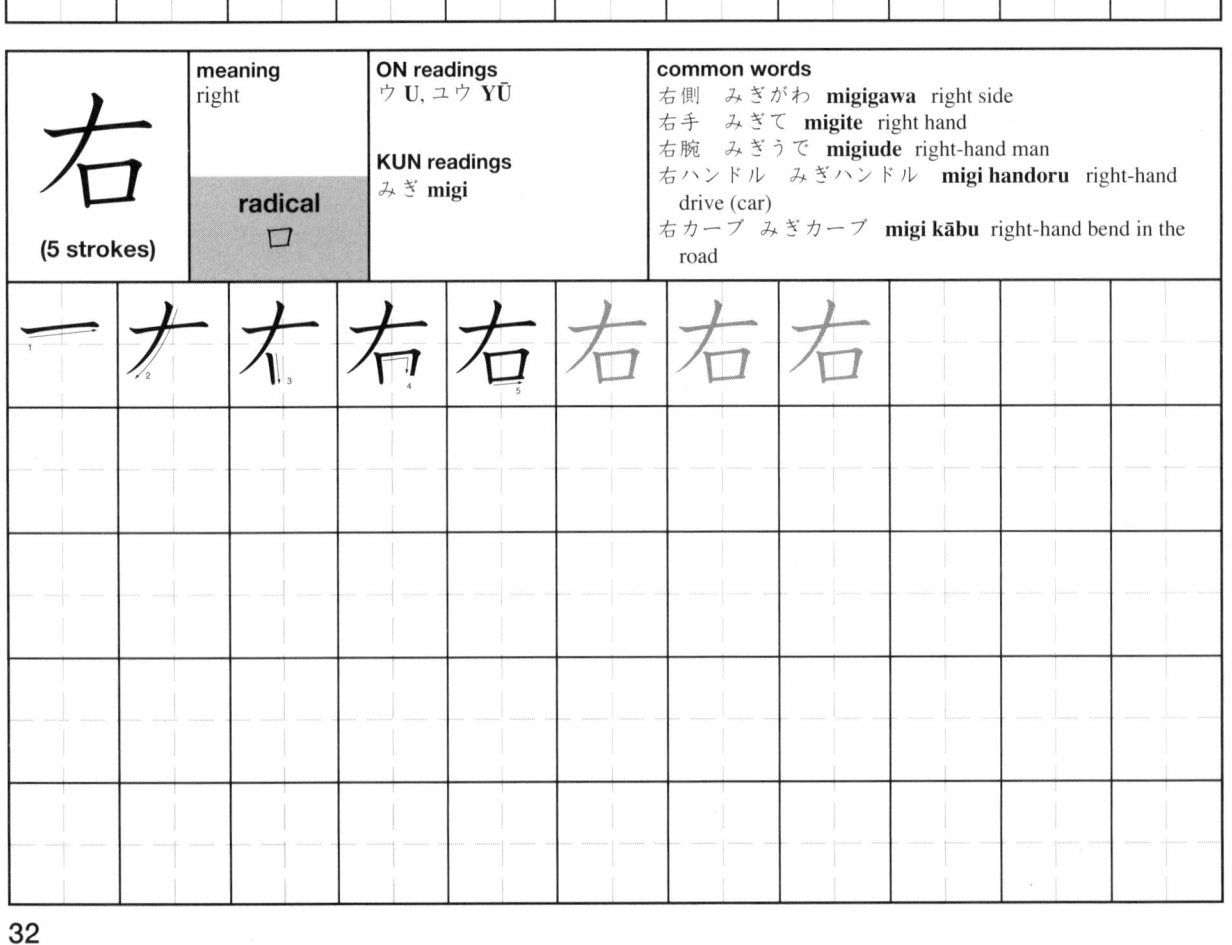

meaning: right

radical: 口

ON readings: ウ U, ユウ YŪ

KUN readings: みぎ migi

common words:
- 右側　みぎがわ　**migigawa**　right side
- 右手　みぎて　**migite**　right hand
- 右腕　みぎうで　**migiude**　right-hand man
- 右ハンドル　みぎハンドル　**migi handoru**　right-hand drive (car)
- 右カーブ　みぎカーブ　**migi kābu**　right-hand bend in the road

前 (9 strokes)

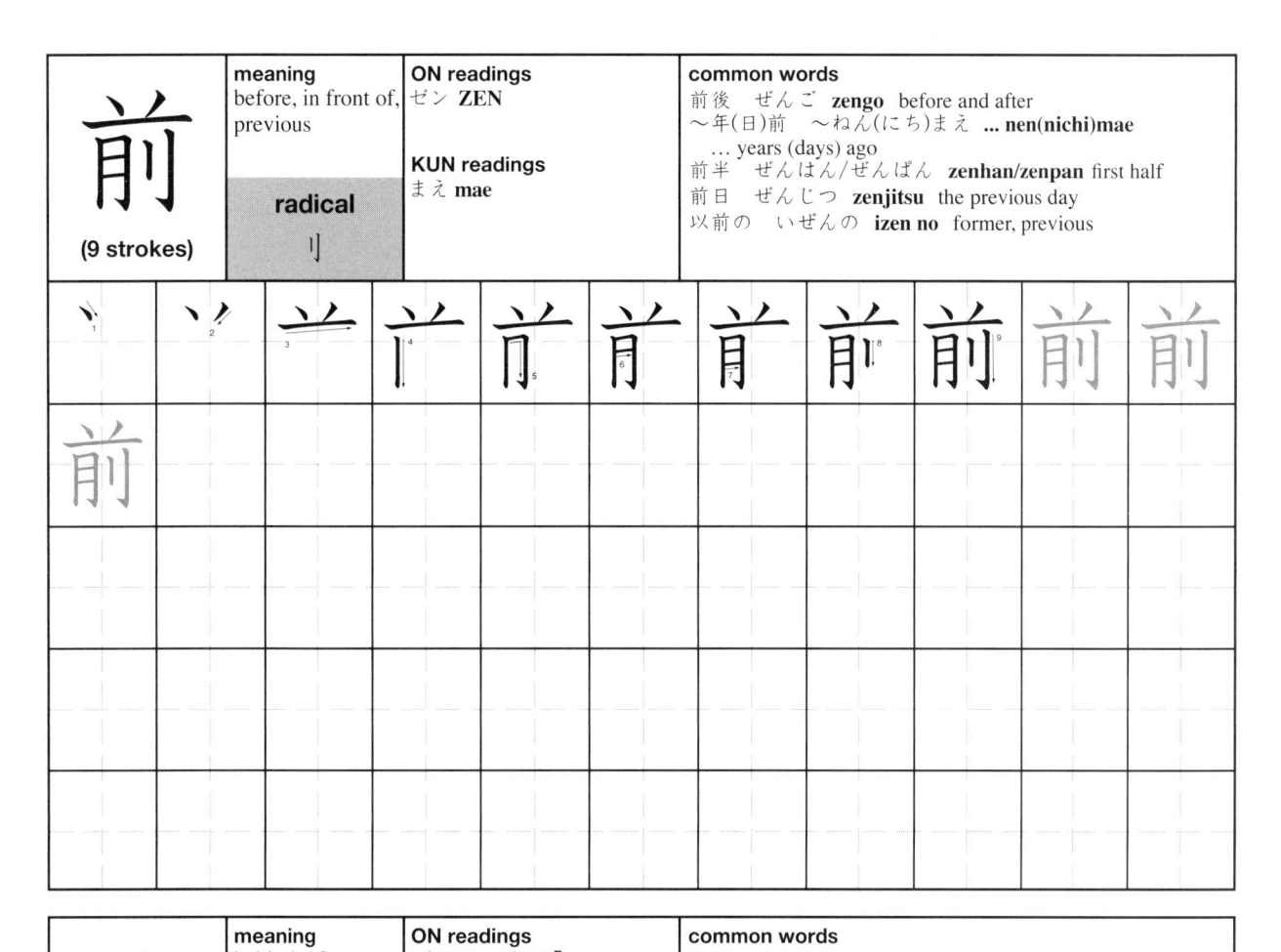

meaning	before, in front of, previous
radical	刂
ON readings	ゼン ZEN
KUN readings	まえ mae

common words
- 前後　ぜんご　zengo　before and after
- 〜年(日)前　〜ねん(にち)まえ　... nen(nichi)mae　... years (days) ago
- 前半　ぜんはん/ぜんぱん　zenhan/zenpan　first half
- 前日　ぜんじつ　zenjitsu　the previous day
- 以前の　いぜんの　izen no　former, previous

後 (9 strokes)

meaning	behind; after; the remainder
radical	彳
ON readings	ゴ GO, コウ KŌ
KUN readings	うし-ろ ushi-ro, のち nochi, あと ato, おく-れる oku-reru

common words
- 後半　こうはん　kōhan　second half
- 食後　しょくご　shokugo　after a meal
- 〜年(日)後　〜ねん(にち)ご　... nen(nichi)go　... years (days) after
- 以後　いご　igo　afterward
- 後ろ　うしろ　ushiro　behind
- 後日　ごじつ　gojitsu　at a later date, future
- 後で　あとで　ato de　later, afterward

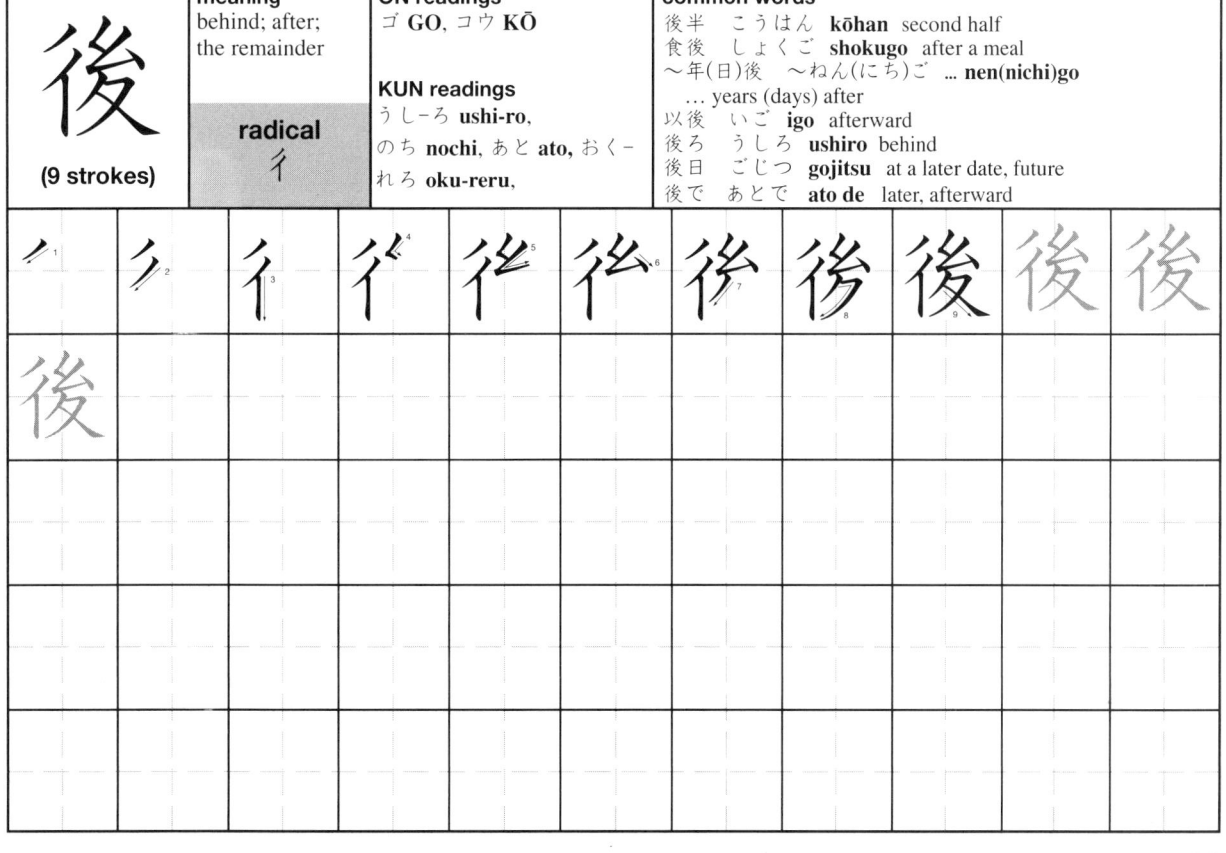

33

上

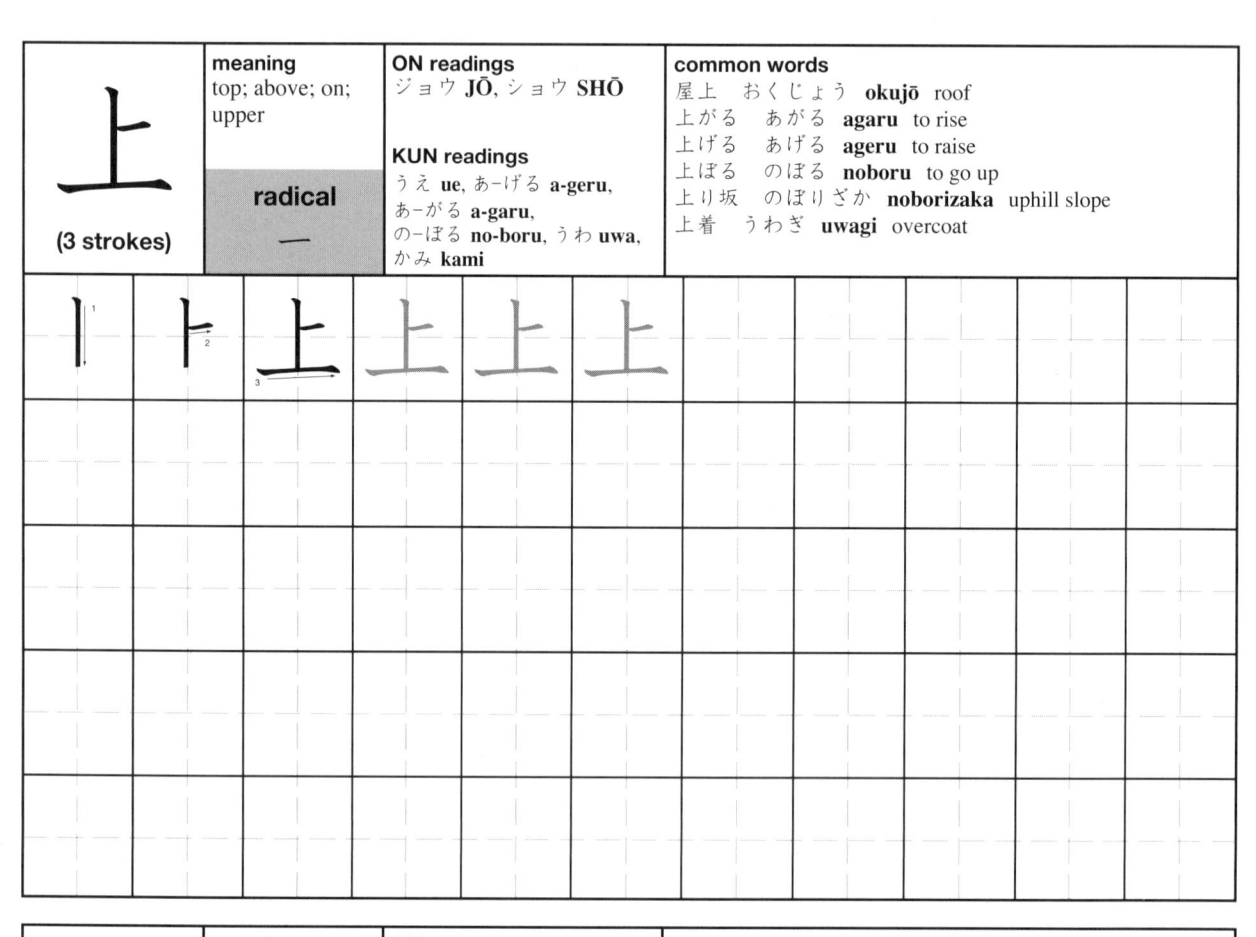

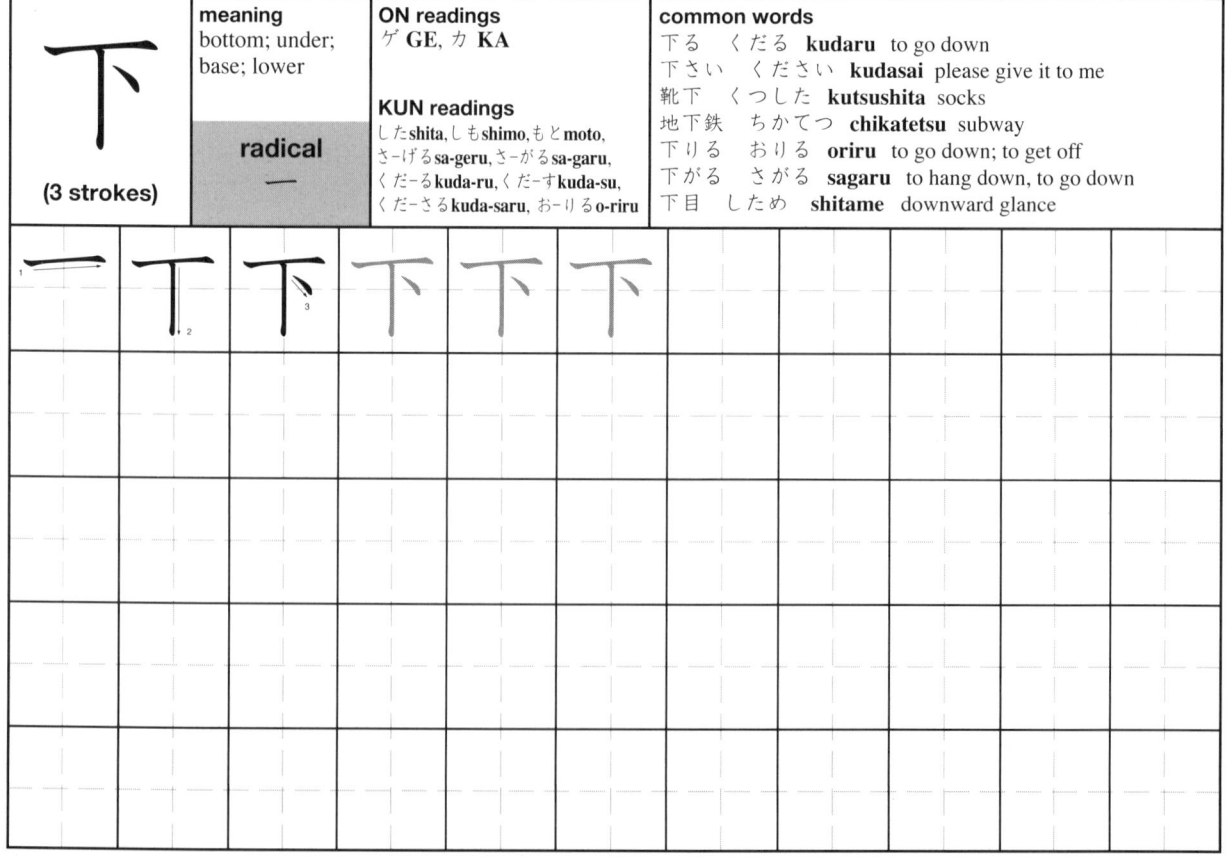

(3 strokes)

meaning: top; above; on; upper

radical: 一

ON readings: ジョウ JŌ, ショウ SHŌ

KUN readings: うえ ue, あ-げる a-geru, あ-がる a-garu, の-ぼる no-boru, うわ uwa, かみ kami

common words:
- 屋上 おくじょう **okujō** roof
- 上がる あがる **agaru** to rise
- 上げる あげる **ageru** to raise
- 上ぼる のぼる **noboru** to go up
- 上り坂 のぼりざか **noborizaka** uphill slope
- 上着 うわぎ **uwagi** overcoat

下

(3 strokes)

meaning: bottom; under; base; lower

radical: 一

ON readings: ゲ GE, カ KA

KUN readings: した shita, しも shimo, もと moto, さ-げる sa-geru, さ-がる sa-garu, くだ-る kuda-ru, くだ-す kuda-su, くだ-さる kuda-saru, お-りる o-riru

common words:
- 下る くだる **kudaru** to go down
- 下さい ください **kudasai** please give it to me
- 靴下 くつした **kutsushita** socks
- 地下鉄 ちかてつ **chikatetsu** subway
- 下りる おりる **oriru** to go down; to get off
- 下がる さがる **sagaru** to hang down, to go down
- 下目 しため **shitame** downward glance

中 (4 strokes)

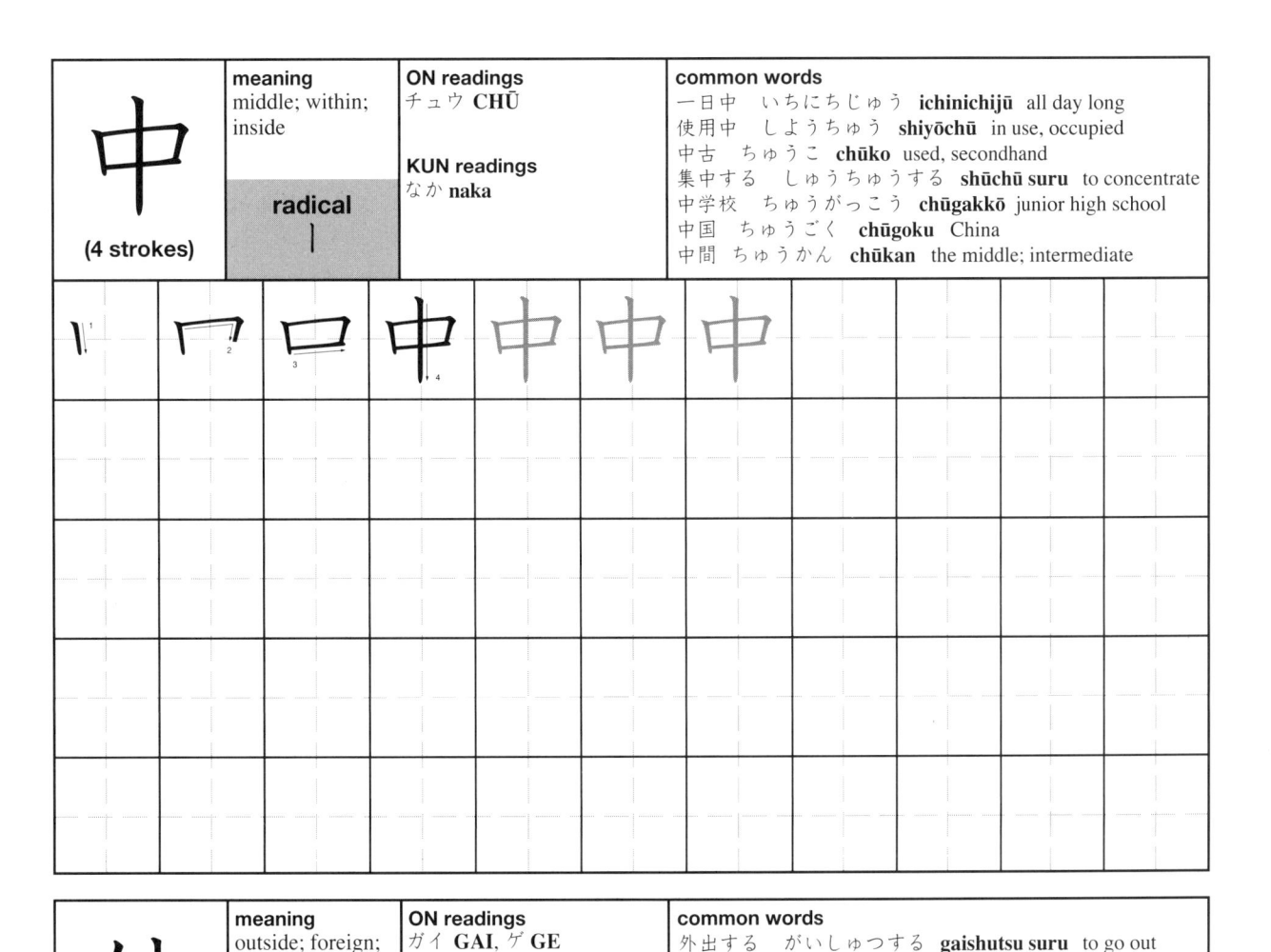

meaning: middle; within; inside

ON readings: チュウ CHŪ

KUN readings: なか naka

radical: 丨

common words:
- 一日中　いちにちじゅう　**ichinichijū** all day long
- 使用中　しようちゅう　**shiyōchū** in use, occupied
- 中古　ちゅうこ　**chūko** used, secondhand
- 集中する　しゅうちゅうする　**shūchū suru** to concentrate
- 中学校　ちゅうがっこう　**chūgakkō** junior high school
- 中国　ちゅうごく　**chūgoku** China
- 中間　ちゅうかん　**chūkan** the middle; intermediate

外 (5 strokes)

meaning: outside; foreign; other

ON readings: ガイ GAI, ゲ GE

KUN readings: そと soto, ほか hoka, はず-す hazu-su, はず-れる hazu-reru

radical: 夕

common words:
- 外出する　がいしゅつする　**gaishutsu suru** to go out
- 外国人　がいこくじん　**gaikokujin** foreigner
- 外側　そとがわ　**sotogawa** outside
- 野外　やがい　**yagai** outdoors
- 外れる　はずれる　**hazureru** to come off, slip
- 案外　あんがい　**angai** unexpectedly

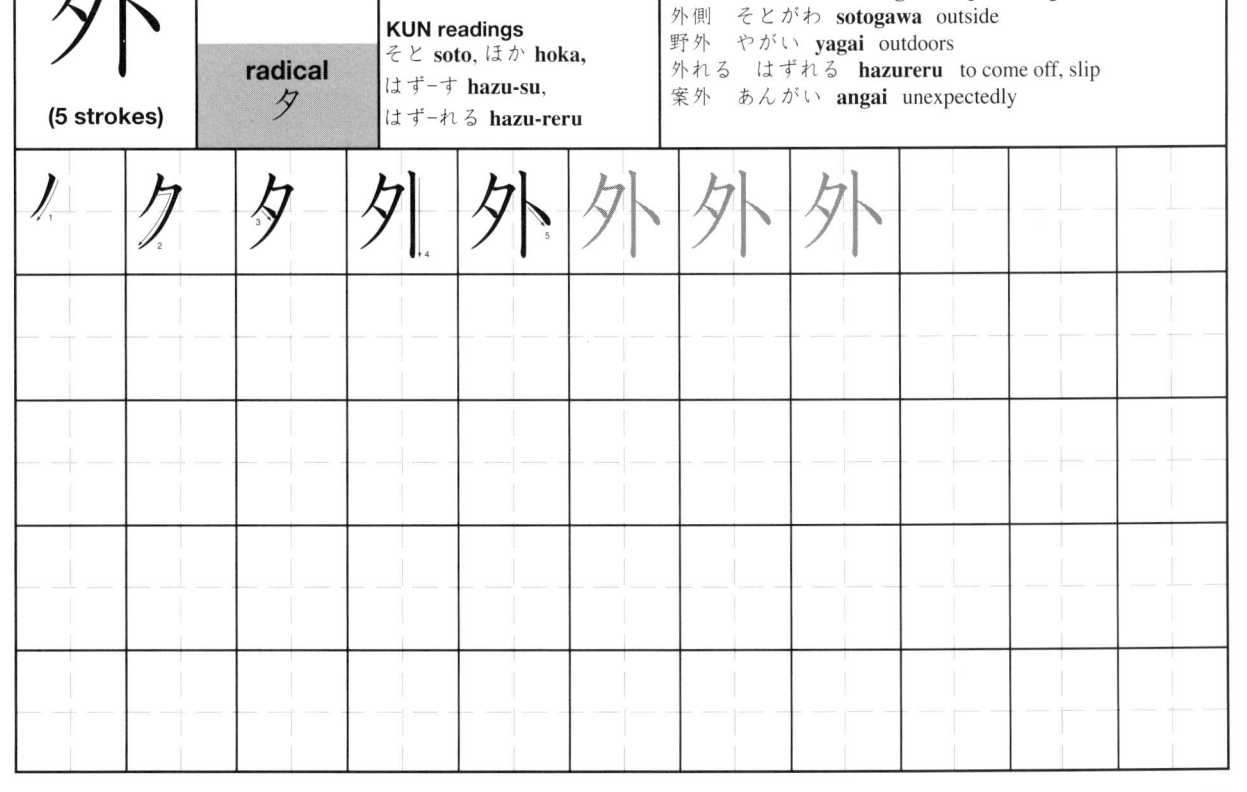

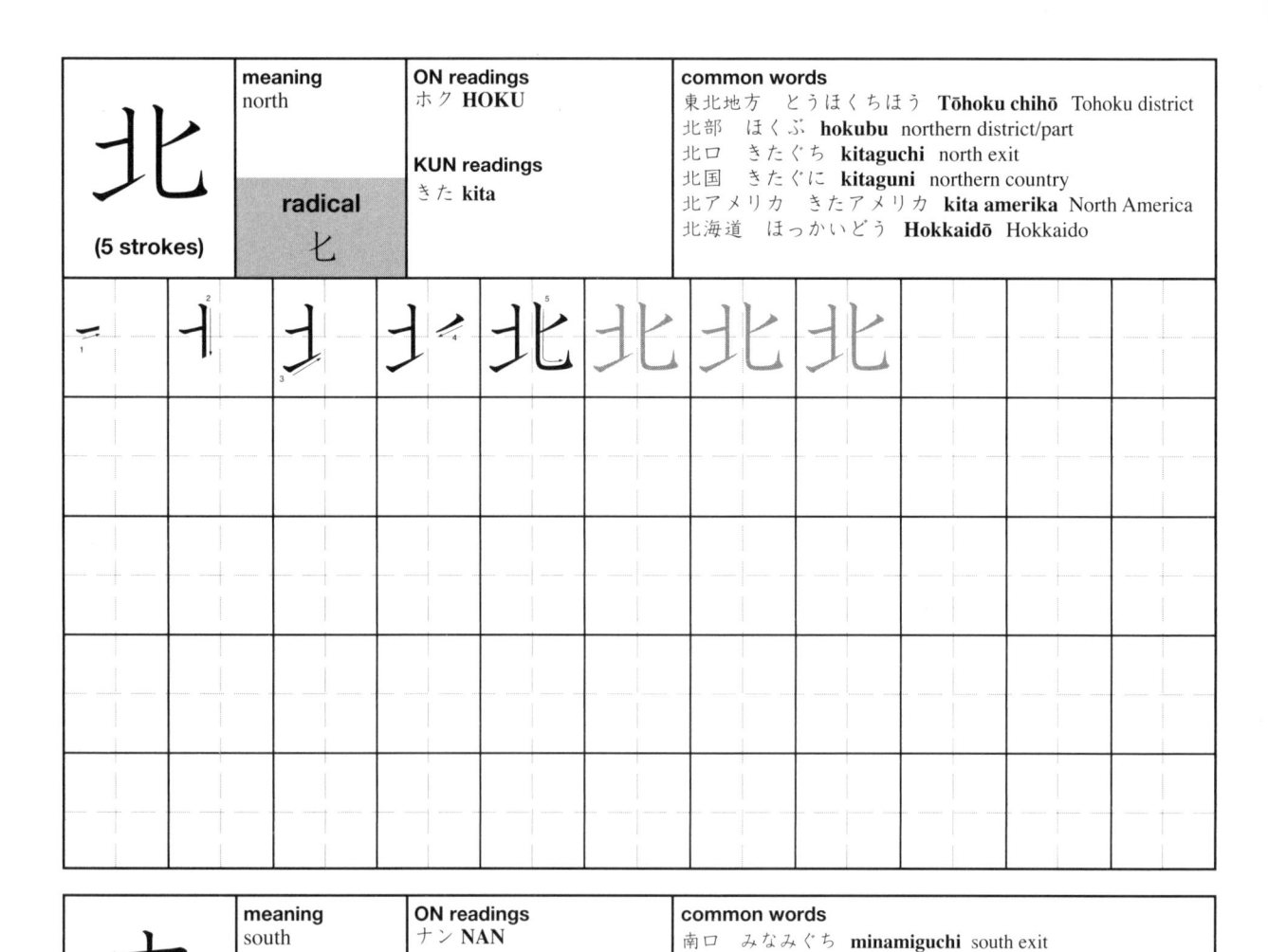

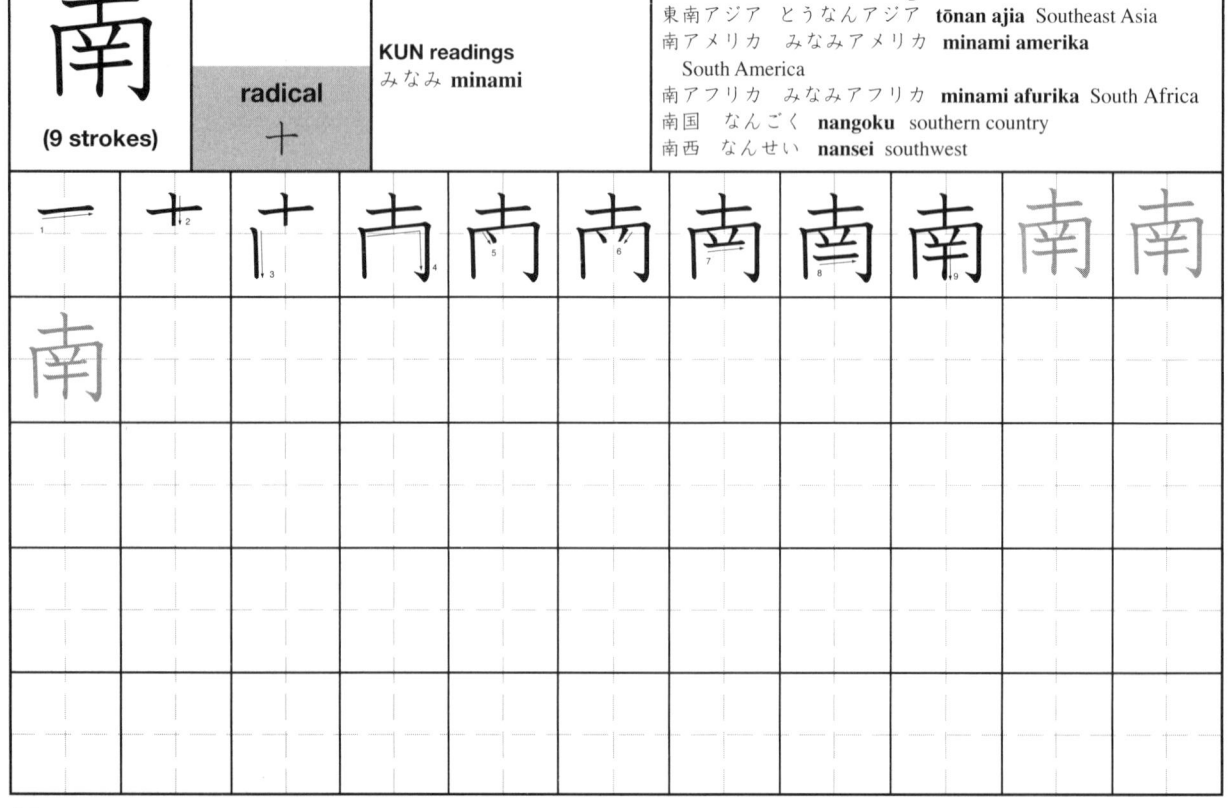

| 北 (5 strokes) | **meaning** north / **radical** 七 | **ON readings** ホク HOKU / **KUN readings** きた kita | **common words** 東北地方　とうほくちほう **Tōhoku chihō** Tohoku district / 北部　ほくぶ **hokubu** northern district/part / 北口　きたぐち **kitaguchi** north exit / 北国　きたぐに **kitaguni** northern country / 北アメリカ　きたアメリカ **kita amerika** North America / 北海道　ほっかいどう **Hokkaidō** Hokkaido |

| 南 (9 strokes) | **meaning** south / **radical** 十 | **ON readings** ナン NAN / **KUN readings** みなみ minami | **common words** 南口　みなみぐち **minamiguchi** south exit / 東南アジア　とうなんアジア **tōnan ajia** Southeast Asia / 南アメリカ　みなみアメリカ **minami amerika** South America / 南アフリカ　みなみアフリカ **minami afurika** South Africa / 南国　なんごく **nangoku** southern country / 南西　なんせい **nansei** southwest |

| 東 (8 strokes) | **meaning**
east
radical
木 | **ON readings**
トウ **TŌ**

KUN readings
ひがし **higashi** | **common words**
中東　ちゅうとう　**chūtō**　the Middle East
東西南北　とうざいなんぼく　**tōzainanboku**
　north, south, east, and west
東ヨーロッパ　ひがしヨーロッパ　**higashi yōroppa**
　Eastern Europe
東西　とうざい　**tōzai**　east and west
東口　ひがしぐち　**higashiguchi**　east exit |

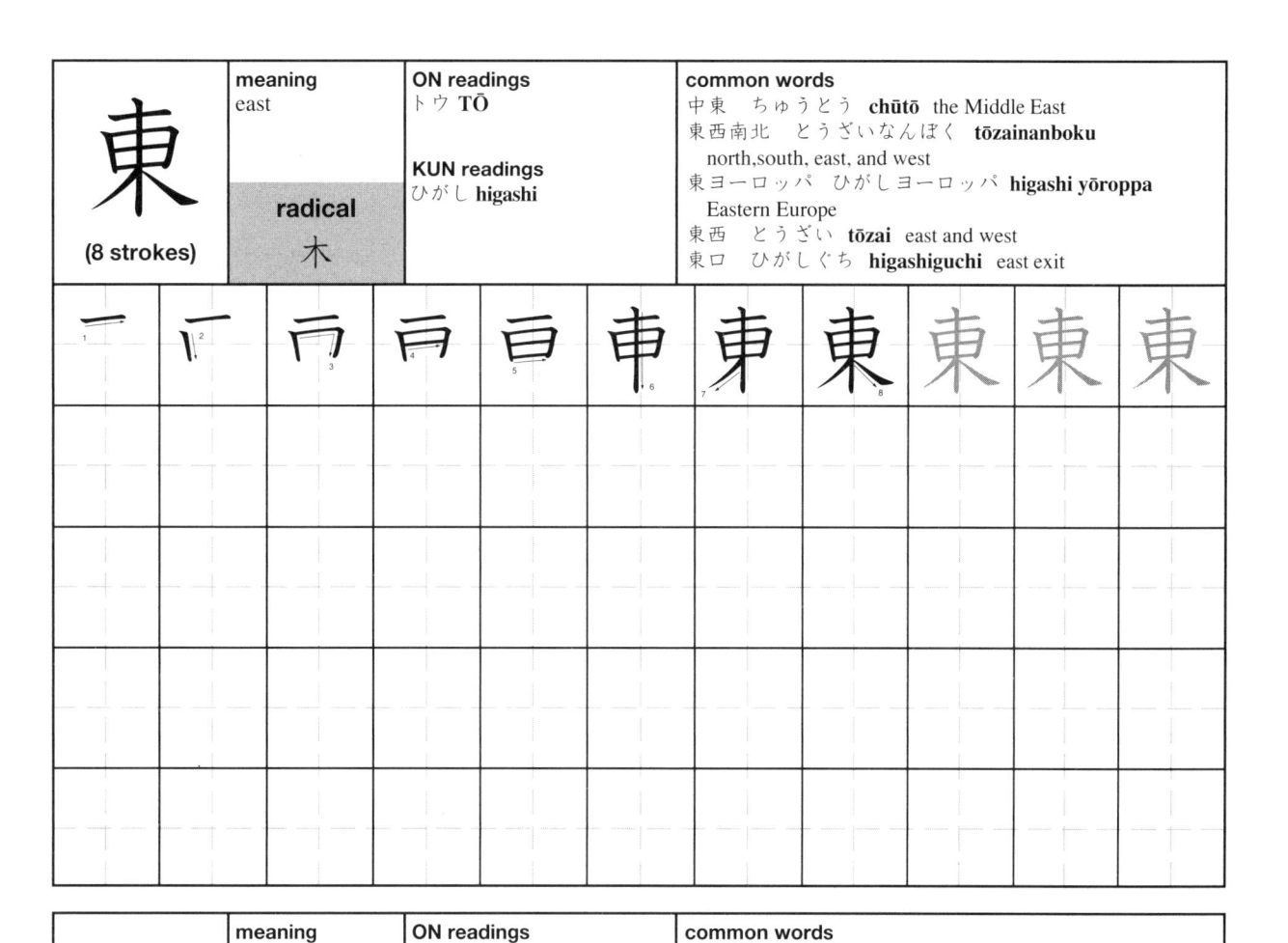

一 厂 冋 戸 巨 申 東 東 東 東 東

| 西 (6 strokes) | **meaning**
west
radical
西 | **ON readings**
セイ **SEI**, サイ **SAI**

KUN readings
にし **nishi** | **common words**
西部　せいぶ　**seibu**　western district/part
西口　にしぐち　**nishiguchi**　west exit
北西　ほくせい　**hokusei**　northwest
古今東西　ここんとうざい　**kokontōzai**
　all times and places
西ヨーロッパ　にしヨーロッパ　**nishi yōroppa**
　Western Europe |

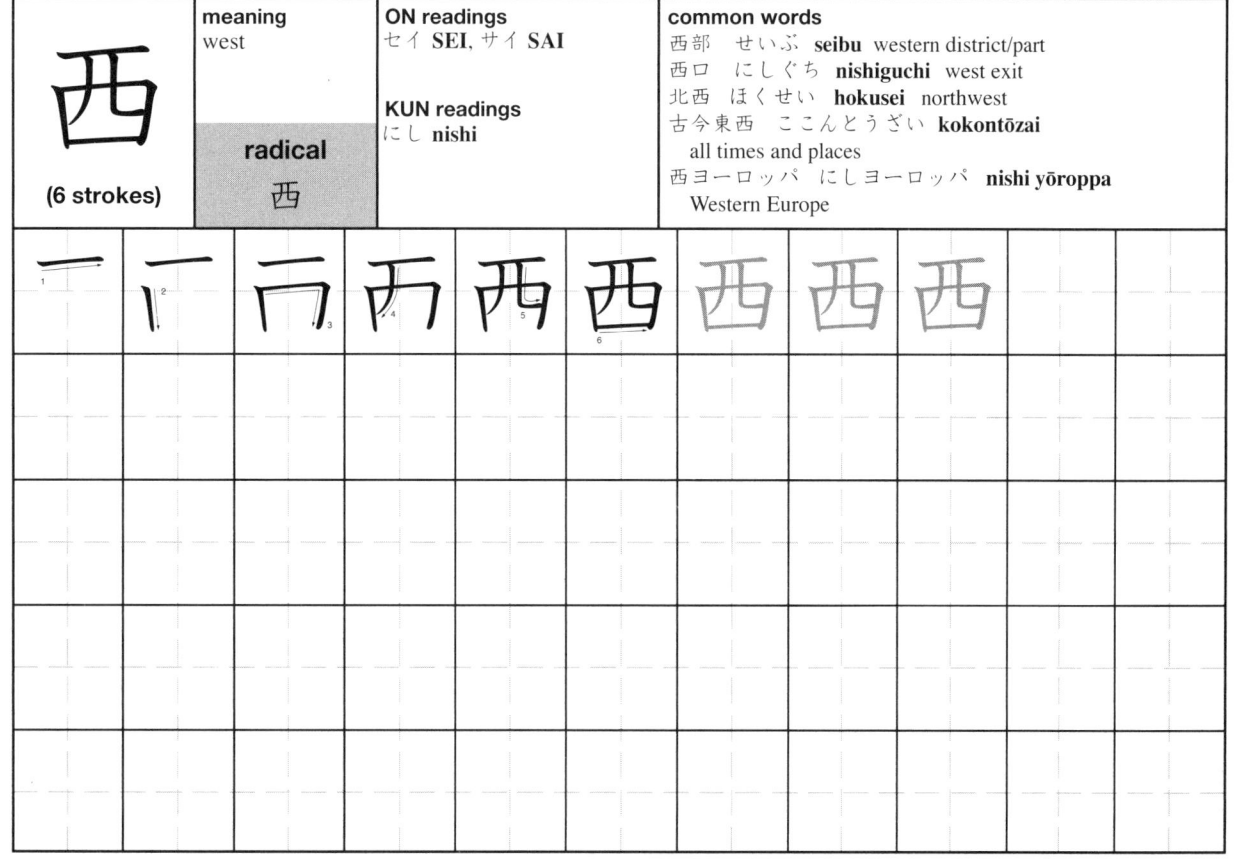

一 厂 冋 两 西 西 西 西

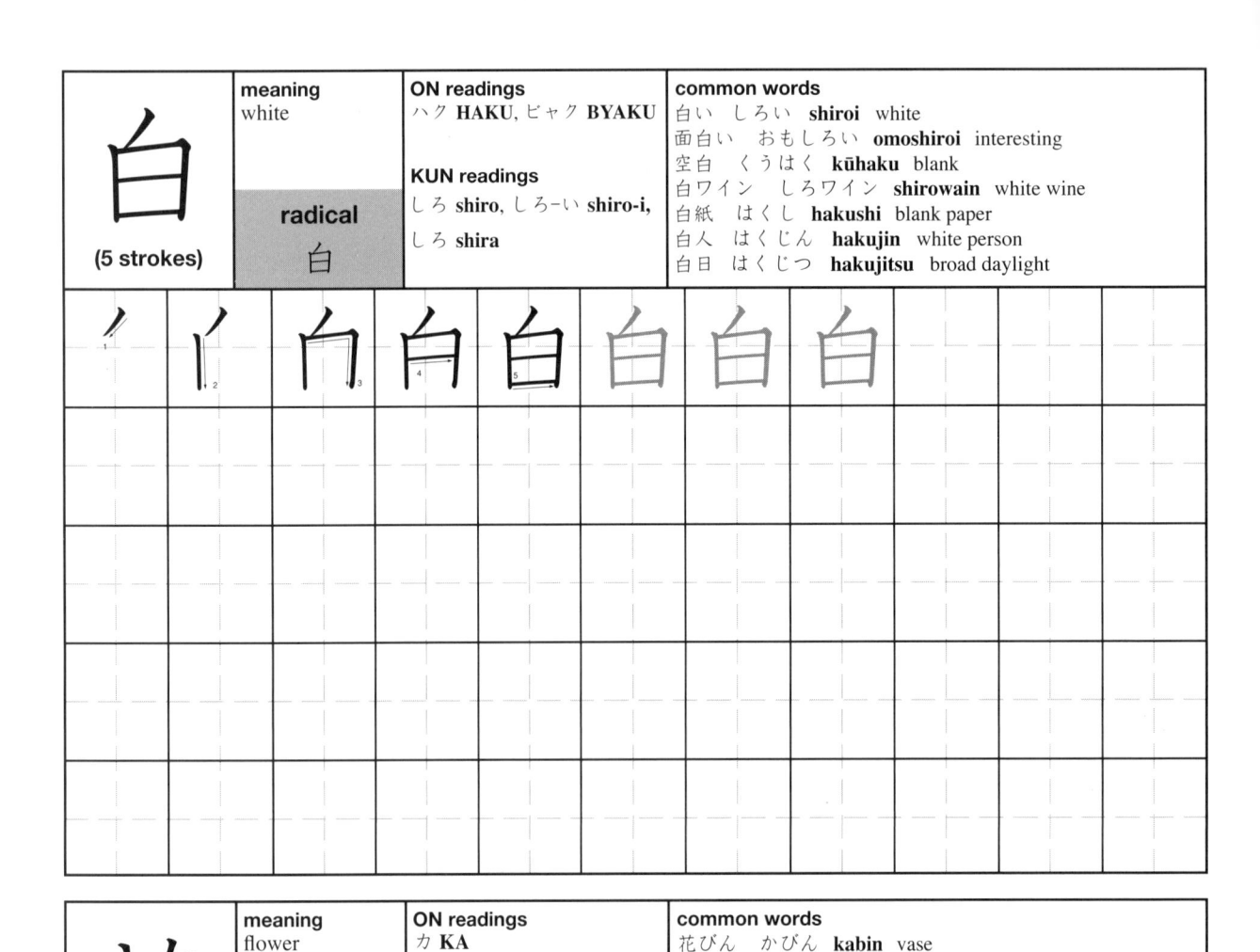

	白	**meaning** white	**ON readings** ハク **HAKU**, ビャク **BYAKU** **KUN readings** しろ **shiro**, しろ-い **shiro-i**, しら **shira**	**common words** 白い　しろい　**shiroi**　white 面白い　おもしろい　**omoshiroi**　interesting 空白　くうはく　**kūhaku**　blank 白ワイン　しろワイン　**shirowain**　white wine 白紙　はくし　**hakushi**　blank paper 白人　はくじん　**hakujin**　white person 白日　はくじつ　**hakujitsu**　broad daylight
(5 strokes)		**radical** 白		

	花	**meaning** flower	**ON readings** カ **KA** **KUN readings** はな **hana**	**common words** 花びん　かびん　**kabin**　vase 生け花　いけばな　**ikebana**　ikebana (Japanese flower arranging) 花たば　はなたば　**hanataba**　bouquet 花見　はなみ　**hanami**　cherry blossom viewing 国花　こっか　**kokka**　national flower
(7 strokes)		**radical** ⺾		

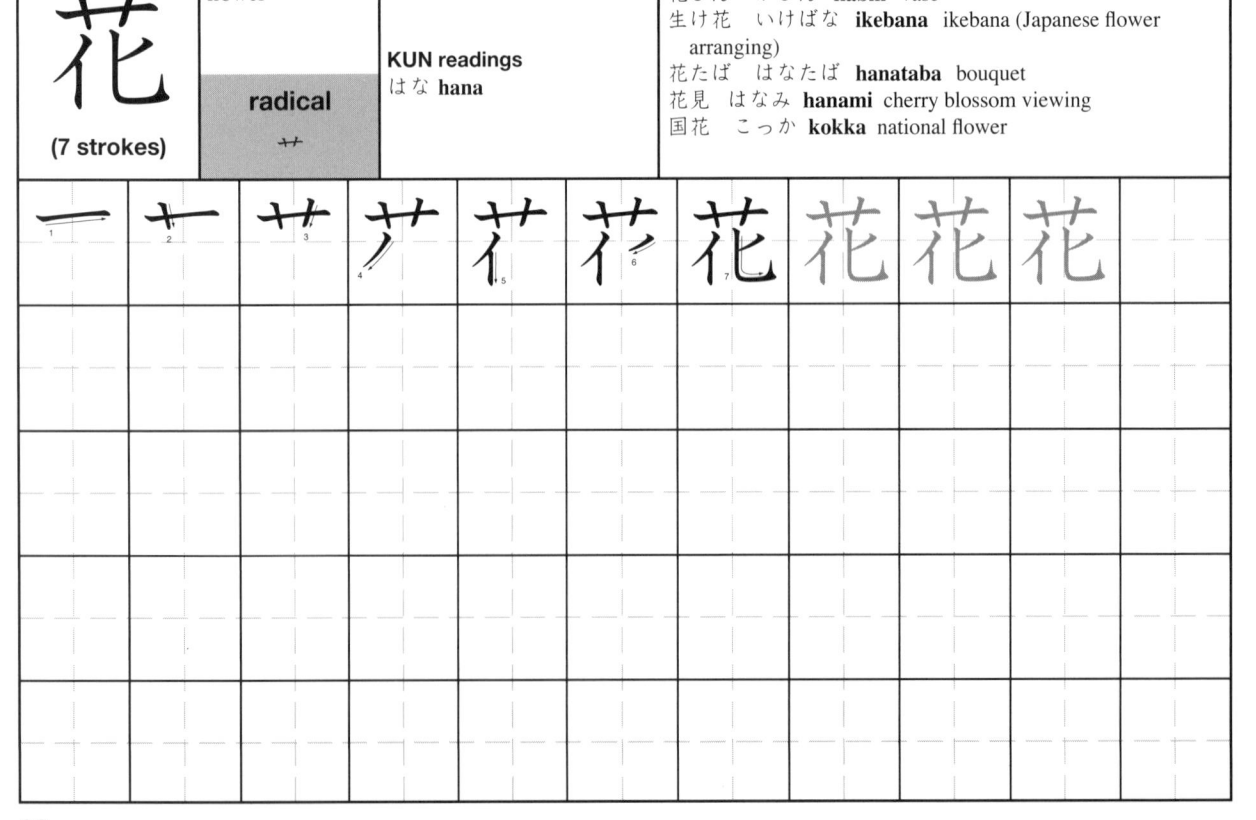

38

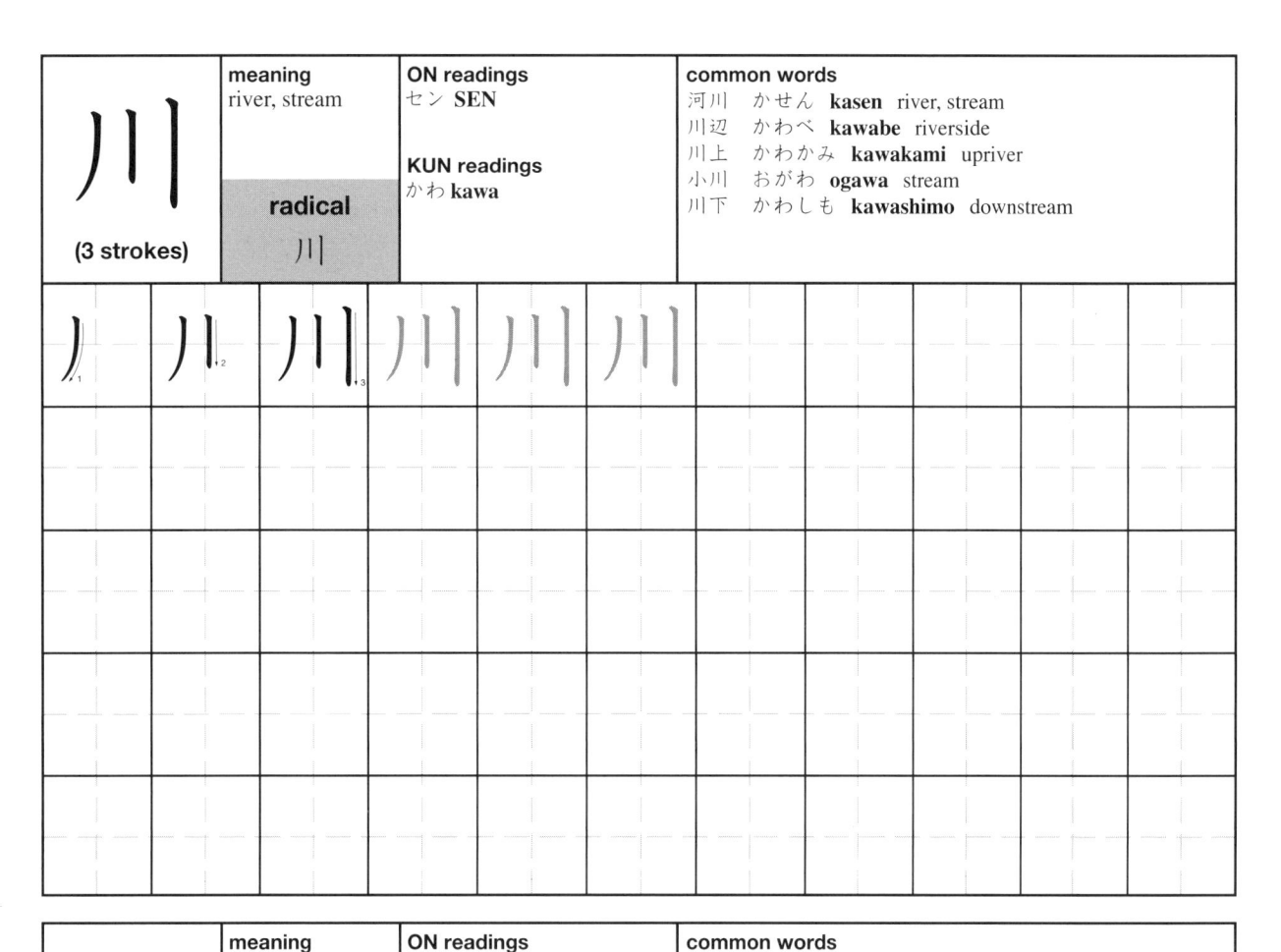

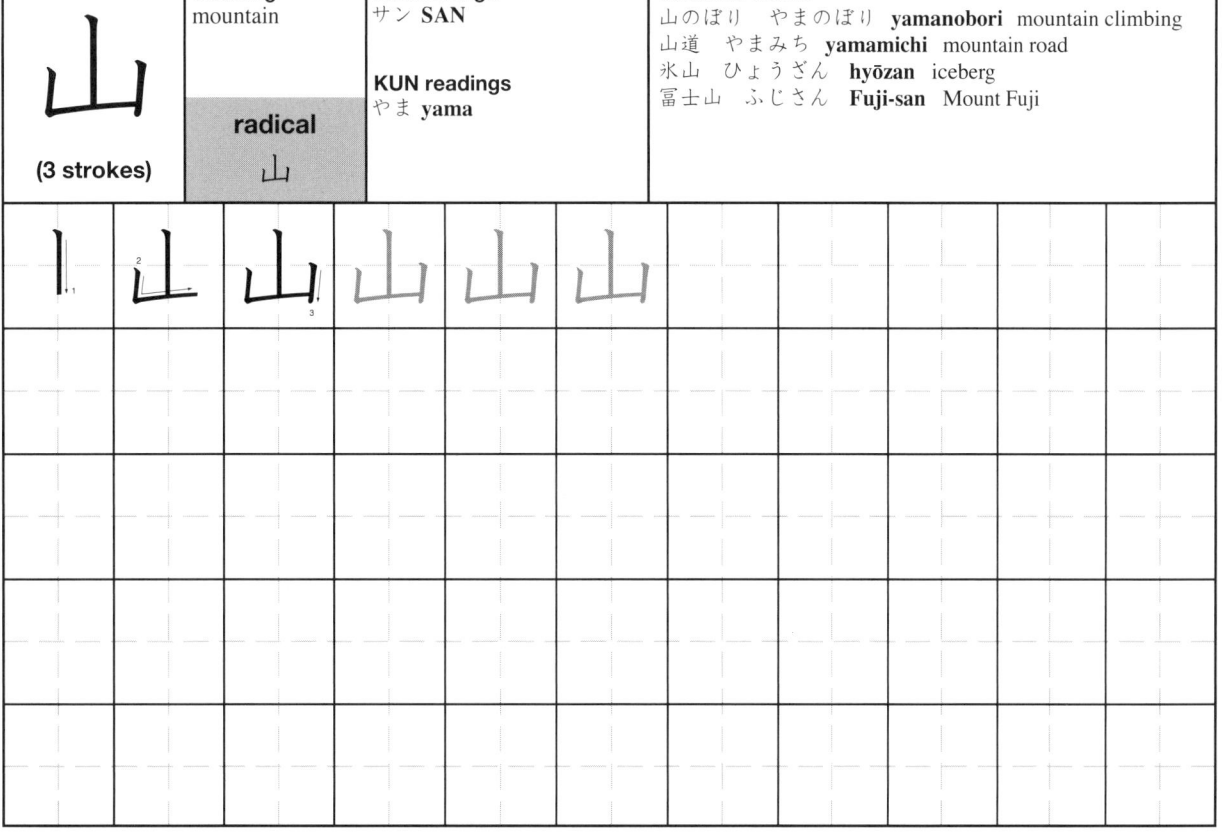

川 (3 strokes)	**meaning** river, stream	**ON readings** セン SEN **KUN readings** かわ kawa	**common words** 河川　かせん **kasen** river, stream 川辺　かわべ **kawabe** riverside 川上　かわかみ **kawakami** upriver 小川　おがわ **ogawa** stream 川下　かわしも **kawashimo** downstream
	radical 川		

山 (3 strokes)	**meaning** mountain	**ON readings** サン SAN **KUN readings** やま yama	**common words** 山のぼり　やまのぼり **yamanobori** mountain climbing 山道　やまみち **yamamichi** mountain road 氷山　ひょうざん **hyōzan** iceberg 冨士山　ふじさん **Fuji-san** Mount Fuji
	radical 山		

39

空

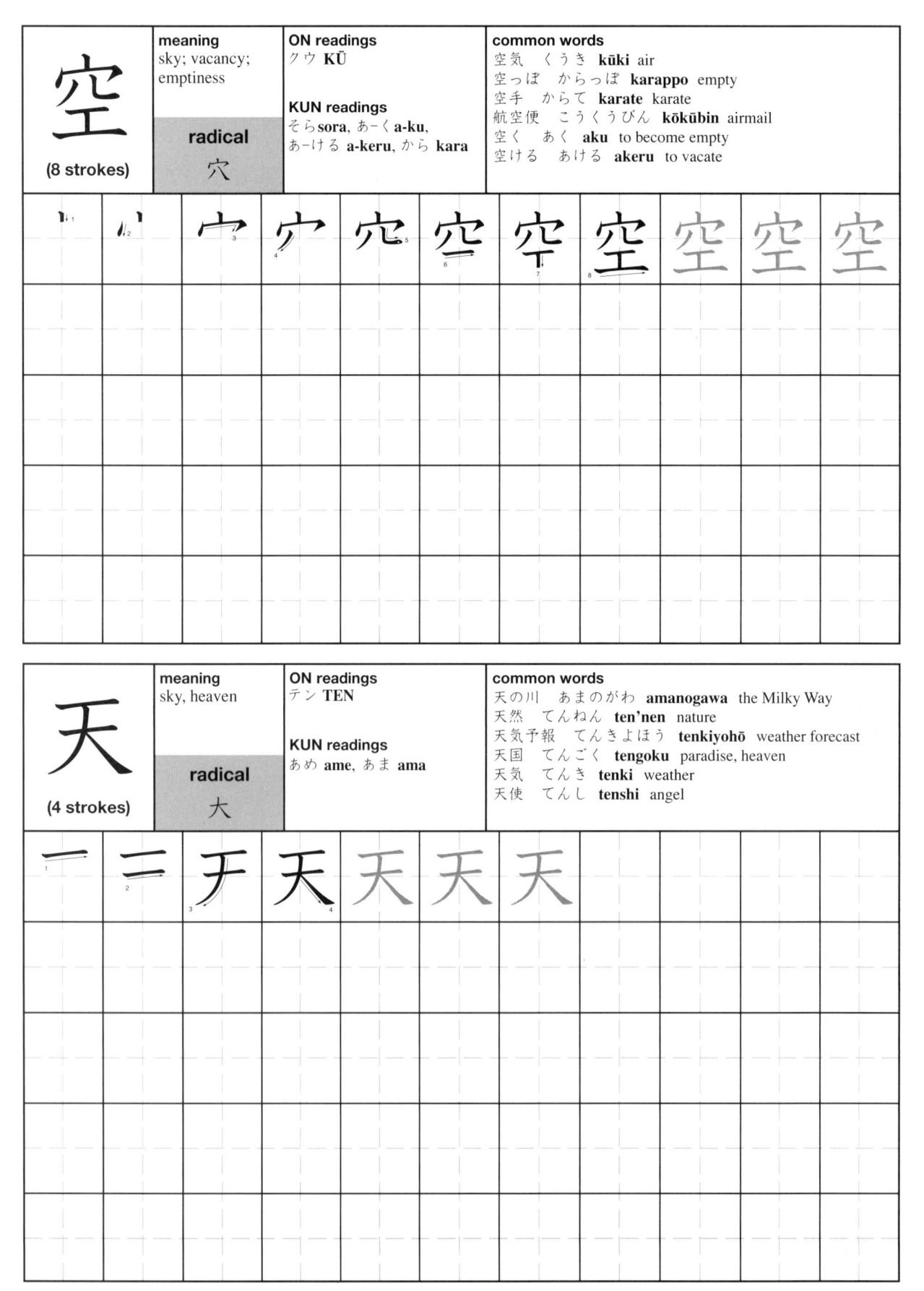

(8 strokes)

meaning	ON readings
sky; vacancy; emptiness	クウ **KŪ**

radical: 穴

KUN readings: そら **sora**, あ-く **a-ku**, あ-ける **a-keru**, から **kara**

common words:
- 空気　くうき　**kūki**　air
- 空っぽ　からっぽ　**karappo**　empty
- 空手　からて　**karate**　karate
- 航空便　こうくうびん　**kōkūbin**　airmail
- 空く　あく　**aku**　to become empty
- 空ける　あける　**akeru**　to vacate

天

(4 strokes)

meaning	ON readings
sky, heaven	テン **TEN**

radical: 大

KUN readings: あめ **ame**, あま **ama**

common words:
- 天の川　あまのがわ　**amanogawa**　the Milky Way
- 天然　てんねん　**ten'nen**　nature
- 天気予報　てんきよほう　**tenkiyohō**　weather forecast
- 天国　てんごく　**tengoku**　paradise, heaven
- 天気　てんき　**tenki**　weather
- 天使　てんし　**tenshi**　angel

気 (6 strokes)

meaning: spirit, energy, mind

ON readings: キ KI, ケ KE

KUN readings:

radical: 气

common words:
- 気分　きぶん　**kibun**　feeling
- 気が小さい　きがちいさい　**ki ga chīsai**　nervous, timid
- 気になる　きになる　**ki ni naru**　to be worried about
- 気がつく　きがつく　**ki ga tsuku**　to notice
- 人気　にんき　**ninki**　popularity
- 電気　でんき　**denki**　electricity

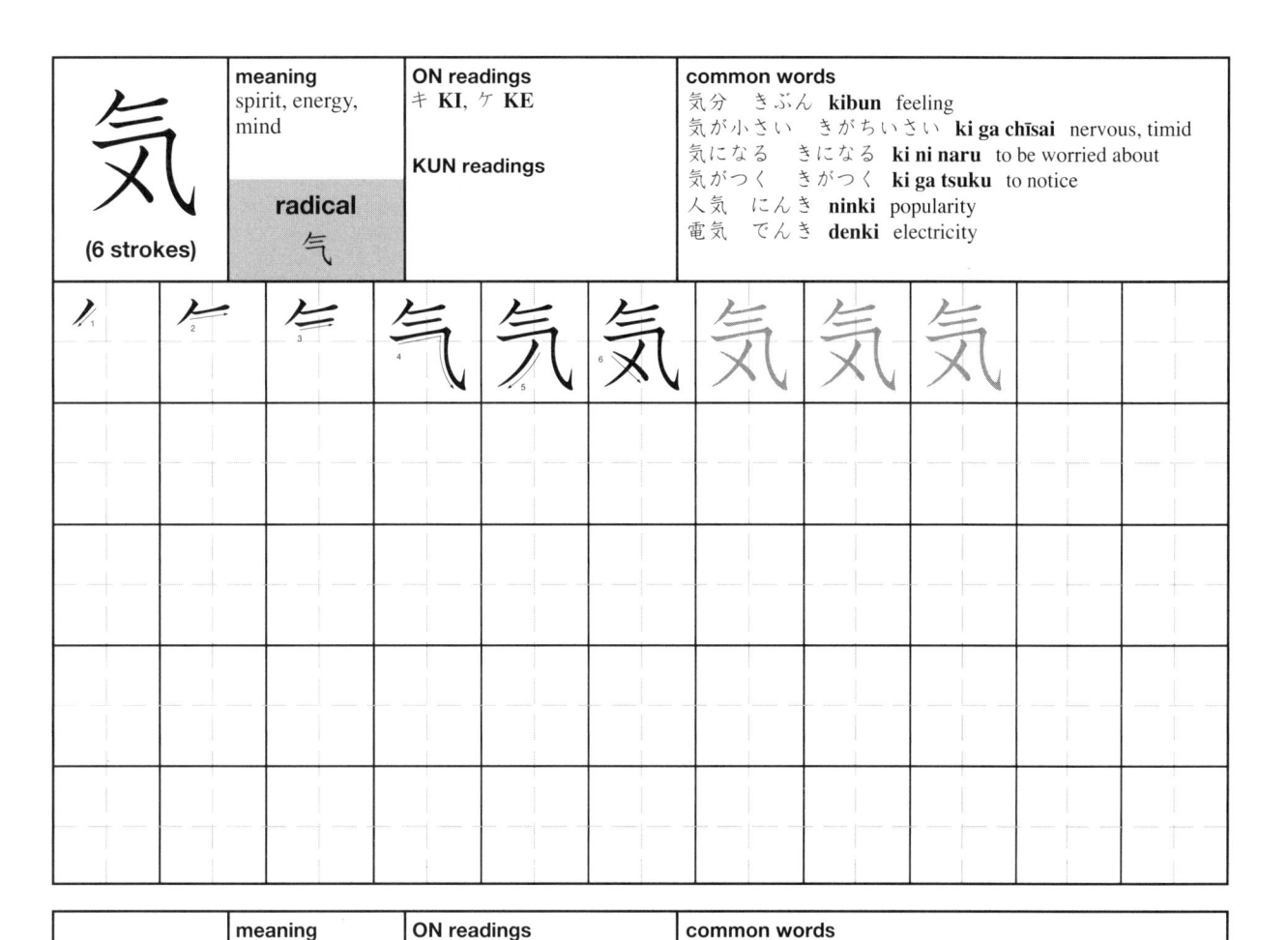

雨 (8 strokes)

meaning: rain

ON readings: ウ U

KUN readings: あめ ame, あま ama

radical: 雨

common words:
- 雨ふり　あめふり　**amefuri**　rainy weather
- 小雨　こさめ　**kosame**　drizzle
- 雨期　うき　**uki**　rainy season
- 雨天　うてん　**uten**　rainy weather
- 大雨　おおあめ　**ōame**　heavy rain
- 梅雨　つゆ　**tsuyu**　rainy season
- 雨水　あまみず　**amamizu**　rainwater

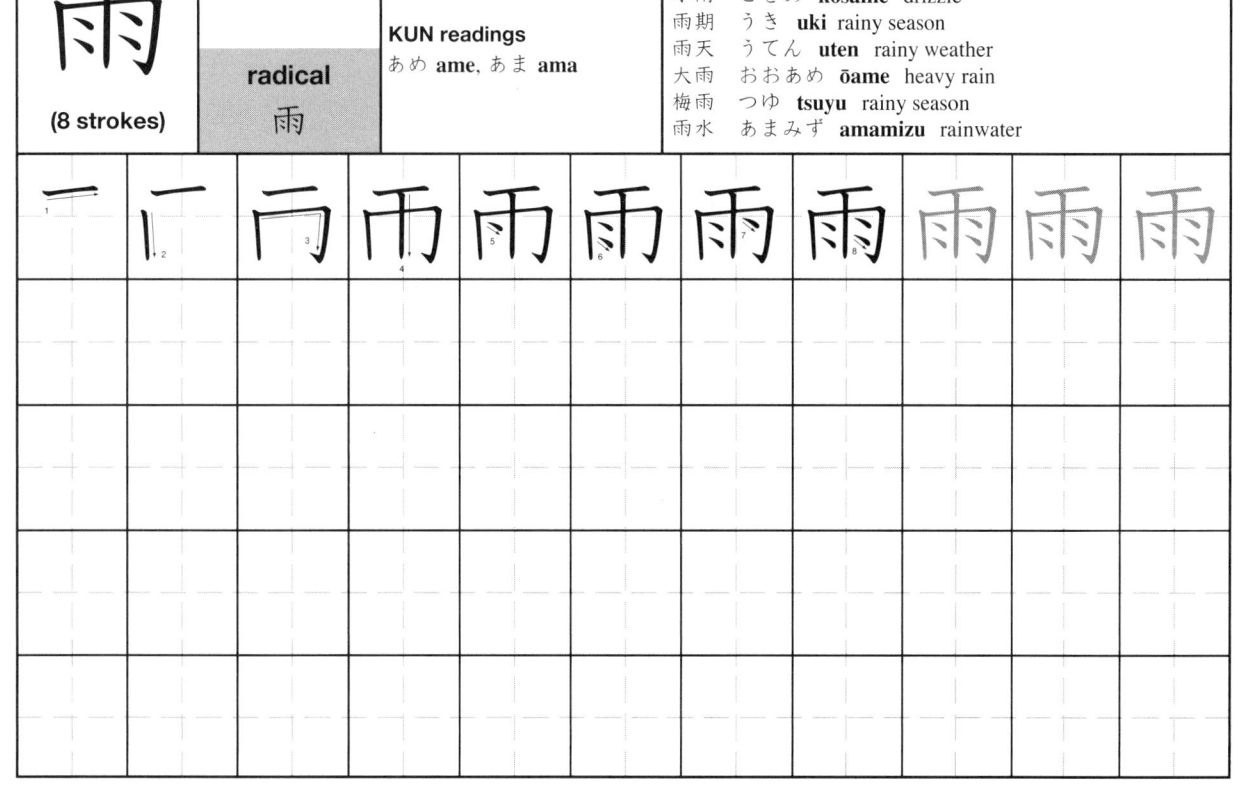

41

学 (8 strokes)

meaning: learning, studies
radical: 子
ON readings: ガク GAKU
KUN readings: まなーぶ mana-bu

common words
- 学ぶ　まなぶ　**manabu**　to study, to learn
- 学食　がくしょく　**gakushoku**　school cafeteria
- 大学　だいがく　**daigaku**　university
- 学習する　がくしゅうする　**gakushū suru**　to learn, to study
- 学生　がくせい　**gakusei**　student
- 学内　がくない　**gakunai**　within the school
- 電子学　でんしがく　**denshigaku**　electronics (study)

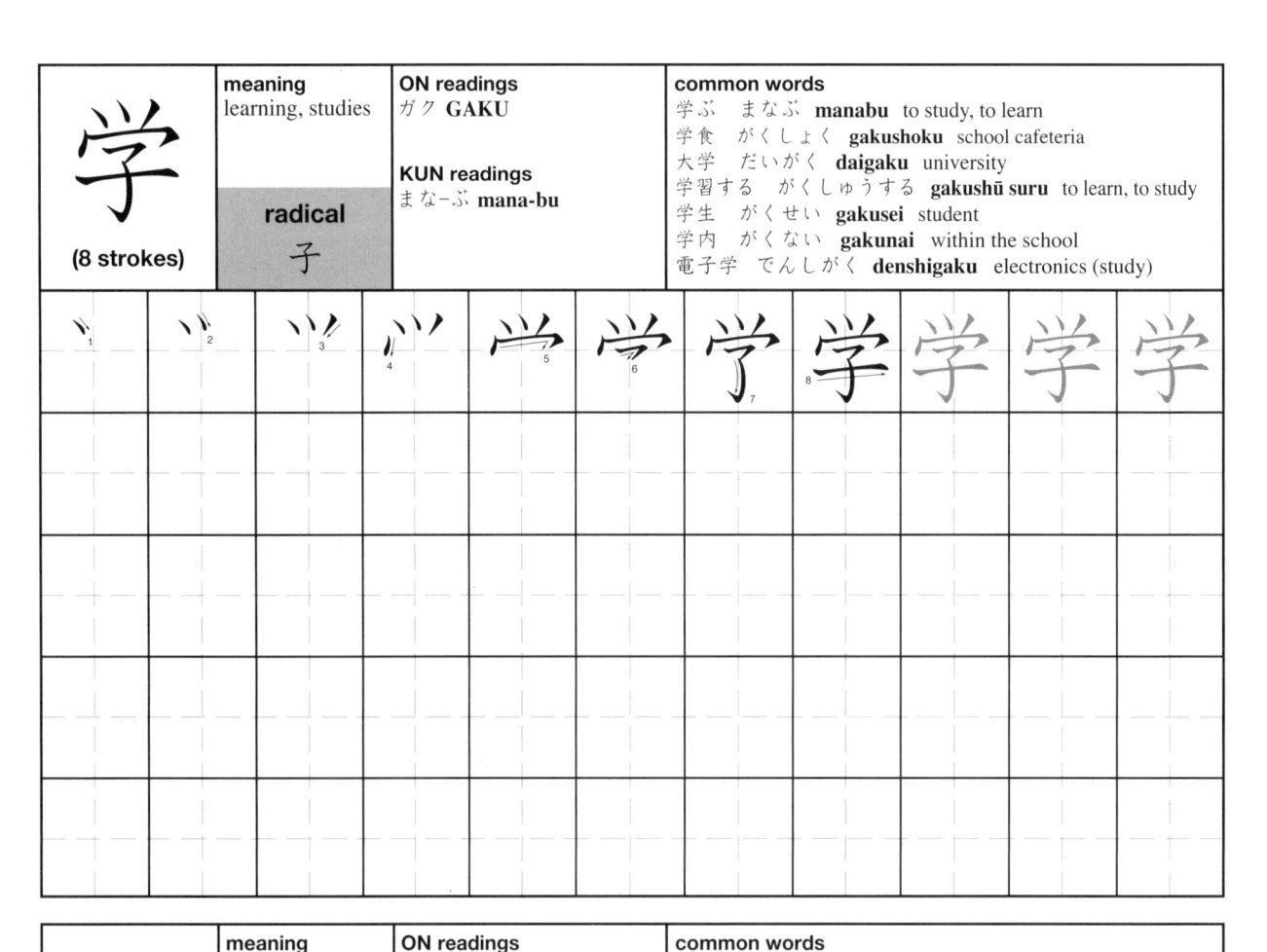

校 (10 strokes)

meaning: school
radical: 木
ON readings: コウ KŌ
KUN readings:

common words
- 学校　がっこう　**gakkō**　school
- 小学校　しょうがっこう　**shōgakkō**　elementary school
- 校長　こうちょう　**kōchō**　school principal
- 高校　こうこう　**kōkō**　high school
- 校舎　こうしゃ　**kōsha**　school building
- 母校　ぼこう　**bokō**　alma mater
- 校門　こうもん　**kōmon**　school gate

42

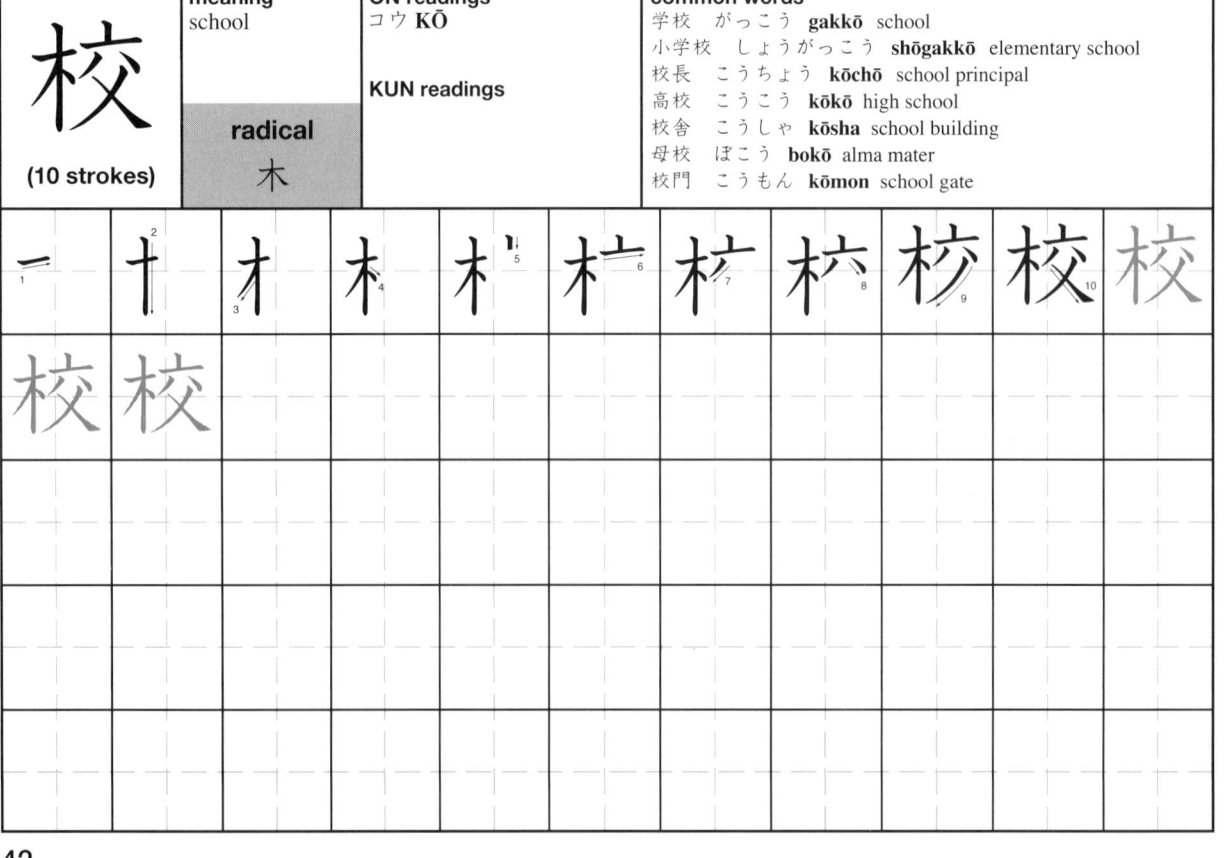

先

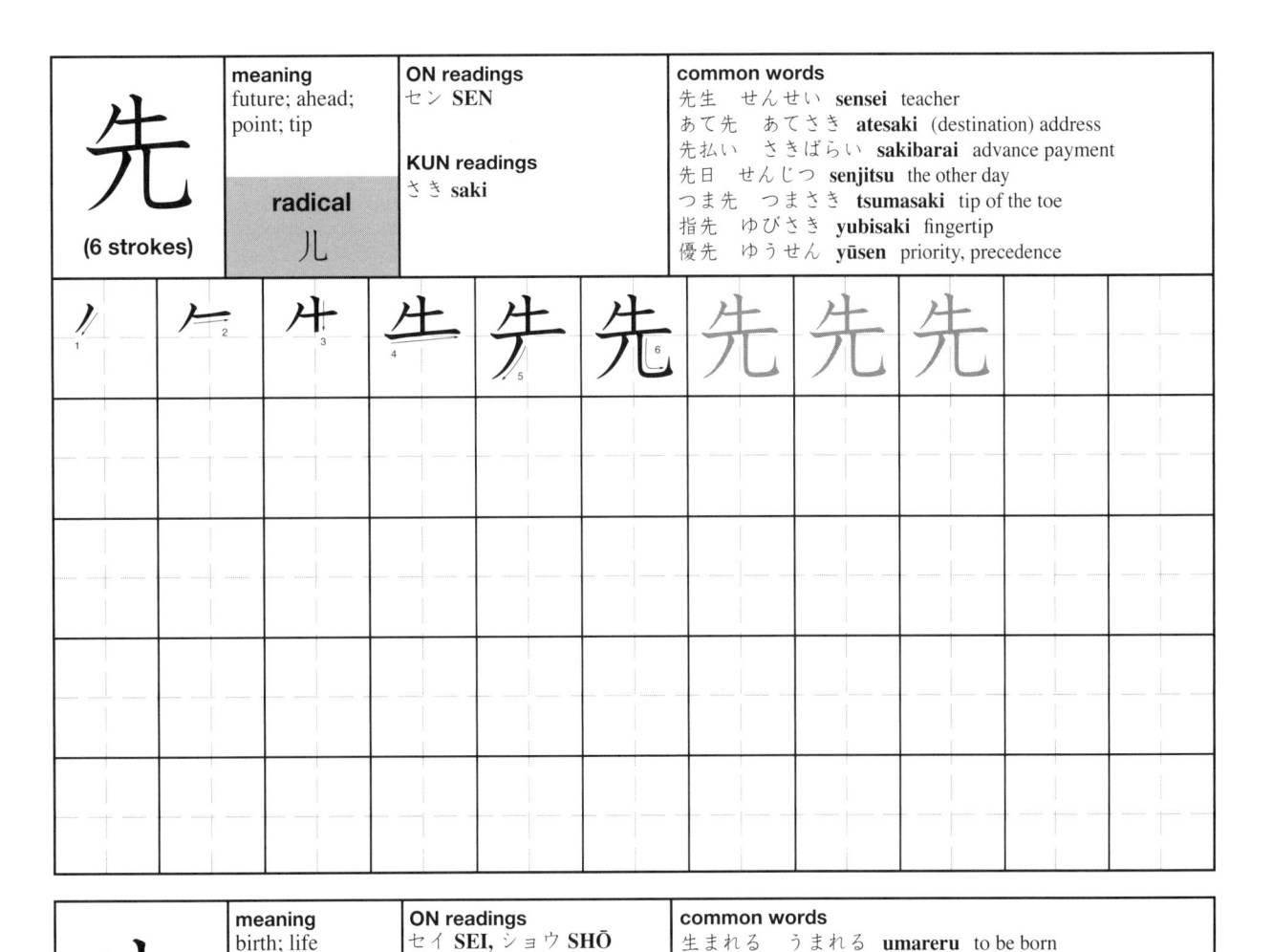

(6 strokes)

meaning
future; ahead; point; tip

ON readings
セン SEN

KUN readings
さき saki

radical
儿

common words
- 先生　せんせい　**sensei**　teacher
- あて先　あてさき　**atesaki**　(destination) address
- 先払い　さきばらい　**sakibarai**　advance payment
- 先日　せんじつ　**senjitsu**　the other day
- つま先　つまさき　**tsumasaki**　tip of the toe
- 指先　ゆびさき　**yubisaki**　fingertip
- 優先　ゆうせん　**yūsen**　priority, precedence

生

(5 strokes)

meaning
birth; life

ON readings
セイ SEI, ショウ SHŌ

KUN readings
い-きる **i-kiru**, い-かす **i-kasu**, い-ける **i-keru**, う-まれる **u-mareru**, う-む **u-mu**, お-う **o-u**, は-える **ha-eru**, は-やす **ha-yasu**, き **ki**, なま **nama**

radical
生

common words
- 生まれる　うまれる　**umareru**　to be born
- 生きる　いきる　**ikiru**　to live
- 生徒　せいと　**seito**　student
- 生活　せいかつ　**seikatsu**　life; living
- 生ビール　なまビール　**nama bīru**　draft beer
- 生ゴミ　なまゴミ　**nama gomi**　kitchen garbage

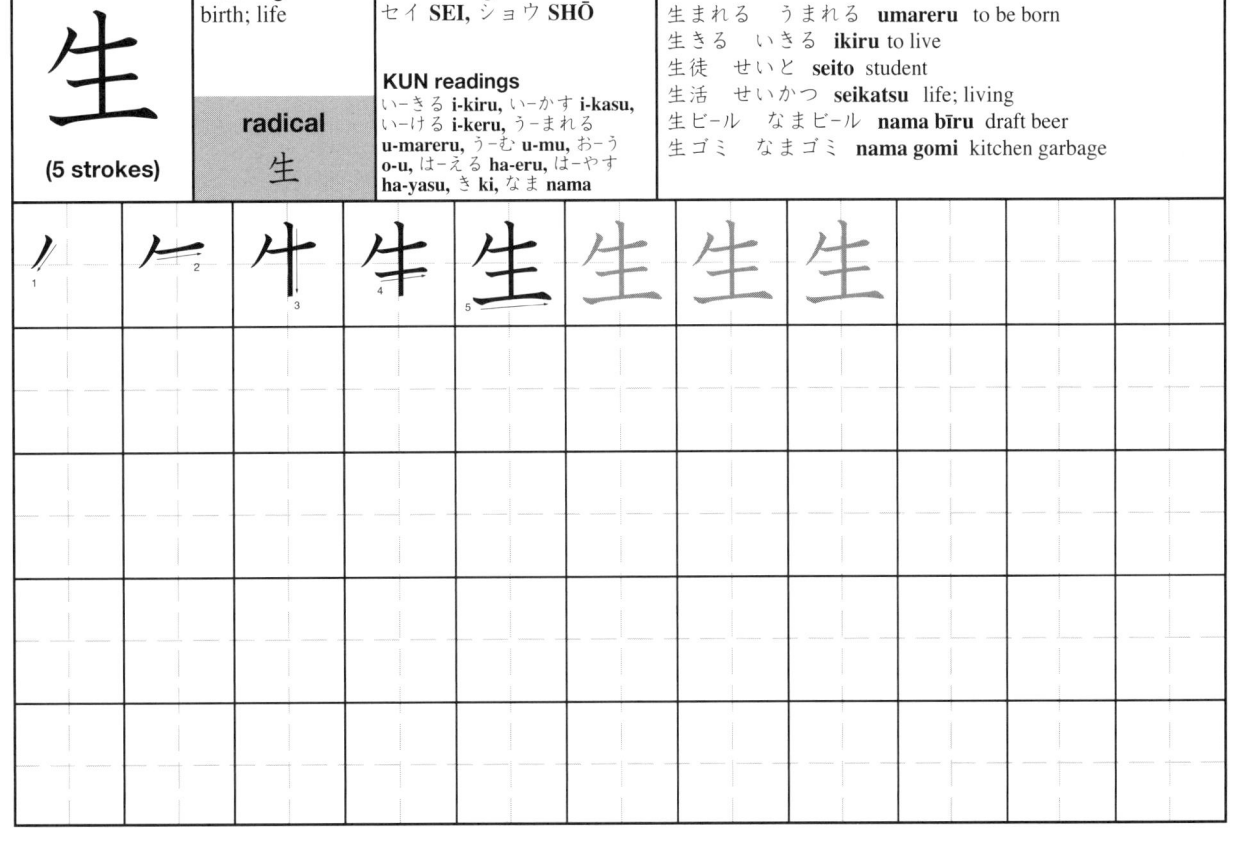

43

体

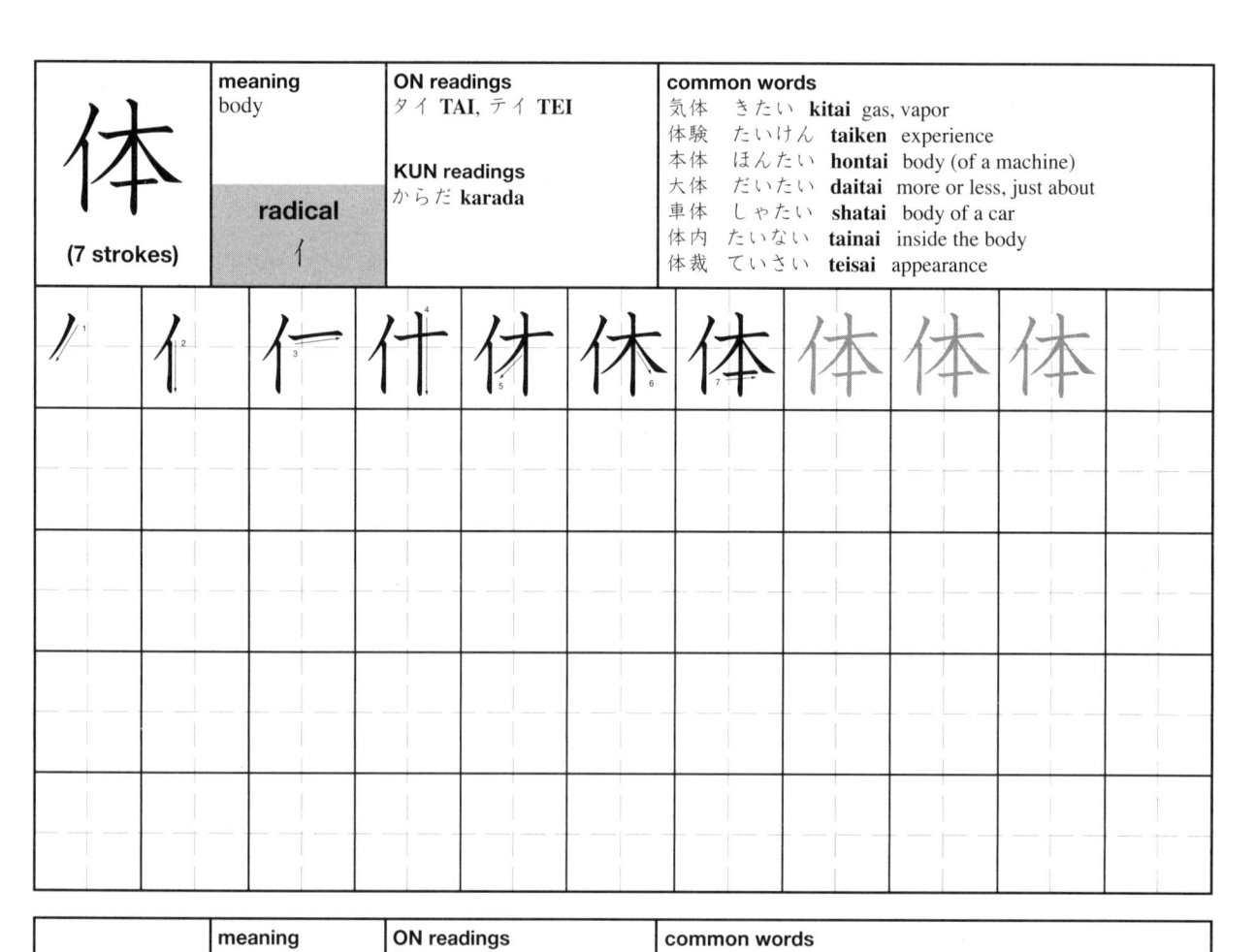

(7 strokes)

radical: 亻

meaning: body

ON readings: タイ TAI, テイ TEI

KUN readings: からだ karada

common words:
- 気体　きたい　**kitai**　gas, vapor
- 体験　たいけん　**taiken**　experience
- 本体　ほんたい　**hontai**　body (of a machine)
- 大体　だいたい　**daitai**　more or less, just about
- 車体　しゃたい　**shatai**　body of a car
- 体内　たいない　**tainai**　inside the body
- 体裁　ていさい　**teisai**　appearance

本

(5 strokes)

radical: 木

meaning: book; main; true; counter for long objects

ON readings: ホン HON

KUN readings: もと moto

common words:
- 本名　ほんみょう　**honmyō**　real name
- 本人　ほんにん　**hon'nin**　the person him/herself
- 本年　ほんねん　**hon'nen**　this year (formal)
- 本日　ほんじつ　**honjitsu**　today (formal)
- 手本　てほん　**tehon**　model, good example
- 日本人　にほんじん　**Nihonjin**　Japanese person
- 本気で　ほんきで　**honki de**　seriously

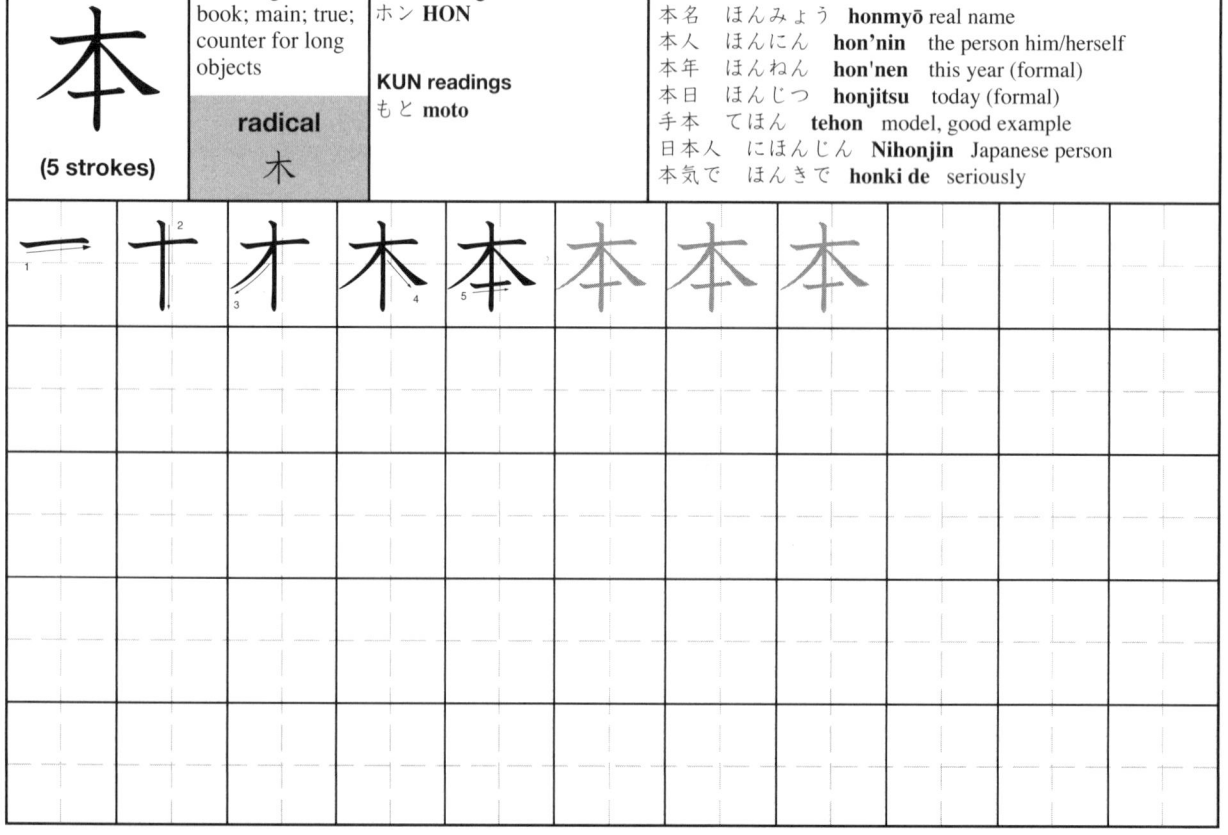

書

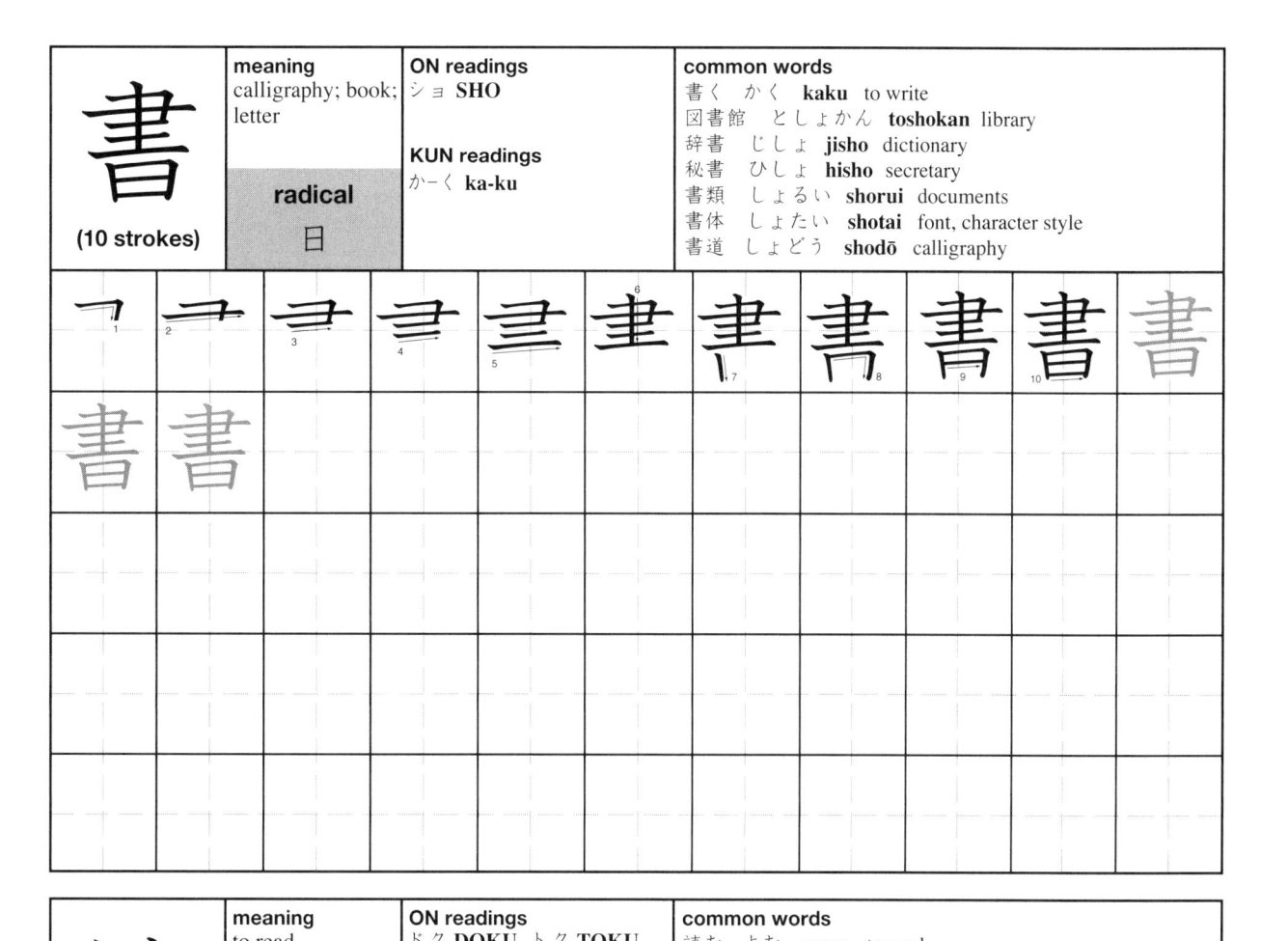

(10 strokes)

meaning
calligraphy; book; letter

radical
日

ON readings
ショ **SHO**

KUN readings
か-く **ka-ku**

common words
- 書く　かく　**kaku**　to write
- 図書館　としょかん　**toshokan**　library
- 辞書　じしょ　**jisho**　dictionary
- 秘書　ひしょ　**hisho**　secretary
- 書類　しょるい　**shorui**　documents
- 書体　しょたい　**shotai**　font, character style
- 書道　しょどう　**shodō**　calligraphy

読

(14 strokes)

meaning
to read

radical
言

ON readings
ドク **DOKU**, トク **TOKU**, トウ **TŌ**

KUN readings
よ-む **yo-mu**

common words
- 読む　よむ　**yomu**　to read
- 読書　どくしょ　**dokusho**　reading
- 読書会　どくしょかい　**dokushokai**　reading circle
- 音読み　おんよみ　**on'yomi**　Chinese-style reading of a character
- 訓読み　くんよみ　**kun'yomi**　Japanese-style reading of a character

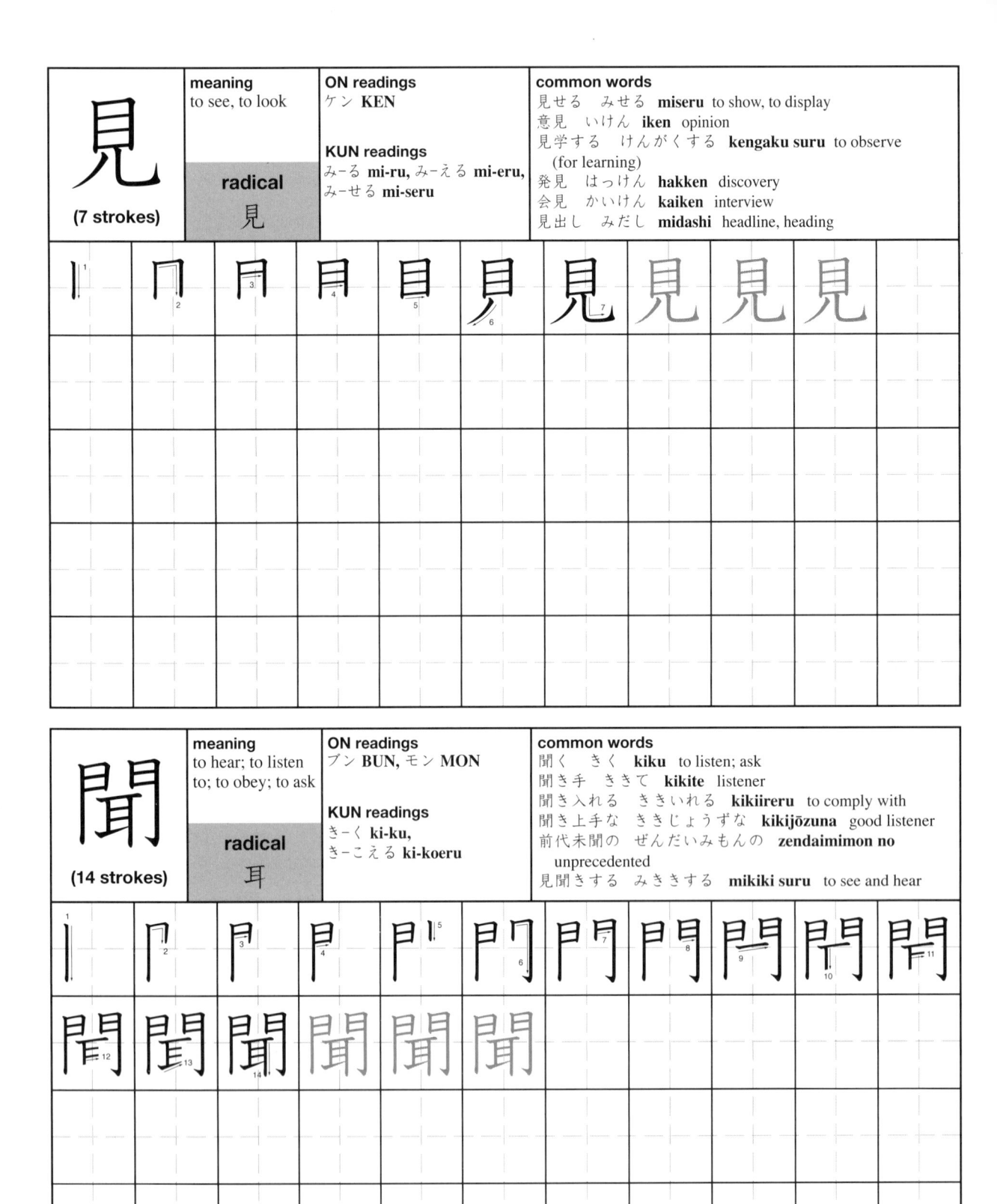

| 見
(7 strokes) | **meaning**
to see, to look
radical
見 | **ON readings**
ケン KEN
KUN readings
み-る mi-ru, み-える mi-eru,
み-せる mi-seru | **common words**
見せる　みせる　**miseru** to show, to display
意見　いけん　**iken** opinion
見学する　けんがくする　**kengaku suru** to observe
　(for learning)
発見　はっけん　**hakken** discovery
会見　かいけん　**kaiken** interview
見出し　みだし　**midashi** headline, heading |

| 聞
(14 strokes) | **meaning**
to hear; to listen
to; to obey; to ask
radical
耳 | **ON readings**
ブン BUN, モン MON
KUN readings
き-く ki-ku,
き-こえる ki-koeru | **common words**
聞く　きく　**kiku** to listen; ask
聞き手　ききて　**kikite** listener
聞き入れる　ききいれる　**kikiireru** to comply with
聞き上手な　ききじょうずな　**kikijōzuna** good listener
前代未聞の　ぜんだいみもんの　**zendaimimon no**
　unprecedented
見聞きする　みききする　**mikiki suru** to see and hear |

| 言 (7 strokes) | **meaning** speech; statement; to say | **ON readings** ゲン GEN, ゴン GON **KUN readings** いーう i-u, こと koto | **radical** 言 | **common words** 言う　いう　**iu**　to say 言い訳　いいわけ　**iiwake**　excuse 方言　ほうげん　**hōgen**　dialect 無言　むごん　**mugon**　silence 言葉　ことば　**kotoba**　word, language |

| 語 (14 strokes) | **meaning** word; language | **ON readings** ゴ GO **KUN readings** かたーらう kata-rau, かたーる kata-ru | **radical** 言 | **common words** 語る　かたる　**kataru**　to tell; to talk 小言を言う　こごとをいう　**kogoto o iu**　to scold 語学　ごがく　**gogaku**　language study 言語　げんご　**gengo**　language, speech 外来語　がいらいご　**garaigo**　loanword 語り手　かたりて　**katarite**　narrator 中国語　ちゅうごくご　**chūgokugo**　Chinese language |

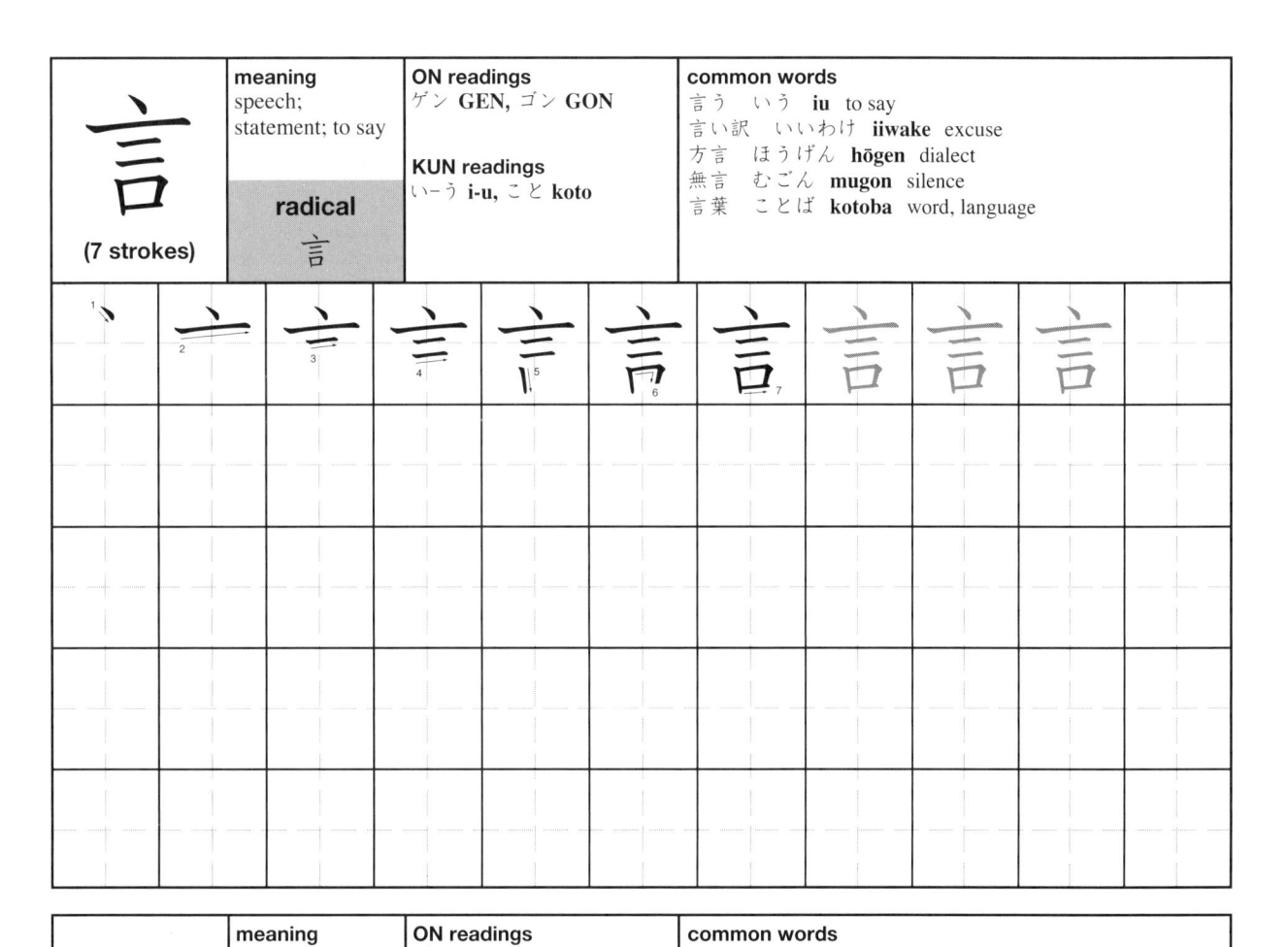

47

車 (7 strokes)

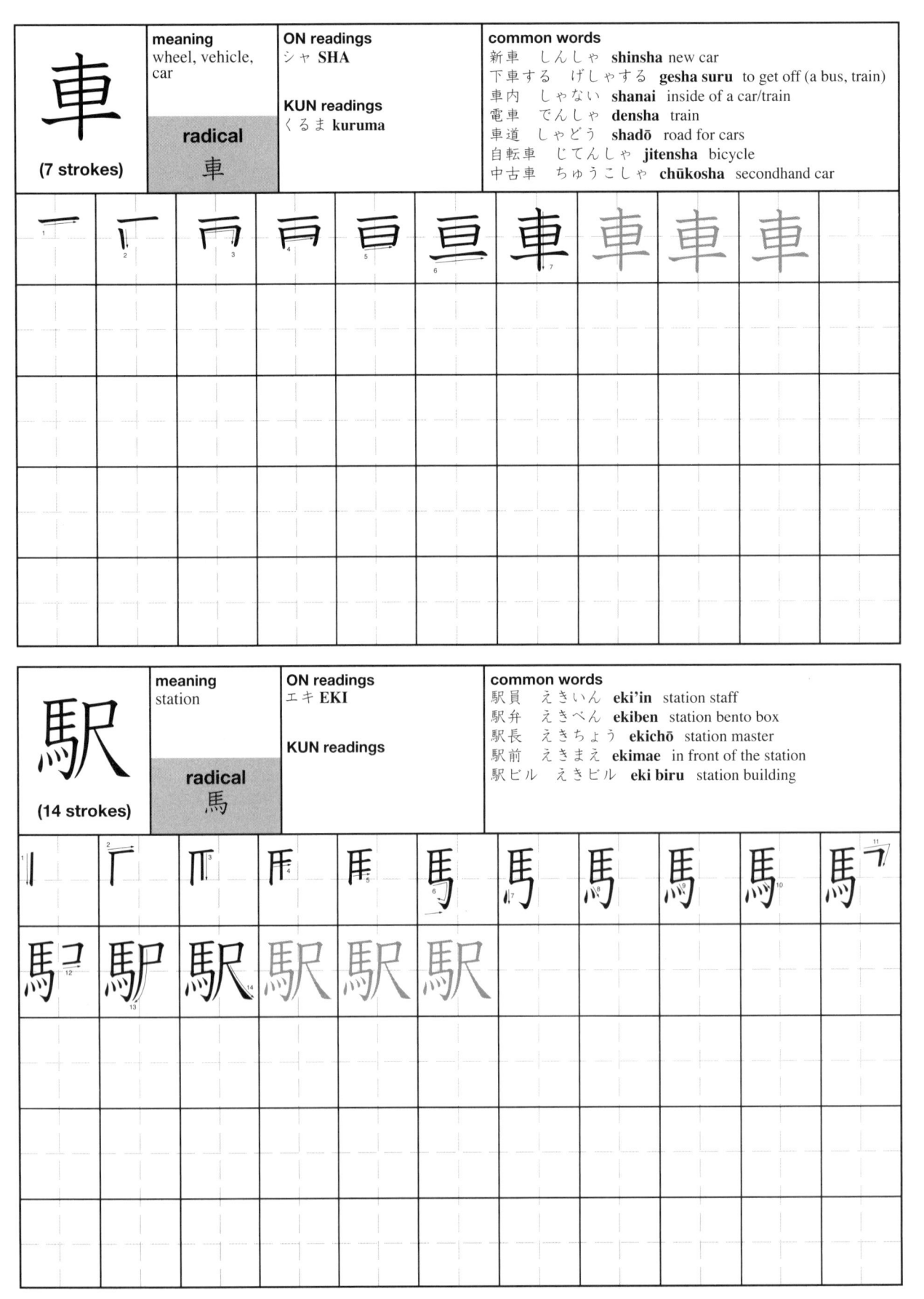

meaning: wheel, vehicle, car

ON readings: シャ SHA

KUN readings: くるま kuruma

radical: 車

common words:
- 新車　しんしゃ　**shinsha**　new car
- 下車する　げしゃする　**gesha suru**　to get off (a bus, train)
- 車内　しゃない　**shanai**　inside of a car/train
- 電車　でんしゃ　**densha**　train
- 車道　しゃどう　**shadō**　road for cars
- 自転車　じてんしゃ　**jitensha**　bicycle
- 中古車　ちゅうこしゃ　**chūkosha**　secondhand car

駅 (14 strokes)

meaning: station

ON readings: エキ EKI

KUN readings:

radical: 馬

common words:
- 駅員　えきいん　**eki'in**　station staff
- 駅弁　えきべん　**ekiben**　station bento box
- 駅長　えきちょう　**ekichō**　station master
- 駅前　えきまえ　**ekimae**　in front of the station
- 駅ビル　えきビル　**eki biru**　station building

48

会 (6 strokes)

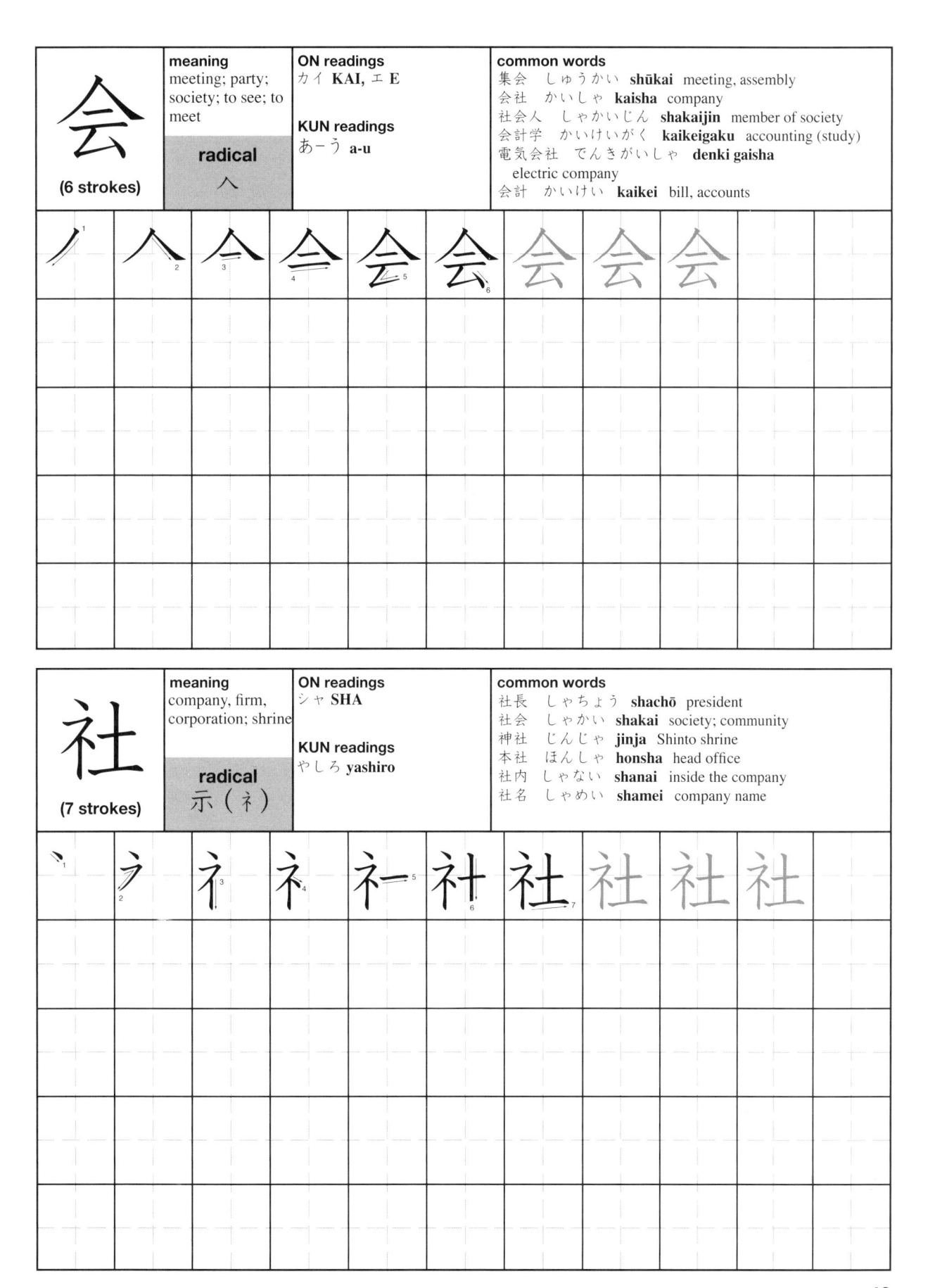

meaning: meeting; party; society; to see; to meet

radical: 人

ON readings: カイ KAI, エ E

KUN readings: あーう a-u

common words:
- 集会 しゅうかい **shūkai** meeting, assembly
- 会社 かいしゃ **kaisha** company
- 社会人 しゃかいじん **shakaijin** member of society
- 会計学 かいけいがく **kaikeigaku** accounting (study)
- 電気会社 でんきがいしゃ **denki gaisha** electric company
- 会計 かいけい **kaikei** bill, accounts

社 (7 strokes)

meaning: company, firm, corporation; shrine

radical: 示 (礻)

ON readings: シャ SHA

KUN readings: やしろ yashiro

common words:
- 社長 しゃちょう **shachō** president
- 社会 しゃかい **shakai** society; community
- 神社 じんじゃ **jinja** Shinto shrine
- 本社 ほんしゃ **honsha** head office
- 社内 しゃない **shanai** inside the company
- 社名 しゃめい **shamei** company name

49

行

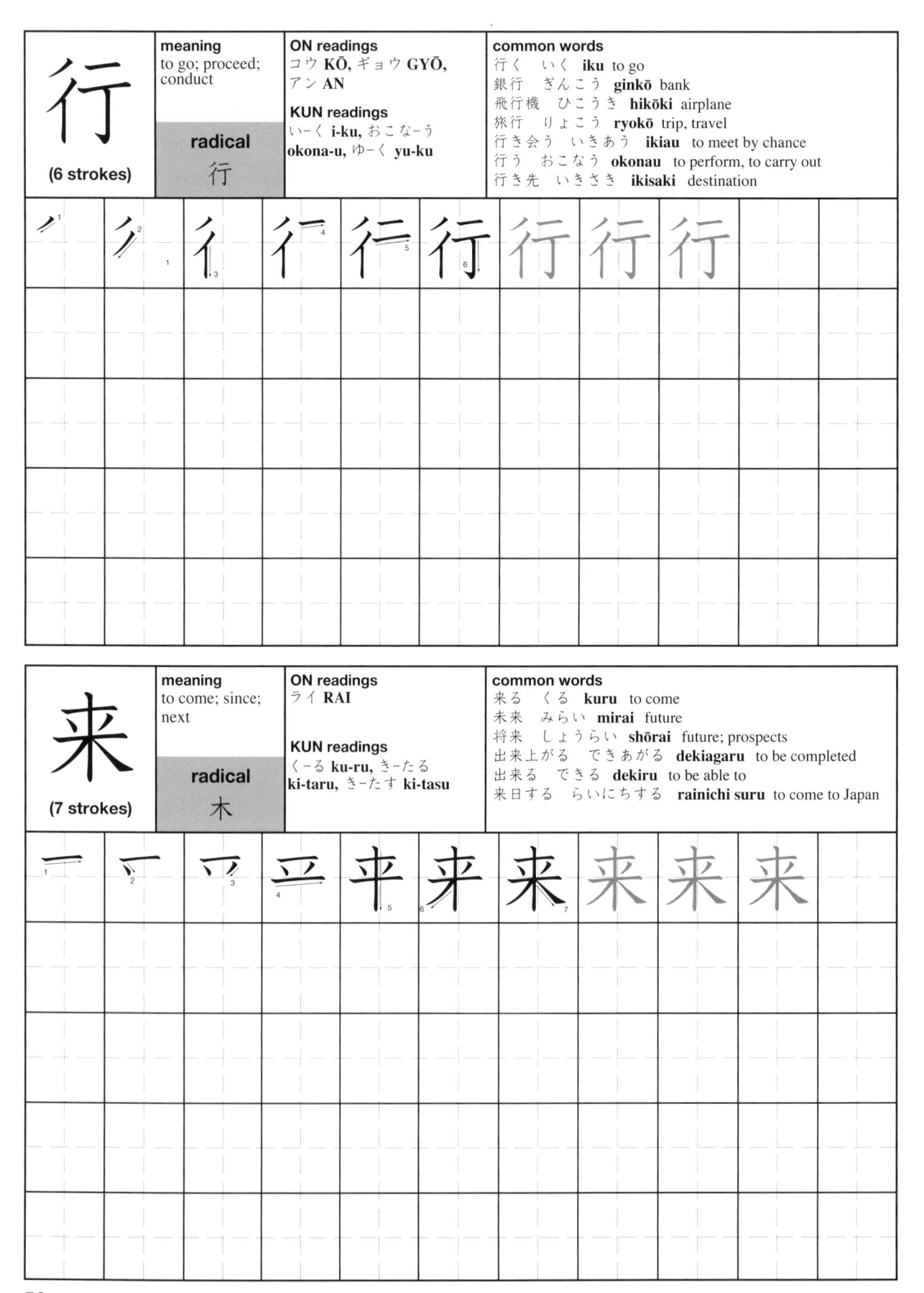

(6 strokes)

meaning
to go; proceed; conduct

radical
行

ON readings
コウ KŌ, ギョウ GYŌ, アン AN

KUN readings
いーく i-ku, おこなーう okona-u, ゆーく yu-ku

common words
行く　いく　**iku**　to go
銀行　ぎんこう　**ginkō**　bank
飛行機　ひこうき　**hikōki**　airplane
旅行　りょこう　**ryokō**　trip, travel
行き会う　いきあう　**ikiau**　to meet by chance
行う　おこなう　**okonau**　to perform, to carry out
行き先　いきさき　**ikisaki**　destination

来

(7 strokes)

meaning
to come; since; next

radical
木

ON readings
ライ RAI

KUN readings
くーる ku-ru, きーたる ki-taru, きーたす ki-tasu

common words
来る　くる　**kuru**　to come
未来　みらい　**mirai**　future
将来　しょうらい　**shōrai**　future; prospects
出来上がる　できあがる　**dekiagaru**　to be completed
出来る　できる　**dekiru**　to be able to
来日する　らいにちする　**rainichi suru**　to come to Japan

出 (5 strokes)

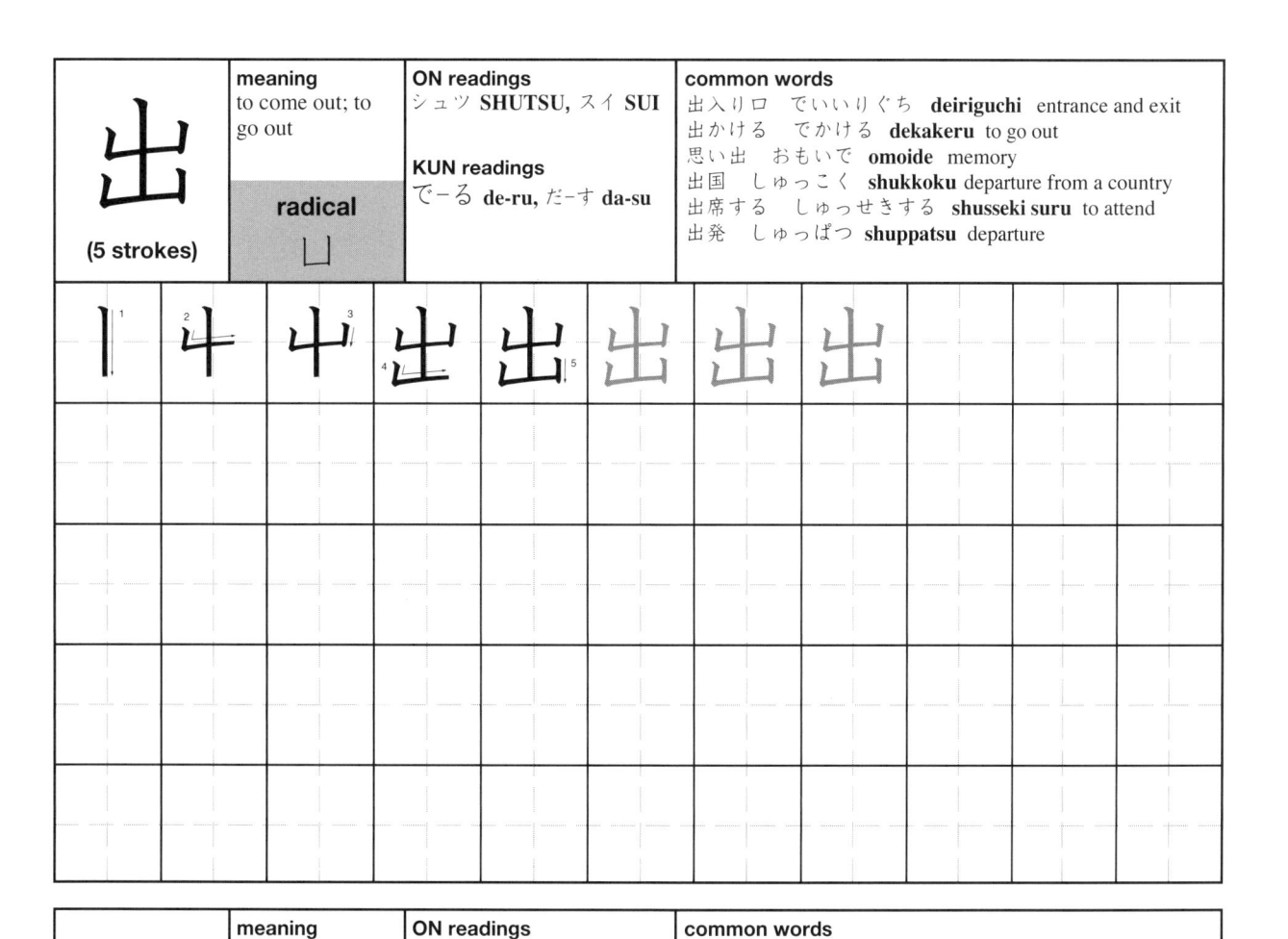

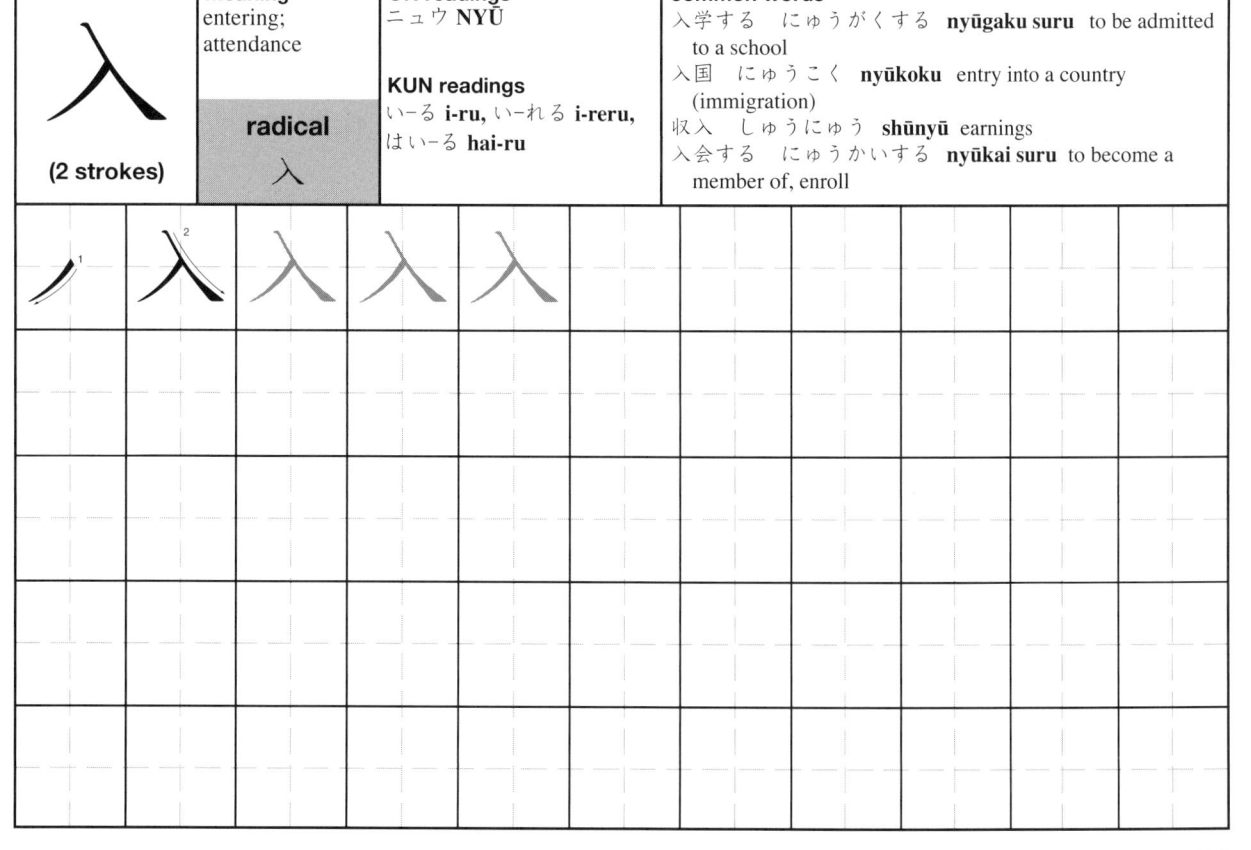

meaning: to come out; to go out

radical: 凵

ON readings: シュツ SHUTSU, スイ SUI

KUN readings: で−る de-ru, だ−す da-su

common words:
- 出入リ口　でいいりぐち　**deiriguchi** entrance and exit
- 出かける　でかける　**dekakeru** to go out
- 思い出　おもいで　**omoide** memory
- 出国　しゅっこく　**shukkoku** departure from a country
- 出席する　しゅっせきする　**shusseki suru** to attend
- 出発　しゅっぱつ　**shuppatsu** departure

入 (2 strokes)

meaning: entering; attendance

radical: 入

ON readings: ニュウ NYŪ

KUN readings: い−る i-ru, い−れる i-reru, はい−る hai-ru

common words:
- 入学する　にゅうがくする　**nyūgaku suru** to be admitted to a school
- 入国　にゅうこく　**nyūkoku** entry into a country (immigration)
- 収入　しゅうにゅう　**shūnyū** earnings
- 入会する　にゅうかいする　**nyūkai suru** to become a member of, enroll

国

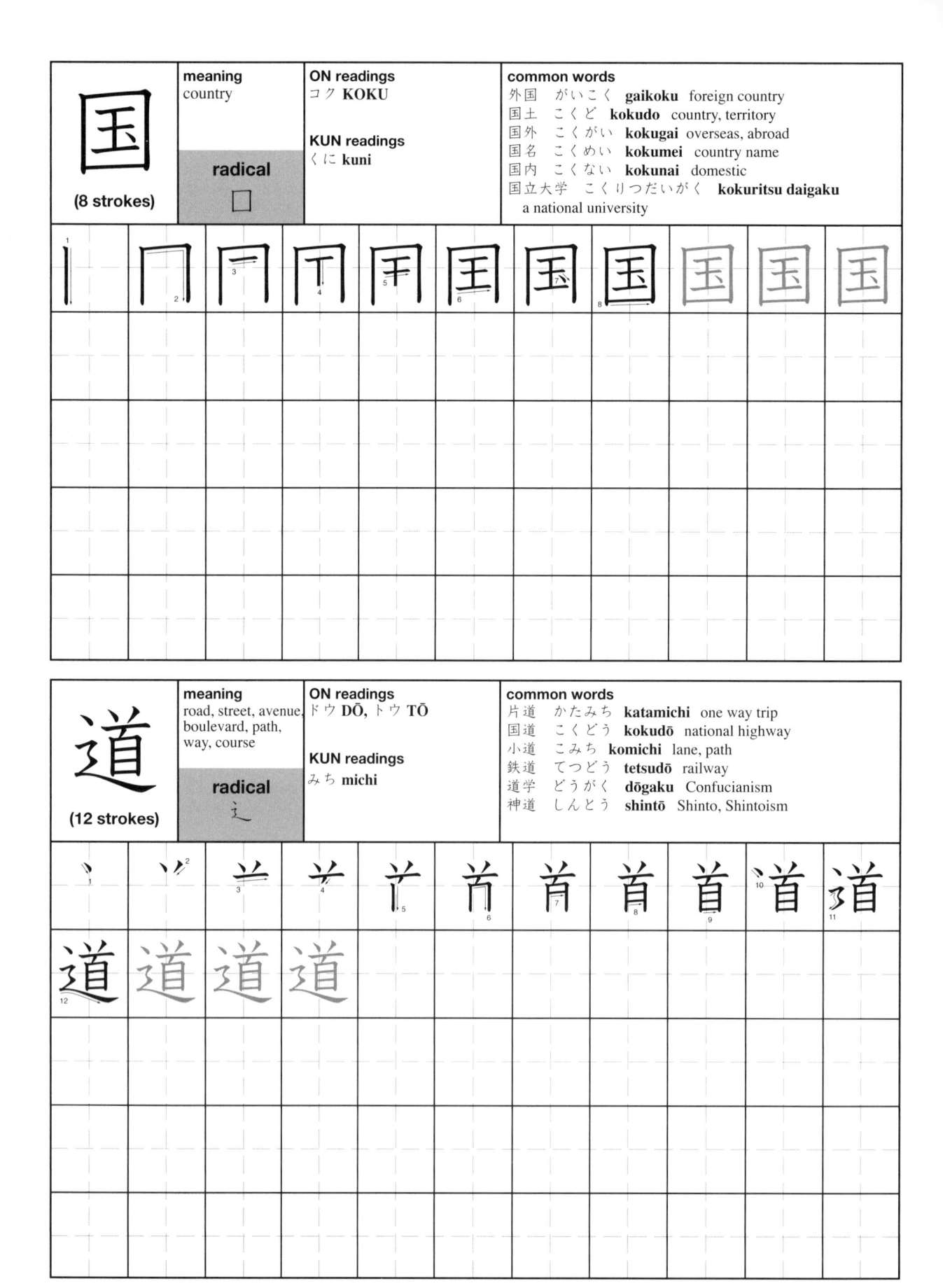

(8 strokes)

meaning	ON readings	common words
country	コク **KOKU**	外国　がいこく　**gaikoku**　foreign country
		国土　こくど　**kokudo**　country, territory
	KUN readings	国外　こくがい　**kokugai**　overseas, abroad
radical	くに **kuni**	国名　こくめい　**kokumei**　country name
囗		国内　こくない　**kokunai**　domestic
		国立大学　こくりつだいがく　**kokuritsu daigaku** a national university

道

(12 strokes)

meaning	ON readings	common words
road, street, avenue,	ドウ **DŌ**, トウ **TŌ**	片道　かたみち　**katamichi**　one way trip
boulevard, path,		国道　こくどう　**kokudō**　national highway
way, course	KUN readings	小道　こみち　**komichi**　lane, path
	みち **michi**	鉄道　てつどう　**tetsudō**　railway
radical		道学　どうがく　**dōgaku**　Confucianism
辶		神道　しんとう　**shintō**　Shinto, Shintoism

52

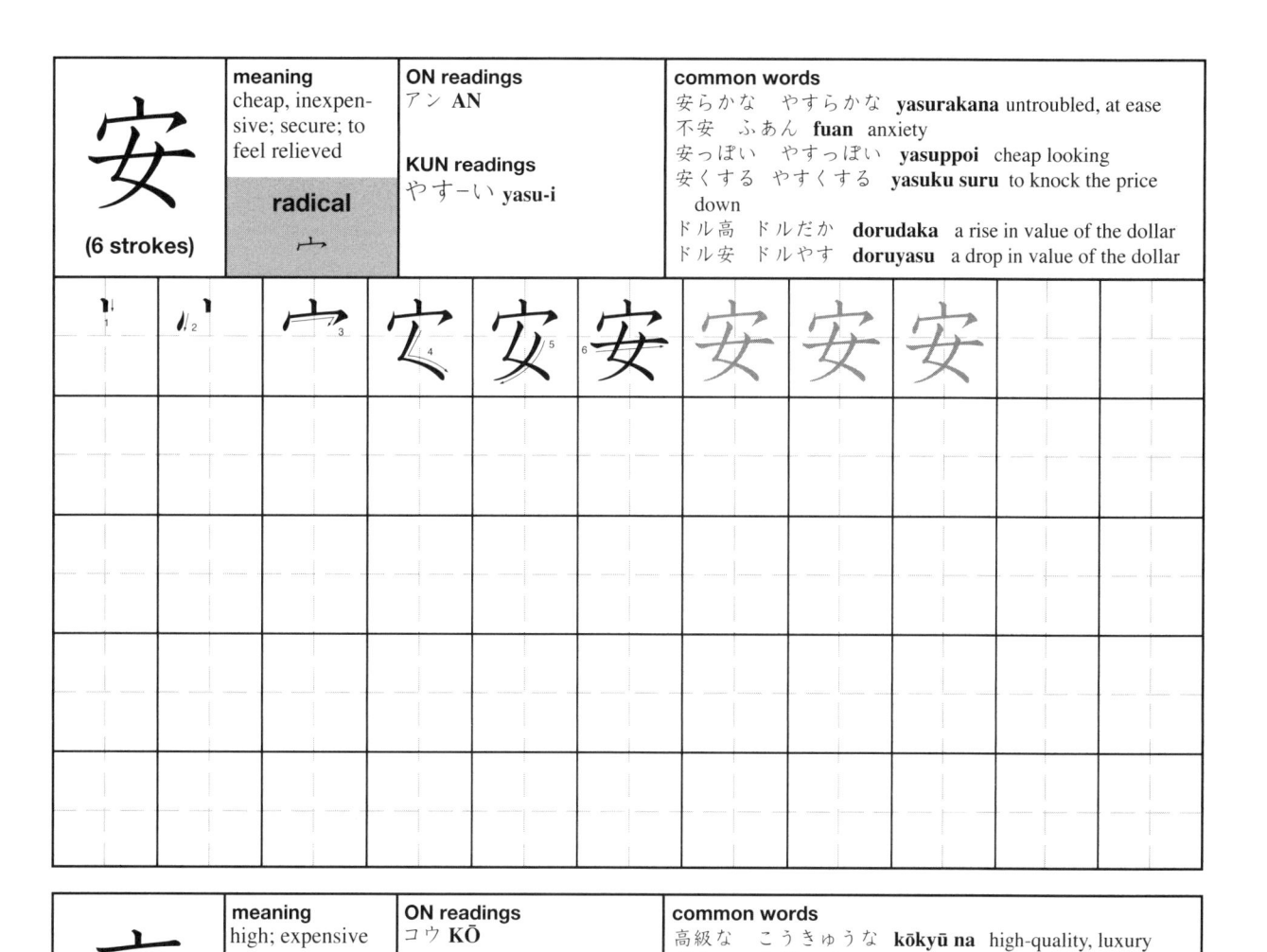

| 安 (6 strokes) | **meaning** cheap, inexpensive; secure; to feel relieved **radical** 宀 | **ON readings** アン **AN** **KUN readings** やす-い **yasu-i** | **common words** 安らかな やすらかな **yasurakana** untroubled, at ease 不安 ふあん **fuan** anxiety 安っぽい やすっぽい **yasuppoi** cheap looking 安くする やすくする **yasuku suru** to knock the price down ドル高 ドルだか **dorudaka** a rise in value of the dollar ドル安 ドルやす **doruyasu** a drop in value of the dollar |

| 高 (10 strokes) | **meaning** high; expensive **radical** 高 | **ON readings** コウ **KŌ** **KUN readings** たか-い **taka-i**, たか **taka**, たか-まる **taka-maru**, たか-める **taka-meru** | **common words** 高級な こうきゅうな **kōkyū na** high-quality, luxury 高山 こうざん **kōzan** high mountain 最高の さいこうの **saikō no** highest, maximum, best 名高い なだかい **nadakai** renowned 高さ たかさ **takasa** height 高名 こうめい **kōmei** fame |

53

飲 (12 strokes)

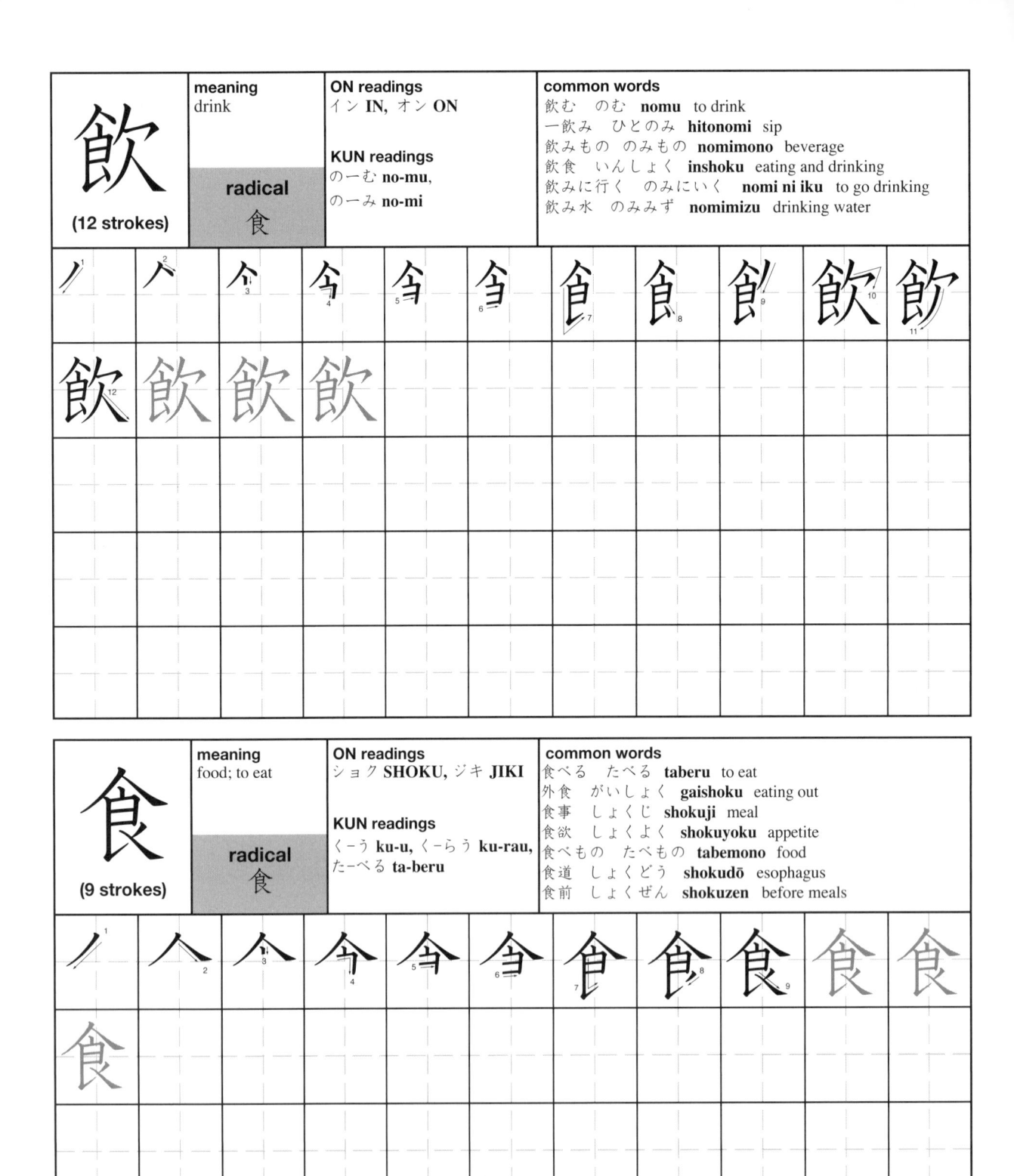

meaning: drink

ON readings: イン IN, オン ON

KUN readings: の-む no-mu, の-み no-mi

radical: 食

common words:
- 飲む　のむ　**nomu**　to drink
- 一飲み　ひとのみ　**hitonomi**　sip
- 飲みもの　のみもの　**nomimono**　beverage
- 飲食　いんしょく　**inshoku**　eating and drinking
- 飲みに行く　のみにいく　**nomi ni iku**　to go drinking
- 飲み水　のみみず　**nomimizu**　drinking water

食 (9 strokes)

meaning: food; to eat

ON readings: ショク SHOKU, ジキ JIKI

KUN readings: く-う ku-u, く-らう ku-rau, た-べる ta-beru

radical: 食

common words:
- 食べる　たべる　**taberu**　to eat
- 外食　がいしょく　**gaishoku**　eating out
- 食事　しょくじ　**shokuji**　meal
- 食欲　しょくよく　**shokuyoku**　appetite
- 食べもの　たべもの　**tabemono**　food
- 食道　しょくどう　**shokudō**　esophagus
- 食前　しょくぜん　**shokuzen**　before meals

54

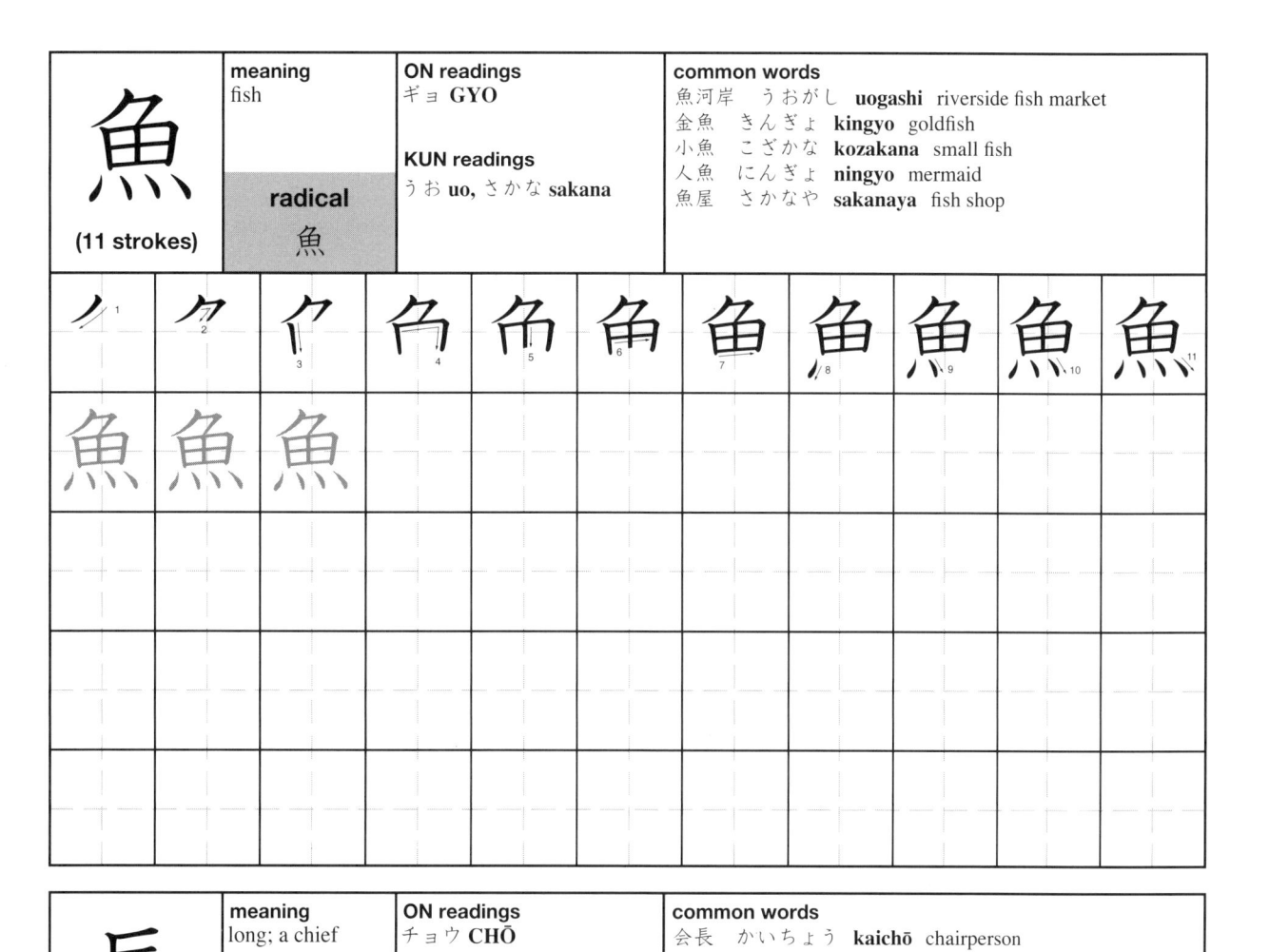

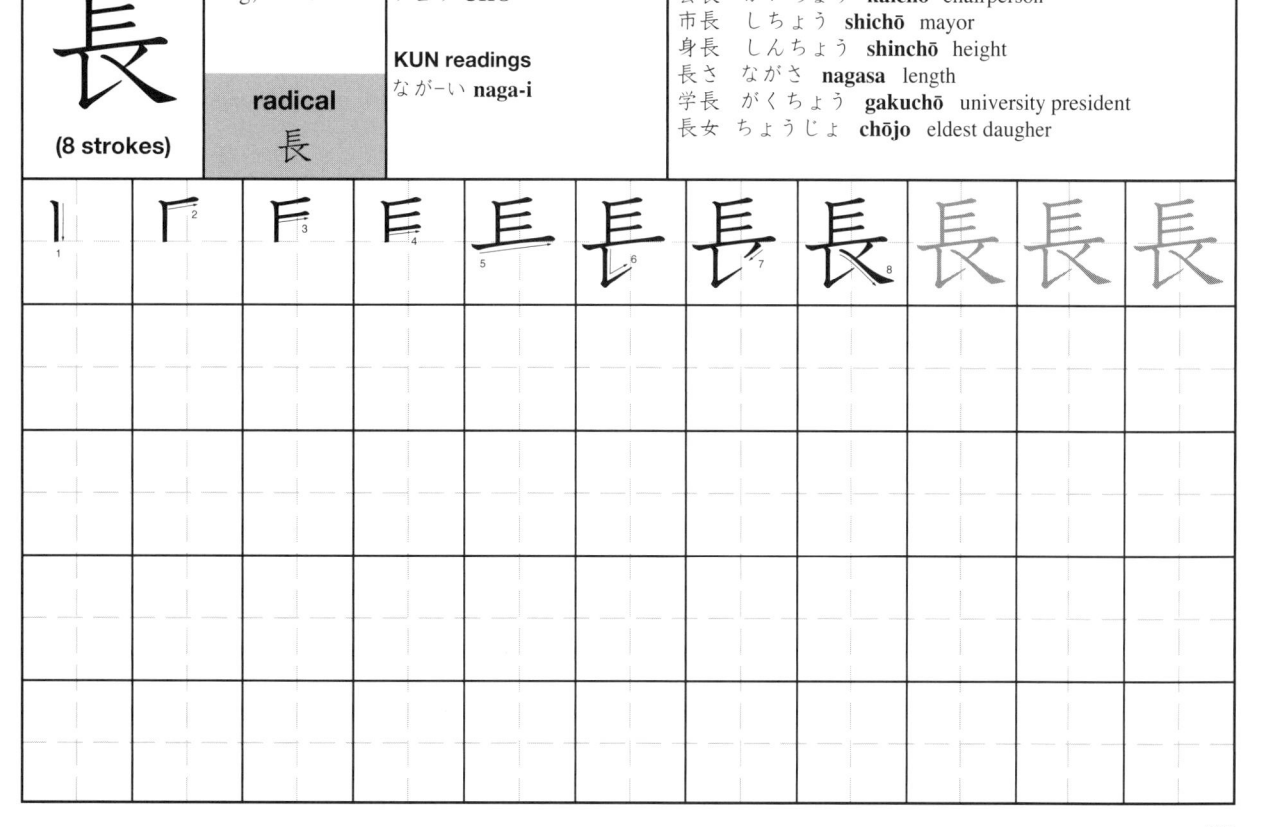

魚 (11 strokes)	**meaning** fish **radical** 魚	**ON readings** ギョ GYO **KUN readings** うお uo, さかな sakana	**common words** 魚河岸　うおがし　**uogashi**　riverside fish market 金魚　きんぎょ　**kingyo**　goldfish 小魚　こざかな　**kozakana**　small fish 人魚　にんぎょ　**ningyo**　mermaid 魚屋　さかなや　**sakanaya**　fish shop

長 (8 strokes)	**meaning** long; a chief **radical** 長	**ON readings** チョウ CHŌ **KUN readings** ながーい naga-i	**common words** 会長　かいちょう　**kaichō**　chairperson 市長　しちょう　**shichō**　mayor 身長　しんちょう　**shinchō**　height 長さ　ながさ　**nagasa**　length 学長　がくちょう　**gakuchō**　university president 長女　ちょうじょ　**chōjo**　eldest daugher

55

古 (5 strokes)

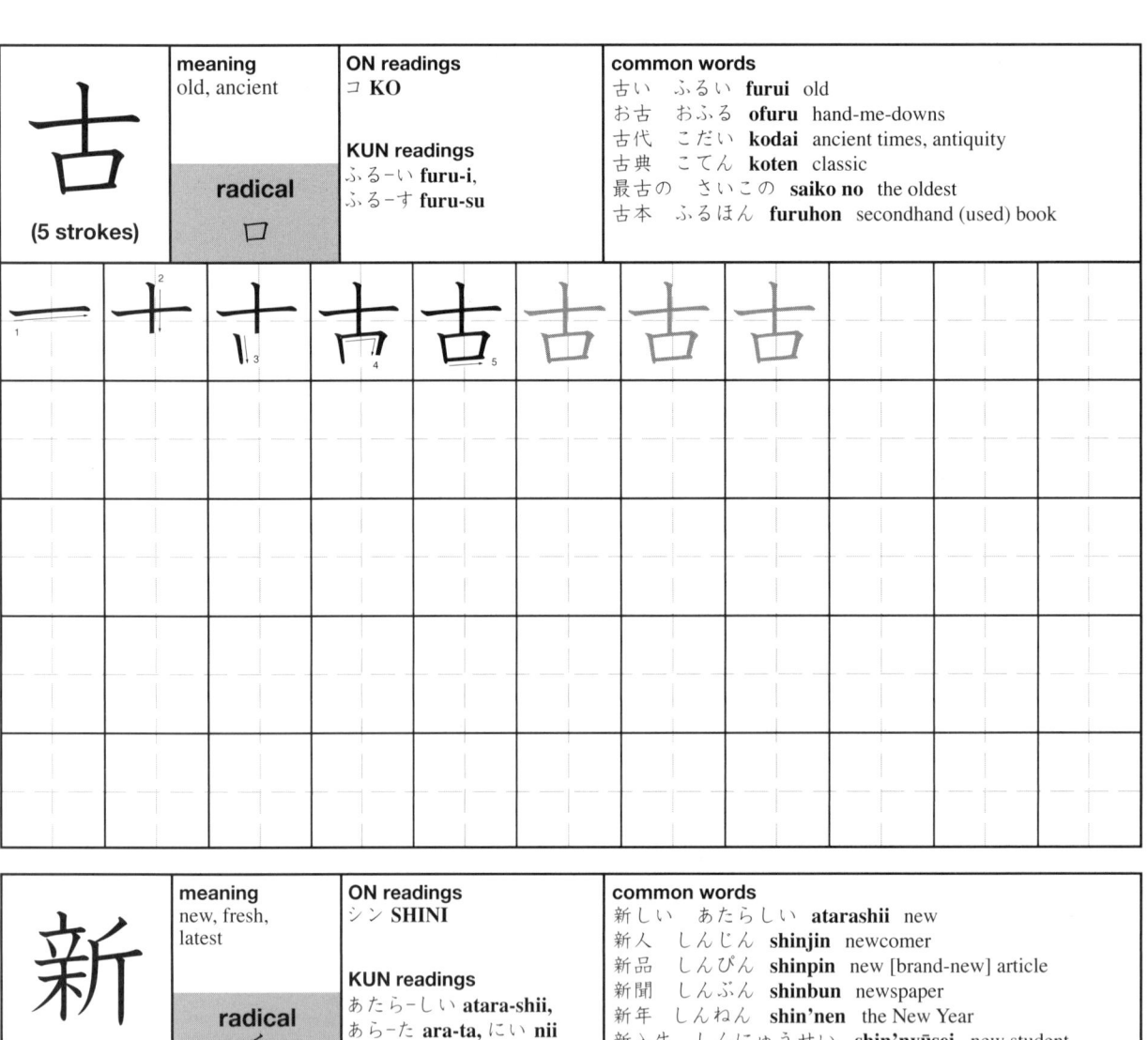

meaning: old, ancient

ON readings: コ KO

KUN readings: ふる-い furu-i, ふる-す furu-su

radical: 口

common words:
- 古い ふるい **furui** old
- お古 おふる **ofuru** hand-me-downs
- 古代 こだい **kodai** ancient times, antiquity
- 古典 こてん **koten** classic
- 最古の さいこの **saiko no** the oldest
- 古本 ふるほん **furuhon** secondhand (used) book

新 (13 strokes)

meaning: new, fresh, latest

ON readings: シン SHINI

KUN readings: あたら-しい atara-shii, あら-た ara-ta, にい nii

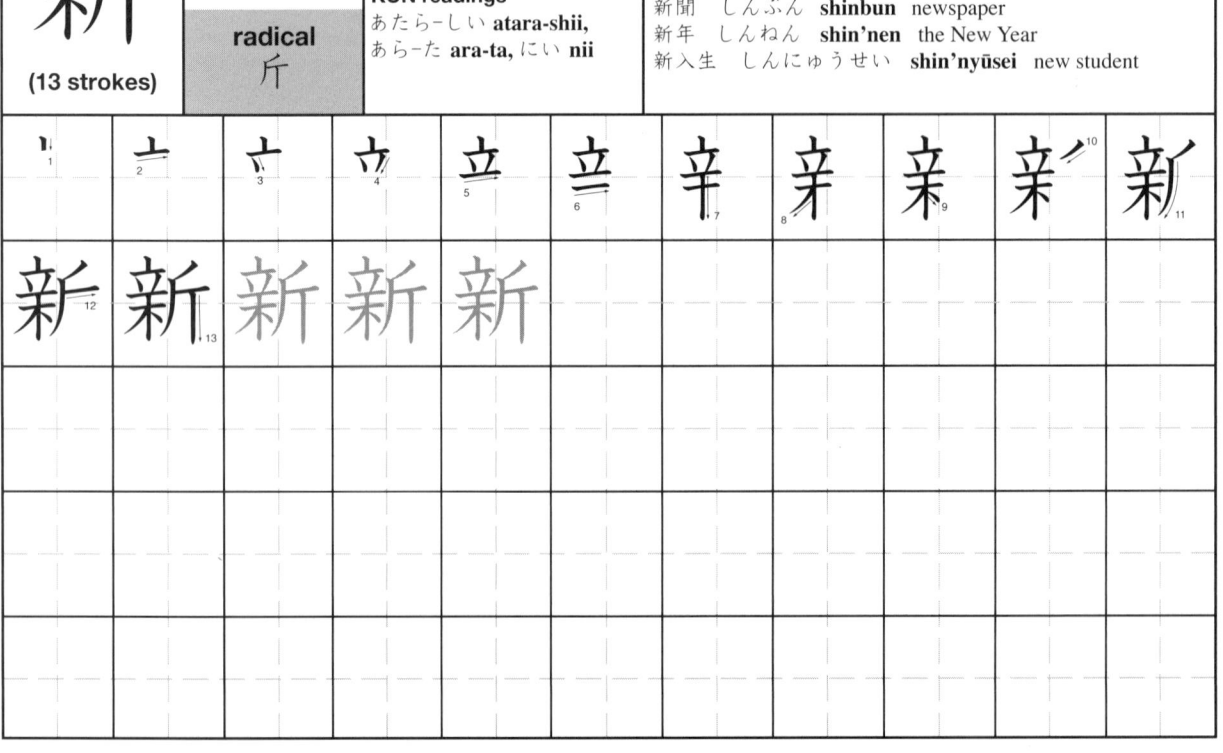

radical: 斤

common words:
- 新しい あたらしい **atarashii** new
- 新人 しんじん **shinjin** newcomer
- 新品 しんぴん **shinpin** new [brand-new] article
- 新聞 しんぶん **shinbun** newspaper
- 新年 しんねん **shin'nen** the New Year
- 新入生 しんにゅうせい **shin'nyūsei** new student

小

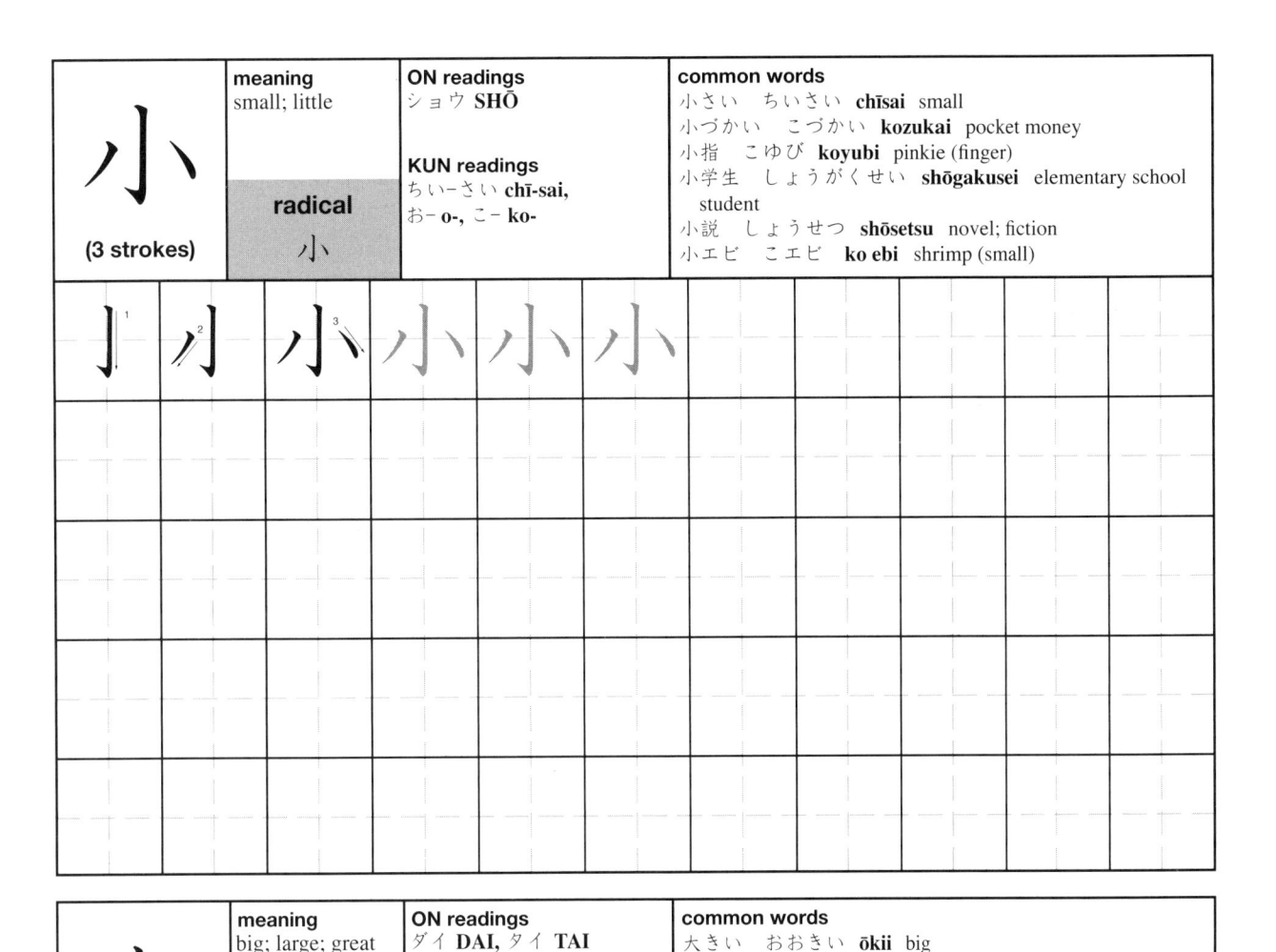

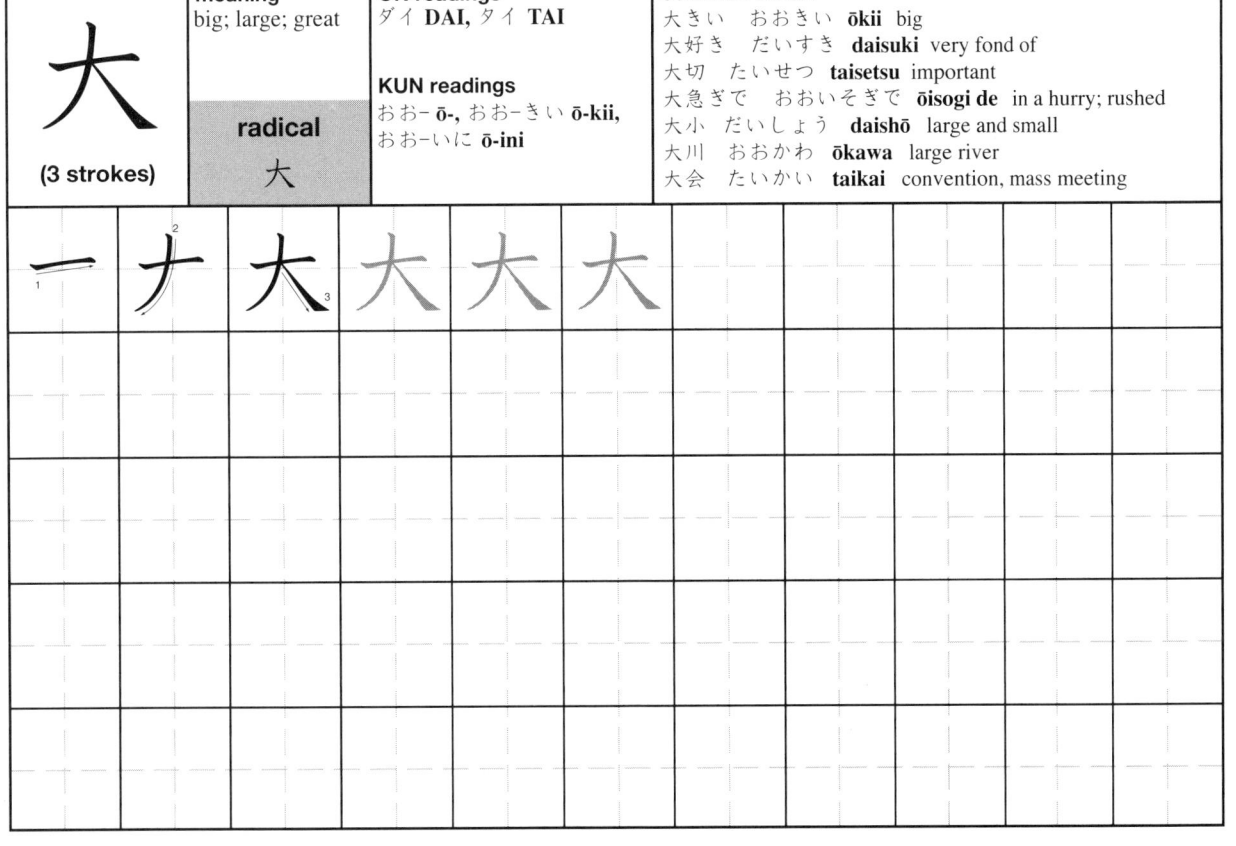

(3 strokes)

meaning: small; little

radical: 小

ON readings: ショウ SHŌ

KUN readings: ちいーさい chī-sai, おー o-, こー ko-

common words:
- 小さい　ちいさい　**chīsai**　small
- 小づかい　こづかい　**kozukai**　pocket money
- 小指　こゆび　**koyubi**　pinkie (finger)
- 小学生　しょうがくせい　**shōgakusei**　elementary school student
- 小説　しょうせつ　**shōsetsu**　novel; fiction
- 小エビ　こエビ　**ko ebi**　shrimp (small)

大

(3 strokes)

meaning: big; large; great

radical: 大

ON readings: ダイ DAI, タイ TAI

KUN readings: おおー ō-, おおーきい ō-kii, おおーいに ō-ini

common words:
- 大きい　おおきい　**ōkii**　big
- 大好き　だいすき　**daisuki**　very fond of
- 大切　たいせつ　**taisetsu**　important
- 大急ぎで　おおいそぎで　**ōisogi de**　in a hurry; rushed
- 大小　だいしょう　**daishō**　large and small
- 大川　おおかわ　**ōkawa**　large river
- 大会　たいかい　**taikai**　convention, mass meeting

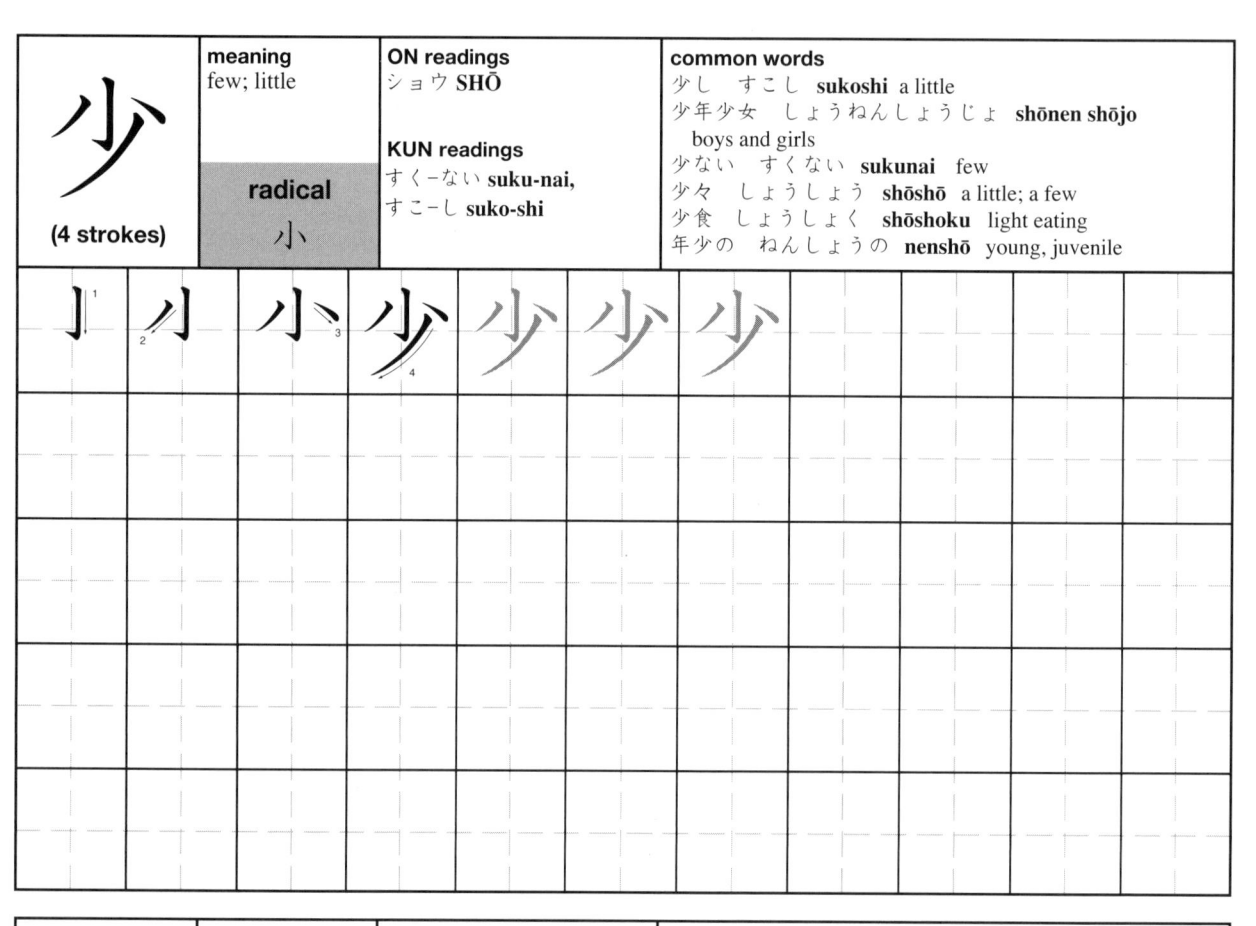

| 少 (4 strokes) | **meaning** few; little **radical** 小 | **ON readings** ショウ SHŌ **KUN readings** すくーない suku-nai, すこーし suko-shi | **common words** 少し すこし **sukoshi** a little 少年少女 しょうねんしょうじょ **shōnen shōjo** boys and girls 少ない すくない **sukunai** few 少々 しょうしょう **shōshō** a little; a few 少食 しょうしょく **shōshoku** light eating 年少の ねんしょうの **nenshō** young, juvenile |

亅 刂 小 少 少 少 少

| 多 (6 strokes) | **meaning** many; a lot; plenty of **radical** 夕 | **ON readings** タ TA **KUN readings** おおーい o'o-i | **common words** 多い おおい **o'oi** many, numerous 多少 たしょう **tashō** kind of, somewhat 多数の たすうの **tasū no** a lot of 大多数 だいたすう **daitasū** large majority 多大な ただいな **tadai na** considerable, significant (amount) |

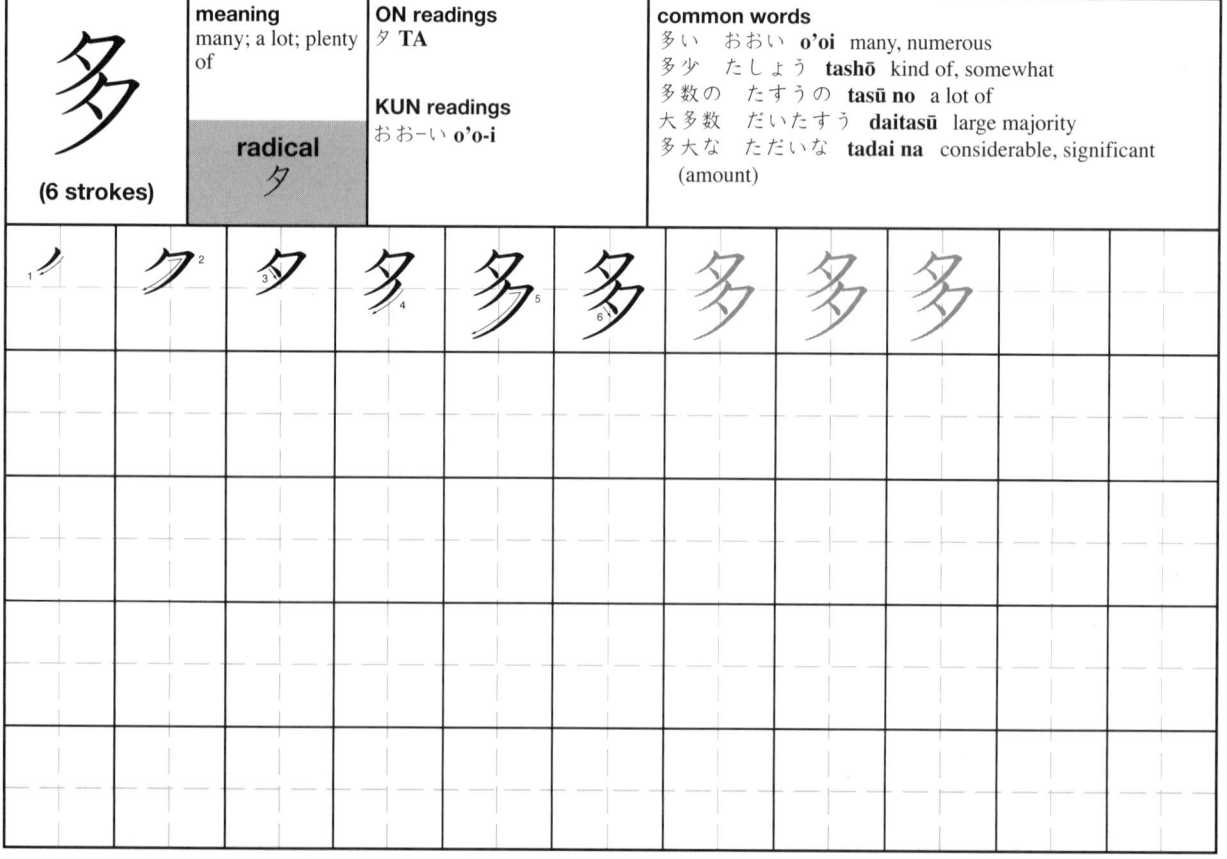

丿 ク 夕 夕 多 多 多 多 多

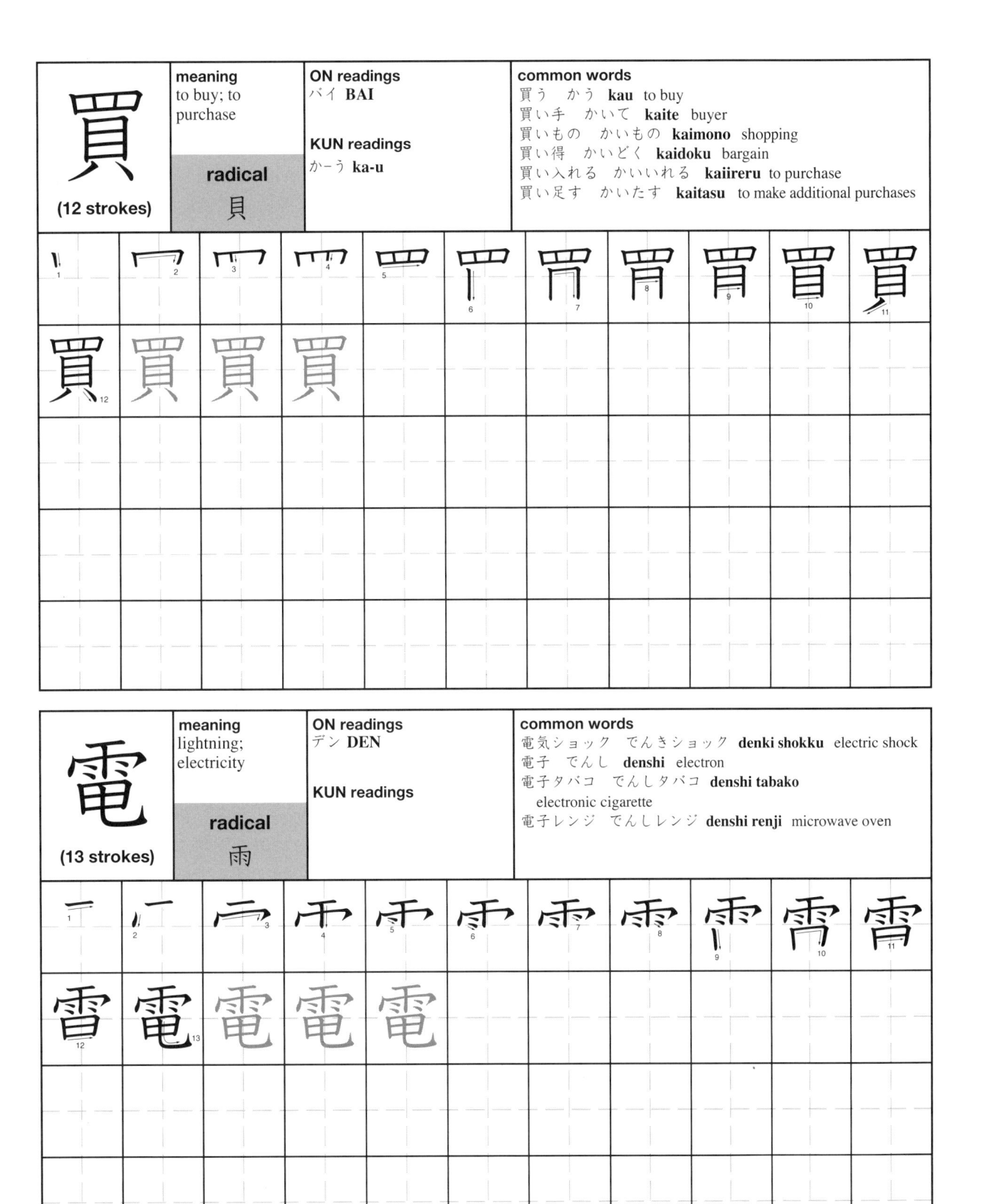

| 買 (12 strokes) | **meaning** to buy; to purchase
 radical 貝 | **ON readings** バイ **BAI**
 KUN readings か-う **ka-u** | **common words**
 買う かう **kau** to buy
 買い手 かいて **kaite** buyer
 買いもの かいもの **kaimono** shopping
 買い得 かいどく **kaidoku** bargain
 買い入れる かいいれる **kaiireru** to purchase
 買い足す かいたす **kaitasu** to make additional purchases |

| 電 (13 strokes) | **meaning** lightning; electricity
 radical 雨 | **ON readings** デン **DEN**
 KUN readings | **common words**
 電気ショック でんきショック **denki shokku** electric shock
 電子 でんし **denshi** electron
 電子タバコ でんしタバコ **denshi tabako** electronic cigarette
 電子レンジ でんしレンジ **denshi renji** microwave oven |

59

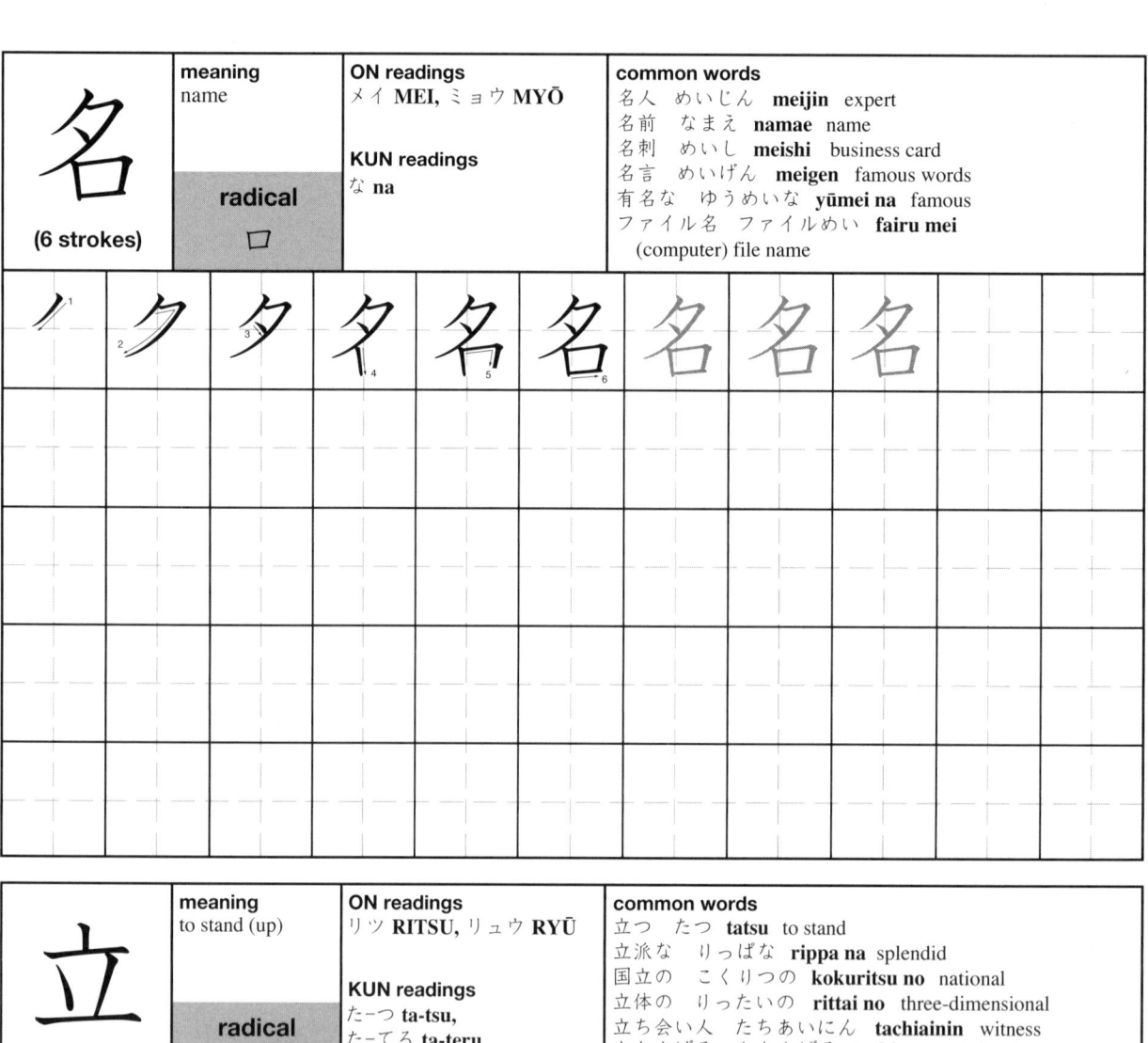

| 名 (6 strokes) | **meaning** name

 radical 口 | **ON readings** メイ MEI, ミョウ MYŌ

 KUN readings な na | **common words**
 名人 めいじん **meijin** expert
 名前 なまえ **namae** name
 名刺 めいし **meishi** business card
 名言 めいげん **meigen** famous words
 有名な ゆうめいな **yūmei na** famous
 ファイル名 ファイルめい **fairu mei** (computer) file name |

ノ ク タ タ 名 名 *名 名 名*

| 立 (6 strokes) | **meaning** to stand (up)

 radical 立 | **ON readings** リツ RITSU, リュウ RYŪ

 KUN readings た-つ ta-tsu, た-てる ta-teru | **common words**
 立つ たつ **tatsu** to stand
 立派な りっぱな **rippa na** splendid
 国立の こくりつの **kokuritsu no** national
 立体の りったいの **rittai no** three-dimensional
 立ち会い人 たちあいにん **tachiainin** witness
 立ち上げる たちあげる **tachiageru** to boot up (a computer) |

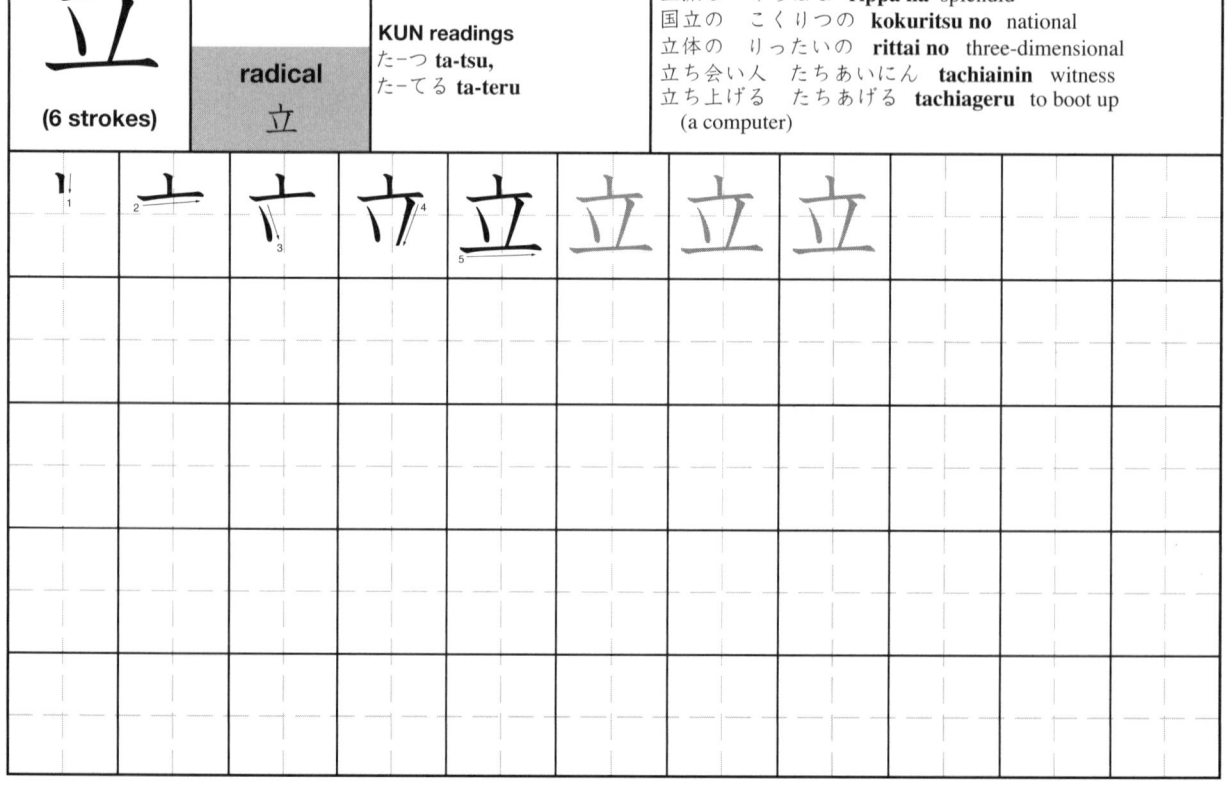

丶 亠 六 立 立 *立 立 立*

Writing Practice

PRACTICE 1
一 二 三 四 五

一つ　ひとつ　**hitotsu**　one (piece; age)

一	つ								

一月　いちがつ　**ichigatsu**　January

一	月								

二つ　ふたつ　**futatsu**　two (pieces; age)

二	つ								

二月　にがつ　**nigatsu**　February

二	月								

二人　ふたり　**futari**　two people

二	人								

二千　にせん　**nisen**　two thousand

二	千								

三つ　みっつ　**mittsu**　three (pieces; age)

三	つ								

三月　さんがつ　**sangatsu**　March

三	月								

三人　さんにん　**san'nin**　three people

三	人								

四つ よっつ **yottsu** four (pieces; age)

| 四 | つ | | | | | | | | |

四月 しがつ **shigatsu** April

| 四 | 月 | | | | | | | | |

四人 よにん **yonin** four people

| 四 | 人 | | | | | | | | |

四千 よんせん **yonsen** four thousand

| 四 | 千 | | | | | | | | |

五つ いつつ **itsutsu** five (pieces; age)

| 五 | つ | | | | | | | | |

五月 ごがつ **gogatsu** May

| 五 | 月 | | | | | | | | |

五十 ごじゅう **gojū** fifty

| 五 | 十 | | | | | | | | |

五百 ごひゃく **gohyaku** five hundred

| 五 | 百 | | | | | | | | |

五千 ごせん **gosen** five thousand

| 五 | 千 | | | | | | | | |

PRACTICE 2
六 七 八 九

六つ　むっつ　**muttsu**　six (pieces; age)

| 六 | つ | | | | | | | | |

六月　ろくがつ　**rokugatsu**　June

| 六 | 月 | | | | | | | | |

六日　むいか　**muika**　six days; 6th of the month

| 六 | 日 | | | | | | | | |

六時　ろくじ　**rokuji**　six o'clock

| 六 | 時 | | | | | | | | |

七つ　ななつ　**nanatsu**　seven (pieces; age)

| 七 | つ | | | | | | | | |

七月　しちがつ　**shichigatsu**　July

| 七 | 月 | | | | | | | | |

七人　しちにん　**shichinin**　seven people

| 七 | 人 | | | | | | | | |

七百　ななひゃく　**nanahyaku**　seven hundred

| 七 | 百 | | | | | | | | |

七時　しちじ　**shichiji**　seven o'clock

| 七 | 時 | | | | | | | | |

八つ　やっつ　**yattsu**　eight (pieces; age)

| 八 | つ | | | | | | | |

八月　はちがつ　**hachigatsu**　August

| 八 | 月 | | | | | | | |

八日　ようか　**yōka**　eight days; 8th of the month

| 八 | 日 | | | | | | | |

八時　はちじ　**hachiji**　eight o'clock

| 八 | 時 | | | | | | | |

九つ　ここのつ　**kokonotsu**　nine (pieces; age)

| 九 | つ | | | | | | | |

九月　くがつ　**kugatsu**　September

| 九 | 月 | | | | | | | |

九人　きゅうにん　**kyūnin**　nine people

| 九 | 人 | | | | | | | |

九日　ここのか　**kokonoka**　nine days; 9th of the month

| 九 | 日 | | | | | | | |

九時　くじ　**kuji**　nine o'clock

| 九 | 時 | | | | | | | |

PRACTICE 3
十 百 千 万

十日　とおか　**tōka**　ten days; 10th of the month

十	日								

十万　じゅうまん　**jūman**　one hundred thousand

十	万								

十月　じゅうがつ　**jūgatsu**　October

十	月								

百人　ひゃくにん　**hyakunin**　one hundred people

百	人								

三百　さんびゃく　**sanbyaku**　three hundred

三	百								

五百　ごひゃく　**gohyaku**　five hundred

五	百								

百本　ひゃっぽん　**hyappon**　one hundred (trees, bottles, or long thing things)

百	本								

何百　なんびゃく　**nanbyaku**　how many hundreds

何	百								

千人　せんにん　**sen'nin**　one thousand people

千	人								

三千　さんぜん　**sanzen**　three thousand

| 三 | 千 | | | | | | | | |

千円　せんえん　**sen'en**　one thousand yen

| 千 | 円 | | | | | | | | |

十一月　じゅういちがつ　**jūichigatsu**　November

| 十 | 一 | 月 | | | | | | |

十二月　じゅうにがつ　**jūnigatsu**　December

| 十 | 二 | 月 | | | | | | |

二千円　にせんえん　**nisen'en**　two thousand yen

| 二 | 千 | 円 | | | | | | |

五千円　ごせんえん　**gosen'en**　five thousand yen

| 五 | 千 | 円 | | | | | | |

一万円　いちまんえん　**ichiman'en**　ten thousand yen

| 一 | 万 | 円 | | | | | | |

一万人　いちまんにん　**ichiman'nin**　ten thousand people

| 一 | 万 | 人 | | | | | | |

百万円　ひゃくまんえん　**hyakuman'en**　one million yen

| 百 | 万 | 円 | | | | | | |

PRACTICE 4
円 曜 週 年

百円　ひゃくえん　**hyakuen**　one hundred yen

| 百 | 円 | | | | | | | | |

円高　えんだか　**endaka**　high value of the yen

| 円 | 高 | | | | | | | | |

円安　えんやす　**en'yasu**　low value of the yen

| 円 | 安 | | | | | | | | |

今週　こんしゅう　**konshū**　this week

| 今 | 週 | | | | | | | | |

週日　しゅうじつ　**shūjitsu**　weekday

| 週 | 日 | | | | | | | | |

先週　せんしゅう　**senshū**　last week

| 先 | 週 | | | | | | | | |

来週　らいしゅう　**raishū**　next week

| 来 | 週 | | | | | | | | |

今年　ことし　**kotoshi**　this year

| 今 | 年 | | | | | | | | |

毎年　まいねん　**mainen**　every year (can also be read as まいとし **maitoshi**)

| 毎 | 年 | | | | | | | | |

年中　ねんじゅう　**nenjū**　throughout the year

年	中						

毎週　まいしゅう　**maishū**　every week

毎	週						

一年間　いちねんかん　**ichinenkan**　(a period of) one year

一	年	間					

六年生　ろくねんせい　**rokunensei**　sixth grader

六	年	生					

三週間　さんしゅうかん　**sanshūkan**　(a period of) three weeks

三	週	間					

五年前　ごねんまえ　**gonenmae**　five years ago

五	年	前					

月曜日　げつようび　**getsuyōbi**　Monday

月	曜	日					

火曜日　かようび　**kayōbi**　Tuesday

火	曜	日					

水曜日　すいようび　**suiyōbi**　Wednesday

水	曜	日					

PRACTICE 5
日 月 火 水

一日　いちにち　**ichinichi**　one day (also read ついたち　**tsuitachi**　1st of the month)

| 一 | 日 | | | | | | | | |

二日　ふつか　**futsuka**　two days; 2nd of the month

| 二 | 日 | | | | | | | | |

三日　みっか　**mikka**　three days; 3rd of the month

| 三 | 日 | | | | | | | | |

日本　にほん　**nihon**　Japan (can also be read as にっぽん　**nippon**)

| 日 | 本 | | | | | | | | |

毎日　まいにち　**mainichi**　every day

| 毎 | 日 | | | | | | | | |

今月　こんげつ　**kongetsu**　this month

| 今 | 月 | | | | | | | | |

来月　らいげつ　**raigetsu**　next month

| 来 | 月 | | | | | | | | |

先月　せんげつ　**sengetsu**　last month

| 先 | 月 | | | | | | | | |

毎月　まいげつ　**maigetsu**　every month (can also be read as まいつき　**maitsuki**)

| 毎 | 月 | | | | | | | | |

火山　かざん　**kazan**　volcano

| 火 | 山 | | | | | | | | |

花火　はなび　**hanabi**　fireworks

| 花 | 火 | | | | | | | | |

火花　ひばな　**hibana**　spark

| 火 | 花 | | | | | | | | |

お水　おみず　**omizu**　water

| お | 水 | | | | | | | | |

水分　すいぶん　**suibun**　moisture

| 水 | 分 | | | | | | | | |

二十日　はつか　**hatsuka**　20th of the month

| 二 | 十 | 日 | | | | |

日曜日　にちようび　**nichiyōbi**　Sunday

| 日 | 曜 | 日 | | | | |

生年月日　せいねんがっぴ　**seinengappi**　date of birth

| 生 | 年 | 月 | 日 | | |

日の出前　ひのでまえ　**hinode mae**　before sunrise

| 日 | の | 出 | 前 | | |

PRACTICE 6
木 金 土 午

お金　おかね　**okane**　money

| お | 金 | | | | | | | |

前金　まえきん　**maekin**　advance (money)

| 前 | 金 | | | | | | | |

土間　どま　**doma**　dirt floor (in traditional house)

| 土 | 間 | | | | | | | |

金子　かねこ　**Kaneko**　Kaneko (Japanese surname)

| 金 | 子 | | | | | | | |

土手　どて　**dote**　embankment

| 土 | 手 | | | | | | | |

木曜日　もくようび　**mokuyōbi**　Thursday

| 木 | 曜 | 日 | | | | | | |

金曜日　きんようび　**kinyōbi**　Friday

| 金 | 曜 | 日 | | | | | | |

高い木　たかいき　**takai ki**　tall tree

| 高 | い | 木 | | | | | | |

木の下　きのした　**ki no shita**　under a tree

| 木 | の | 下 | | | | | | |

土と水　つちとみず　**tsuchi to mizu**　soil and water

| 土 | と | 水 | | | | | | | |

土足で　どそくで　**dosoku de**　with footwear on

| 土 | 足 | で | | | | | | | |

午前中　ごぜんちゅう　**gozenchū**　all morning

| 午 | 前 | 中 | | | | | | | |

土曜日　どようび　**doyōbi**　Saturday

| 土 | 曜 | 日 | | | | | | | |

午前一時　ごぜんいちじ　**gozen ichiji**　1 a.m.

| 午 | 前 | 一 | 時 | | | | | |

午前八時　ごぜんはちじ　**gozen hachiji**　8 a.m.

| 午 | 前 | 八 | 時 | | | | | |

午後二時　ごごにじ　**gogo niji**　2 p.m.

| 午 | 後 | 二 | 時 | | | | | |

午後六時　ごごろくじ　**gogo rokuji**　6 p.m.

| 午 | 後 | 六 | 時 | | | | | |

金メダル　きんメダル　**kinmedaru**　gold medal

| 金 | メ | ダ | ル | | | | | |

PRACTICE 7
今 分 半 毎

今日　きょう　**kyō**　today

| 今 | 日 | | | | | | | | |

半月　はんつき　**hantsuki**　half a month　(can also be read as はんげつ **hangetsu**)

| 半 | 月 | | | | | | | | |

七分　ななふん　**nanafun**　seven minutes

| 七 | 分 | | | | | | | | |

半分　はんぶん　**hanbun**　half

| 半 | 分 | | | | | | | | |

半年　はんとし　**hantoshi**　half a year

| 半 | 年 | | | | | | | | |

毎時　まいじ　**maiji**　every hour

| 毎 | 時 | | | | | | | | |

半日　はんにち　**han'nichi**　half a day

| 半 | 日 | | | | | | | | |

五分　ごふん　**gofun**　five minutes

| 五 | 分 | | | | | | | | |

半ば　なかば　**nakaba**　halfway

| 半 | ば | | | | | | | | |

日毎に　ひごとに　**higoto ni**　daily

| 日 | 毎 | に | | | | | | | |

年毎に　としごとに　**toshigoto ni**　annually

| 年 | 毎 | に | | | | | | | |

三日分　みっかぶん　**mikkabun**　three days' worth

| 三 | 日 | 分 | | | | | | | |

分かる　わかる　**wakaru**　to understand

| 分 | か | る | | | | | | | |

分ける　わける　**wakeru**　to divide

| 分 | け | る | | | | | | | |

一時半　いちじはん　**ichijihan**　half past one

| 一 | 時 | 半 | | | | | | | |

今すぐ　いますぐ　**imasugu**　right now

| 今 | す | ぐ | | | | | | | |

半年毎に　はんとしごとに　**hantoshigoto ni**　bi-annually

| 半 | 年 | 毎 | に | | | | | | |

三日毎に　みっかごとに　**mikkagoto ni**　every three days

| 三 | 日 | 毎 | に | | | | | | |

PRACTICE 8
何 時 計 間

何月　なんがつ　**nangatsu**　what month

| 何 | 月 | | | | | | | | |

何年　なんねん　**nan'nen**　what year; how many years

| 何 | 年 | | | | | | | | |

何分　なんぷん　**nanpun**　how many minutes

| 何 | 分 | | | | | | | | |

時間　じかん　**jikan**　time, hour

| 時 | 間 | | | | | | | | |

日時　にちじ　**nichiji**　the date and time

| 日 | 時 | | | | | | | | |

時計　とけい　**tokei**　watch; clock

| 時 | 計 | | | | | | | | |

計る　はかる　**hakaru**　to measure

| 計 | る | | | | | | | | |

何人　なんにん　**nan'nin**　how many people

| 何 | 人 | | | | | | | | |

七時　しちじ　**shichiji**　seven o'clock

| 七 | 時 | | | | | | | | |

何時　なんじ　**nanji**　what time

| 何 | 時 | | | | | | | | |

人間　にんげん　**ningen**　human being

| 人 | 間 | | | | | | | | |

何日間　なんにちかん　**nan'nichikan**　how many days

| 何 | 日 | 間 | | | | | | | |

何週間　なんしゅうかん　**nanshūkan**　how many weeks

| 何 | 週 | 間 | | | | | | | |

一時間　いちじかん　**ichijikan**　one hour

| 一 | 時 | 間 | | | | | | | |

時間外　じかんがい　**jikangai**　overtime

| 時 | 間 | 外 | | | | | | | |

年間の　ねんかんの　**nenkan no**　annual

| 年 | 間 | の | | | | | | | |

この間　このあいだ　**kono aida**　the other day

| こ | の | 間 | | | | | | | |

二日間　ふつかかん　**futsukakan**　for two days

| 二 | 日 | 間 | | | | | | | |

PRACTICE 9
男 女 父 母

男子 だんし **danshi** man, boy

| 男 | 子 | | | | | | | | |

男女 だんじょ **danjo** men and women

| 男 | 女 | | | | | | | | |

父上 ちちうえ **chichiue** father (archaic)

| 父 | 上 | | | | | | | | |

父子 ふし **fushi** father and child

| 父 | 子 | | | | | | | | |

父母 ふぼ **fubo** parents

| 父 | 母 | | | | | | | | |

母上 ははうえ **hahaue** mother (archaic)

| 母 | 上 | | | | | | | | |

女子 じょし **joshi** woman, girl

| 女 | 子 | | | | | | | | |

母国 ぼこく **bokoku** mother country

| 母 | 国 | | | | | | | | |

少女 しょうじょ **shōjo** girl

| 少 | 女 | | | | | | | | |

長男　ちょうなん　**chōnan**　eldest son

| 長 | 男 | | | | | | | | | | |

男の子　おとこのこ　**otoko no ko**　boy

| 男 | の | 子 | | | | | | | | | |

女の子　おんなのこ　**on'na no ko**　girl

| 女 | の | 子 | | | | | | | | | |

女子大　じょしだい　**joshidai**　women's university

| 女 | 子 | 大 | | | | | | | | | |

父の日　ちちのひ　**chichi no hi**　Father's Day

| 父 | の | 日 | | | | | | | | | |

母の日　ははのひ　**haha no hi**　Mother's Day

| 母 | の | 日 | | | | | | | | | |

男らしい　おとこらしい　**otoko rashii**　masculine

| 男 | ら | し | い | | | | | | | | |

お父さん　おとうさん　**otōsan**　father

| お | 父 | さ | ん | | | | | | | | |

お母さん　おかあさん　**okāsan**　mother

| お | 母 | さ | ん | | | | | | | | |

PRACTICE 10
子 友 人 手

手足　てあし　**teashi**　arms and legs

手	足								

上手　じょうず　**jōzu**　good at something

上	手								

友子　ともこ　**Tomoko**　Tomoko (Japanese female given name)

友	子								

大人　おとな　**otona**　adult

大	人								

友人　ゆうじん　**yūjin**　friend

友	人								

下手　へた　**heta**　not good at something

下	手								

一人　ひとり　**hitori**　one person

一	人								

学友　がくゆう　**gakuyū**　school friend

学	友								

人生　じんせい　**jinsei**　human life

人	生								

人手　ひとで　**hitode**　other people; other people's assistance; workers

| 人 | 手 | | | | | | | | |

手本　てほん　**tehon**　model, good example

| 手 | 本 | | | | | | | | |

子会社　こがいしゃ　**kogaisha**　subsidiary company

| 子 | 会 | 社 | | | | | |

子ども　こども　**kodomo**　child

| 子 | ど | も | | | | | |

カナダ人　カナダじん　**kanadajin**　Canadian person

| カ | ナ | ダ | 人 | | | |

イギリス人　イギリスじん　**igirisujin**　English person

| イ | ギ | リ | ス | 人 | | |

アメリカ人　アメリカじん　**amerikajin**　American

| ア | メ | リ | カ | 人 | | |

手を入れる　てをいれる　**te o ireru**　to repair

| 手 | を | 入 | れ | る | | |

手分けをする　てわけをする　**tewake o suru**　to divide up work

| 手 | 分 | け | を | す | る | |

PRACTICE 11
目 足 耳 口

出口　でぐち　**deguchi**　exit

出	口						

一足　いっそく　**issoku**　a pair (of shoes)

一	足						

目上　めうえ　**meue**　one's superior

目	上						

足下　あしもと　**ashimoto**　at one's feet

足	下						

足す　たす　**tasu**　to add

足	す						

目下　めした　**meshita**　one's subordinate

目	下						

一目　ひとめ　**hitome**　a glimpse, glance

一	目						

入口　いりぐち　**iriguchi**　entrance

入	口						

人口　じんこう　**jinkō**　population

人	口						

一口　ひとくち　**hitokuchi**　a mouthful, a bite

| 一 | 口 | | | | | | | | |

目つき　めつき　**metsuki**　the look in one's eyes

| 目 | つ | き | | | | | |

足りる　たりる　**tariru**　to be enough

| 足 | り | る | | | | | |

耳たぶ　みみたぶ　**mimitabu**　earlobe

| 耳 | た | ぶ | | | | | |

耳あて　みみあて　**mimiate**　ear muffs

| 耳 | あ | て | | | | | |

耳に入る　みみにはいる　**mimi ni hairu**　to happen to hear

| 耳 | に | 入 | る | | | | |

目につく　めにつく　**me ni tsuku**　to catch one's eye

| 目 | に | つ | く | | | | |

耳から学ぶ　みみからまなぶ　**mimi kara manabu**　to learn by ear

| 耳 | か | ら | 学 | ぶ | | | |

耳が聞こえない　みみがきこえない　**mimi ga kikoenai**　deaf

| 耳 | が | 聞 | こ | え | な | い | | | |

PRACTICE 12
右 左 前 後

前日　ぜんじつ　**zenjitsu**　the previous day

| 前 | 日 | | | | | | | | |

午後　ごご　**gogo**　afternoon, p.m.

| 午 | 後 | | | | | | | | |

後ろ　うしろ　**ushiro**　behind

| 後 | ろ | | | | | | | | |

右手　みぎて　**migite**　right hand

| 右 | 手 | | | | | | | | |

左手　ひだりて　**hidarite**　left hand

| 左 | 手 | | | | | | | | |

左右　さゆう　**sayū**　left and right

| 左 | 右 | | | | | | | | |

後半　こうはん　**kōhan**　second half

| 後 | 半 | | | | | | | | |

前後　ぜんご　**zengo**　before and after

| 前 | 後 | | | | | | | | |

前半　ぜんはん　**zenhan**　first half (can also be read as ぜんぱん **zenpan**)

| 前 | 半 | | | | | | | | |

後で　あとで　**ato de**　later, afterward

| 後 | で | | | | | | | |

後日　ごじつ　**gojitsu**　at a later date

| 後 | 日 | | | | | | | |

食後　しょくご　**shokugo**　after a meal

| 食 | 後 | | | | | | | |

一年後　いちねんご　**ichinengo**　a year later

| 一 | 年 | 後 | | | | |

五日前　いつかまえ　**itsukamae**　five days ago

| 五 | 日 | 前 | | | | |

二日後　ふつかご　**futsukago**　two days later

| 二 | 日 | 後 | | | | |

右カーブ　みぎカーブ　**migi kābu**　right-hand bend in the road

| 右 | カ | ー | ブ | | | |

左クリック　ひだりクリック　**hidari kurikku**　left click (on a mouse)

| 左 | ク | リ | ッ | ク | | |

右ハンドル　みぎハンドル　**migi handoru**　right-hand drive (car)

| 右 | ハ | ン | ド | ル | | |

PRACTICE 13
上 下 中 外

年上　としうえ　**toshiue**　elder

| 年 | 上 | | | | | | | | |

上る　のぼる　**noboru**　to go up

| 上 | る | | | | | | | | |

中古　ちゅうこ　**chūko**　secondhand

| 中 | 古 | | | | | | | | |

年下　としした　**toshishita**　younger

| 年 | 下 | | | | | | | | |

中国　ちゅうごく　**chūgoku**　China

| 中 | 国 | | | | | | | | |

中山　なかやま　**Nakayama**　Nakayama (Japanese surname)

| 中 | 山 | | | | | | | | |

中間　ちゅうかん　**chūkan**　the middle; intermediate

| 中 | 間 | | | | | | | | |

下る　くだる　**kudaru**　to go down

| 下 | る | | | | | | | | |

上げる　あげる　**ageru**　to raise

| 上 | げ | る | | | | | | | |

外れる　はずれる　**hazureru**　to come off, slip

| 外 | れ | る | | | | | | | |

上がる　あがる　**agaru**　to rise

| 上 | が | る | | | | | | | |

一日中　いちにちじゅう　**ichinichijū**　all day long

| 一 | 日 | 中 | | | | | | | |

下りる　おりる　**oriru**　to go down; to get off

| 下 | り | る | | | | | | | |

下さい　ください　**kudasai**　please give it to me

| 下 | さ | い | | | | | | | |

外国人　がいこくじん　**gaikokujin**　foreigner

| 外 | 国 | 人 | | | | | | | |

下がる　さがる　**sagaru**　to hang down, to go down

| 下 | が | る | | | | | | | |

中学校　ちゅうがっこう　**chūgakkō**　junior high school

| 中 | 学 | 校 | | | | | | | |

外出する　がいしゅつする　**gaishutsu suru**　to go out

| 外 | 出 | す | る | | | | | | |

PRACTICE 14
北 南 東 西

東口 ひがしぐち **higashiguchi** east exit

| 東 | 口 | | | | | | | | |

北口 きたぐち **kitaguchi** north exit

| 北 | 口 | | | | | | | | |

東西 とうざい **tōzai** east and west

| 東 | 西 | | | | | | | | |

西口 にしぐち **nishiguchi** west exit

| 西 | 口 | | | | | | | | |

中東 ちゅうとう **chūtō** the Middle East

| 中 | 東 | | | | | | | | |

南口 みなみぐち **minamiguchi** south exit

| 南 | 口 | | | | | | | | |

北国 きたぐに **kitaguni** northern country

| 北 | 国 | | | | | | | | |

南西 なんせい **nansei** southwest

| 南 | 西 | | | | | | | | |

南国 なんごく **nangoku** southern country

| 南 | 国 | | | | | | | | |

北西　ほくせい　**hokusei**　northwest

| 北 | 西 | | | | | | | | |

東西南北　とうざいなんぼく　**tōzainanboku**　north, south, east, west

| 東 | 西 | 南 | 北 | | | | |

古今東西　ここんとうざい　**kokontōzai**　all times and places

| 古 | 今 | 東 | 西 | | | | |

東南アジア　とうなんアジア　**tōnan ajia**　Southeast Asia

| 東 | 南 | ア | ジ | ア | |

南アメリカ　みなみアメリカ　**minami amerika**　South America

| 南 | ア | メ | リ | カ | |

北アメリカ　きたアメリカ　**kita amerika**　North America

| 北 | ア | メ | リ | カ | |

南アフリカ　みなみアフリカ　**minami afurika**　South Africa

| 南 | ア | フ | リ | カ | |

西ヨーロッパ　にしヨーロッパ　**nishi yōroppa**　Western Europe

| 西 | ヨ | ー | ロ | ッ | パ | | | |

東ヨーロッパ　ひがしヨーロッパ　**higashi yōroppa**　Eastern Europe

| 東 | ヨ | ー | ロ | ッ | パ | | | |

PRACTICE 15
白 花 川 山

川上　かわかみ　**kawakami**　upriver

| 川 | 上 | | | | | | | | |

小川　おがわ　**ogawa**　stream

| 小 | 川 | | | | | | | | |

川下　かわしも　**kawashimo**　downstream

| 川 | 下 | | | | | | | | |

国花　こっか　**kokka**　national flower

| 国 | 花 | | | | | | | | |

空白　くうはく　**kūhaku**　blank

| 空 | 白 | | | | | | | | |

川口　かわぐち　**Kawaguchi**　Kawaguchi (Japanese surname)

| 川 | 口 | | | | | | | | |

山道　やまみち　**yamamichi**　mountain road

| 山 | 道 | | | | | | | | |

白い　しろい　**shiroi**　white

| 白 | い | | | | | | | | |

山本　やまもと　**Yamamoto**　Yamamoto (Japanese surname)

| 山 | 本 | | | | | | | | |

山口　やまぐち　**Yamaguchi**　Yamaguchi (Japanese surname)

| 山 | 口 | | | | | | | | |

山下　やました　**Yamashita**　Yamashita (Japanese surname)

| 山 | 下 | | | | | | | | |

白人　はくじん　**hakujin**　white person

| 白 | 人 | | | | | | | | |

白日　はくじつ　**hakujitsu**　broad daylight

| 白 | 日 | | | | | | | | |

花見　はなみ　**hanami**　cherry blossom viewing

| 花 | 見 | | | | | | |

花たば　はなたば　**hanataba**　bouquet

| 花 | た | ば | | | | | |

生け花　いけばな　**ikebana**　ikebana (Japanese flower arranging)

| 生 | け | 花 | | | | | |

山のぼり　やまのぼり　**yamanobori**　mountain climbing

| 山 | の | ぼ | り | | | | |

白ワイン　しろワイン　**shirowain**　white wine

| 白 | ワ | イ | ン | | | |

91

PRACTICE 16
空 天 気 雨

空気　くうき　**kūki**　air

| 空 | 気 | | | | | | | | | | |

空手　からて　**karate**　karate

| 空 | 手 | | | | | | | | | | |

空く　あく　**aku**　to become empty

| 空 | く | | | | | | | | | | |

気分　きぶん　**kibun**　feeling

| 気 | 分 | | | | | | | | | | |

人気　にんき　**ninki**　popularity

| 人 | 気 | | | | | | | | | | |

天気　てんき　**tenki**　weather

| 天 | 気 | | | | | | | | | | |

雨天　うてん　**uten**　rainy weather

| 雨 | 天 | | | | | | | | | | |

小雨　こさめ　**kosame**　drizzle

| 小 | 雨 | | | | | | | | | | |

電気　でんき　**denki**　electricity

| 電 | 気 | | | | | | | | | | |

大雨　おおあめ　**ōame**　heavy rain

| 大 | 雨 | | | | | | | | |

天国　てんごく　**tengoku**　paradise, heaven

| 天 | 国 | | | | | | | | |

雨ふり　あめふり　**amefuri**　rainy weather

| 雨 | ふ | り | | | | | |

空ける　あける　**akeru**　to vacate

| 空 | け | る | | | | | |

空っぽ　からっぽ　**karappo**　empty

| 空 | っ | ぽ | | | | | |

天の川　あまのがわ　**amanogawa**　the Milky Way

| 天 | の | 川 | | | | | |

気になる　きになる　**ki ni naru**　to be worried about

| 気 | に | な | る | | | |

気がつく　きがつく　**ki ga tsuku**　to notice

| 気 | が | つ | く | | | |

気が小さい　きがちいさい　**ki ga chīsai**　nervous, timid

| 気 | が | 小 | さ | い | | |

PRACTICE 17
学 校 先 生

先生　せんせい　**sensei**　teacher

先	生								

先日　せんじつ　**senjitsu**　the other day

先	日								

学生　がくせい　**gakusei**　student

学	生								

学ぶ　まなぶ　**manabu**　to study, to learn

学	ぶ								

学校　がっこう　**gakkō**　school

学	校								

校門　こうもん　**kōmon**　school gate

校	門								

大学　だいがく　**daigaku**　university

大	学								

高校　こうこう　**kōkō**　high school

高	校								

母校　ぼこう　**bokō**　alma mater

母	校								

校長　こうちょう　**kōchō**　school principal

| 校 | 長 | | | | | | | | |

学食　がくしょく　**gakushoku**　school cafeteria

| 学 | 食 | | | | | | | | |

生ゴミ　なまゴミ　**nama gomi**　kitchen garbage

| 生 | ゴ | ミ | | | | | | | |

生きる　いきる　**ikiru**　to live

| 生 | き | る | | | | | | | |

つま先　つまさき　**tsumasaki**　tip of the toe

| つ | ま | 先 | | | | | | | |

あて先　あてさき　**atesaki**　(destination) address

| あ | て | 先 | | | | | | | |

小学校　しょうがっこう　**shōgakkō**　elementary school

| 小 | 学 | 校 | | | | | | | |

生ビール　なまビール　**nama bīru**　draft beer

| 生 | ビ | ー | ル | | | | | | |

生まれる　うまれる　**umareru**　to be born

| 生 | ま | れ | る | | | | | | |

PRACTICE 18
体 本 書 読

本人　ほんにん　**hon'nin**　the person him/herself

| 本 | 人 | | | | | | | | |

大体　だいたい　**daitai**　more or less, just about

| 大 | 体 | | | | | | | | |

本日　ほじつ　**honjitsu**　today (formal)

| 本 | 日 | | | | | | | | |

車体　しゃたい　**shatai**　body of a car

| 車 | 体 | | | | | | | | |

書体　しょたい　**shotai**　font, character style

| 書 | 体 | | | | | | | | |

読書　どくしょ　**dokusho**　reading

| 読 | 書 | | | | | | | | |

人体　じんたい　**jintai**　human body

| 人 | 体 | | | | | | | | |

本体　ほんたい　**hontai**　body (of a machine)

| 本 | 体 | | | | | | | | |

中本　なかもと　**Nakamoto**　Nakamoto (Japanese surname)

| 中 | 本 | | | | | | | | |

気体　きたい　**kitai**　gas, vapor

| 気 | 体 | | | | | | |

本名　ほんみょう　**honmyō**　real name

| 本 | 名 | | | | | | |

本年　ほんねん　**hon'nen**　this year (formal)

| 本 | 年 | | | | | | |

書く　かく　**kaku**　to write

| 書 | く | | | | | | |

読む　よむ　**yomu**　to read

| 読 | む | | | | | | |

書道　しょどう　**shodō**　calligraphy

| 書 | 道 | | | | | | |

日本人　にほんじん　**Nihonjin**　Japanese person

| 日 | 本 | 人 | | | | | |

本気で　ほんきで　**honki de**　seriously

| 本 | 気 | で | | | | | |

読書会　どくしょかい　**dokushokai**　reading circle

| 読 | 書 | 会 | | | | | |

PRACTICE 19
見 聞 言 語

語る　かたる　**kataru**　to tell; to talk

| 語 | る | | | | | | | | |

言語　げんご　**gengo**　language, speech

| 言 | 語 | | | | | | | | |

聞く　きく　**kiku**　to listen; to ask

| 聞 | く | | | | | | | | |

言う　いう　**iu**　to say

| 言 | う | | | | | | | | |

語学　ごがく　**gogaku**　language study

| 語 | 学 | | | | | | | | |

会見　かいけん　**kaiken**　interview

| 会 | 見 | | | | | | | | |

聞き手　ききて　**kikite**　listener

| 聞 | き | 手 | | | | | | | |

見せる　みせる　**miseru**　to show, to display

| 見 | せ | る | | | | | | | |

見える　みえる　**mieru**　to be able to see

| 見 | え | る | | | | | | | |

外来語　がいらいご　**gairaigo**　loanword

外来語

中国語　ちゅうごくご　**chūgokugo**　Chinese language

中国語

見出し　みだし　**midashi**　headline, heading

見出し

語り手　かたりて　**katarite**　narrator

語り手

見学する　けんがくする　**kengaku suru**　to observe (for learning)

見学する

聞こえる　きこえる　**kikoeru**　to hear

聞こえる

見聞きする　みききする　**mikiki suru**　to see and hear

見聞きする

小言を言う　こごとをいう　**kogoto o iu**　to scold

小言を言う

聞き上手な　ききじょうずな　**kikijōzuna**　good listener

聞き上手な

PRACTICE 20
車 駅 会 社

本社　ほんしゃ　**honsha**　head office

| 本 | 社 | | | | | | | | | |

会社　かいしゃ　**kaisha**　company

| 会 | 社 | | | | | | | | | |

社会　しゃかい　**shakai**　society

| 社 | 会 | | | | | | | | | |

会計　かいけい　**kaikei**　bill, accounts

| 会 | 計 | | | | | | | | | |

駅前　えきまえ　**ekimae**　in front of the station

| 駅 | 前 | | | | | | | | | |

社名　しゃめい　**shamei**　company name

| 社 | 名 | | | | | | | | | |

新車　しんしゃ　**shinsha**　new car

| 新 | 車 | | | | | | | | | |

会う　あう　**au**　to meet

| 会 | う | | | | | | | | | |

社長　しゃちょう　**shachō**　president

| 社 | 長 | | | | | | | | | |

100

車道　しゃどう　**shadō**　road for cars

| 車 | 道 | | | | | | | | |

電車　でんしゃ　**densha**　train

| 電 | 車 | | | | | | | | |

駅長　えきちょう　**ekichō**　station master

| 駅 | 長 | | | | | | | | |

中古車　ちゅうこしゃ　**chūkosha**　secondhand car

| 中 | 古 | 車 | | | | | | |

社会人　しゃかいじん　**shakaijin**　member of society

| 社 | 会 | 人 | | | | | | |

駅ビル　えきビル　**eki biru**　station building

| 駅 | ビ | ル | | | | | | |

会計学　かいけいがく　**kaikeigaku**　accounting (study)

| 会 | 計 | 学 | | | | | | |

ワゴン車　ワゴンしゃ　**wagonsha**　station wagon

| ワ | ゴ | ン | 車 | | | | | |

下車する　げしゃする　**gesha suru**　to get off (a bus, train, etc)

| 下 | 車 | す | る | | | | | |

PRACTICE 21
行 来 入 出

行く いく **iku** to go

| 行く | | | | | | | | | |

来る くる **kuru** to come

| 来る | | | | | | | | | |

行う おこなう **okonau** to perform, to carry out

| 行う | | | | | | | | | |

来年 らいねん **rainen** next year

| 来年 | | | | | | | | | |

入国 にゅうこく **nyūkoku** entry into a country (immigration)

| 入国 | | | | | | | | | |

出国 しゅっこく **shukkoku** departure from a country

| 出国 | | | | | | | | | |

入る はいる **hairu** to enter

| 入る | | | | | | | | | |

出る でる **deru** to come out

| 出る | | | | | | | | | |

出す だす **dasu** to take out

| 出す | | | | | | | | | |

行き先　いきさき **ikisaki**　destination

| 行 | き | 先 | | | | | | | |

出来る　できる **dekiru**　to be able

| 出 | 来 | る | | | | | | | |

入れる　いれる **ireru**　to put in

| 入 | れ | る | | | | | | | |

入会する　にゅうかいする **nyūkai suru**　to become a member of, enroll

| 入 | 会 | す | る | | | | | | |

入学する　にゅうがくする **nyūgaku suru**　to be admitted to a school

| 入 | 学 | す | る | | | | | | |

来日する　らいにちする **rainichi suru**　to come to Japan

| 来 | 日 | す | る | | | | | | |

出入り口　でいりぐち **deiriguchi**　entrance and exit

| 出 | 入 | り | 口 | | | | | | |

出かける　でかける **dekakeru**　to go out

| 出 | か | け | る | | | | | | |

出来上がる　できあがる **dekiagaru**　to be completed

| 出 | 来 | 上 | が | る | | | | |

PRACTICE 22
国 道 安 高

安い やすい **yasui** cheap

安	い								

高さ たかさ **takasa** height

高	さ								

高い たかい **takai** high; expensive

高	い								

外国 がいこく **gaikoku** foreign country

外	国								

国外 こくがい **kokugai** overseas, abroad

国	外								

国名 こくめい **kokumei** country name

国	名								

高木 たかぎ **Tagaki** Takagi (Japanese surname)

高	木								

国道 こくどう **kokudō** national highway

国	道								

国土 こくど **kokudo** country, territory

国	土								

小道　こみち　**komichi**　lane, path

| 小 | 道 | | | | | | | | |

道学　どうがく　**dōgaku**　Confucianism

| 道 | 学 | | | | | | | | |

ドル高　ドルだか　**dorudaka**　a rise in value of the dollar

| ド | ル | 高 | | | | | |

ドル安　ドルやす　**doruyasu**　a drop in value of the dollar

| ド | ル | 安 | | | | | |

名高い　なだかい　**nadakai**　renowned

| 名 | 高 | い | | | | | |

国立大学　こくりつだいがく　**kokuritsu daigaku**　a national university

| 国 | 立 | 大 | 学 | | | | |

安っぽい　やすっぽい　**yasuppoi**　cheap looking

| 安 | っ | ぽ | い | | | | |

安くする　やすくする　**yasuku suru**　to knock the price down

| 安 | く | す | る | | | | |

安らかな　やすらかな　**yasurakana**　untroubled, at ease

| 安 | ら | か | な | | | | |

PRACTICE 23
飲 食 魚 長

金魚　きんぎょ　**kingyo**　goldfish

| 金 | 魚 | | | | | | | | |

人魚　にんぎょ　**ningyo**　mermaid

| 人 | 魚 | | | | | | | | |

小魚　こざかな　**kozakana**　small fish

| 小 | 魚 | | | | | | | | |

会長　かいちょう　**kaichō**　chairperson

| 会 | 長 | | | | | | | | |

長い　ながい　**nagai**　long

| 長 | い | | | | | | | | |

長さ　ながさ　**nagasa**　length

| 長 | さ | | | | | | | | |

飲む　のむ　**nomu**　to drink

| 飲 | む | | | | | | | | |

長女　ちょうじょ　**chōjo**　eldest daughter

| 長 | 女 | | | | | | | | |

食道　しょくどう　**shokudō**　esophagus

| 食 | 道 | | | | | | | | |

食前　しょくぜん　**shokuzen**　before meals

| 食 | 前 | | | | | | | |

外食　がいしょく　**gaishoku**　eating out

| 外 | 食 | | | | | | | |

飲食　いんしょく　**inshoku**　eating and drinking

| 飲 | 食 | | | | | | | |

学長　がくちょう　**gakuchō**　university president

| 学 | 長 | | | | | | | |

飲み水　のみみず　**nomimizu**　drinking water

| 飲 | み | 水 | | | | | | |

食べる　たべる　**taberu**　to eat

| 食 | べ | る | | | | | | |

食べもの　たべもの　**tabemono**　food

| 食 | べ | も | の | | | | | |

飲みもの　のみもの　**nomimono**　beverage

| 飲 | み | も | の | | | | | |

飲みに行く　のみにいく　**nomi ni iku**　to go drinking

| 飲 | に | 行 | く | | | | | |

PRACTICE 24
古 新 小 大

新人　しんじん　**shinjin**　newcomer

| 新 | 人 | | | | | | | |

古本　ふるほん　**furuhon**　secondhand (used) book

| 古 | 本 | | | | | | | |

お古　おふる　**ofuru**　hand-me-downs

| お | 古 | | | | | | | |

新聞　しんぶん　**shinbun**　newspaper

| 新 | 聞 | | | | | | | |

大小　だいしょう　**daishō**　large and small

| 大 | 小 | | | | | | | |

古い　ふるい　**furui**　old

| 古 | い | | | | | | | |

大川　おおかわ　**Ōkawa**　Okawa (Japanese surname)

| 大 | 川 | | | | | | | |

小山　こやま　**Koyama**　Koyama (Japanese surname)

| 小 | 山 | | | | | | | |

大西　おおにし　**Ōnishi**　Onishi (Japanese surname)

| 大 | 西 | | | | | | | |

大会　たいかい　**taikai**　convention, mass meeting

| 大 | 会 | | | | | | | |

新年　しんねん　**shin'nen**　the New Year

| 新 | 年 | | | | | | | |

新しい　あたらしい　**atarashii**　new

| 新 | し | い | | | | | | |

新入生　しんにゅうせい　**shin'nyūsei**　new student

| 新 | 入 | 生 | | | | | | |

小エビ　こエビ　**ko ebi**　shrimp (small)

| 小 | エ | ビ | | | | | | |

大きい　おおきい　**ōkii**　big

| 大 | き | い | | | | | | |

小さい　ちいさい　**chīsai**　small

| 小 | さ | い | | | | | | |

小学生　しょうがくせい　**shōgakusei**　elementary school student

| 小 | 学 | 生 | | | | | | |

小づかい　こづかい　**kozukai**　pocket money

| 小 | づ | か | い | | | | | |

PRACTICE 25
少 多 買 電

多少　たしょう　**tashō**　kind of, somewhat

多	少									

多い　おおい　**o'oi**　many

多	い									

多分　たぶん　**tabun**　perhaps

多	分									

少し　すこし　**sukoshi**　a little

少	し									

買う　かう　**kau**　to buy

買	う									

電子　でんし　**denshi**　electron

電	子									

少食　しょうしょく　**shōshoku**　light eating

少	食									

買い手　かいて　**kaite**　buyer

買	い	手								

多大な　ただいな　**tadai na**　considerable, significant (amount)

多	大	な								

電子学　でんしがく　**denshigaku**　electronics (study)

電子学

少ない　すくない　**sukunai**　few

少ない

年少の　ねんしょうの　**nenshō no**　young, juvenile

年少の

買いもの　かいもの　**kaimono**　shopping

買いもの

電気会社　でんきがいしゃ　**denki gaisha**　electric company

電気会社

少年少女　しょうねんしょうじょ　**shōnen shōjo**　boys and girls

少年少女

電子レンジ　でんしレンジ　**denshi renji**　microwave oven

電子レンジ

電子タバコ　でんしタバコ　**denshi tabako**　electronic cigarette

電子タバコ

電気ショック　でんきショック　**denki shokku**　electric shock

電気ショック

PRACTICE 26
名 立

名人　めいじん　**meijin**　master, expert

| 名 | 人 | | | | | | | |

名前　なまえ　**namae**　name

| 名 | 前 | | | | | | | |

立つ　たつ　**tatsu**　to stand

| 立 | つ | | | | | | | |

名言　めいげん　**meigen**　famous words

| 名 | 言 | | | | | | | |

立体の　りったいの　**rittai no**　three-dimensional

| 立 | 体 | の | | | | | |

国立の　こくりつの　**kokuritsu no**　national

| 国 | 立 | の | | | | | |

ファイル名　ファイルめい　**fairu mei**　(computer) filename

| ファ | イ | ル | 名 | | | | |

立ち会い人　たちあいにん　**tachiainin**　witness

| 立 | ち | 会 | い | 人 | | | |

立ち上げる　たちあげる　**tachiageru**　to boot up (a computer)

| 立 | ち | 上 | げ | る | | | |

Radical Index

RADICAL	KANJI	PAGE
1 stroke		
[一]	一	10
	三	10
	七	12
	万	15
	上	34
	下	34
[乙] (し)	九	13
[丨]	中	35
2 strokes		
[二]	二	10
	五	11
[八]	八	13
	六	12
	先	43
	分	22
[儿]		
[刀]	十	14
[十]	千	15
	午	21
	半	23
	南	36
[又]	友	28
[冂]	円	16
[凵]	出	51
[匕]	北	36
[人] (亻)	人	29
	何	24
	体	44
[入]	入	51
[刂]	前	33
[亼]	今	22
	会	49
3 strokes		
[辶]	週	17
	道	52
[干]	年	17
[口]	口	31
	古	56
	名	60
	右	32

RADICAL	KANJI	PAGE
[工]	左	32
[山]	山	39
[子]	子	28
	学	42
[女]	女	26
[川]	川	39
[大]	大	57
	天	40
[小]	小	57
	少	58
[土]	土	21
[夕]	外	35
	多	58
[口]	四	11
	国	52
	後	33
[彳]		
[艹]	花	38
[宀]	安	53
4 strokes		
[火]	火	19
[月]	月	18
[手]	手	29
[水]	水	19
[日]	日	18
	曜	16
	時	24
	書	46
[父]	父	26
[木]	木	20
	本	44
	来	50
	東	37
	校	42
	新	56
[斤]		
[毋]	毎	23
[气]	気	41

RADICAL	KANJI	PAGE
5 strokes		
[生]	生	43
[立]	立	60
[田]	男	26
[白]	百	14
	白	38
[目]	目	30
[示] (ネ)	社	49
[穴]	空	40
[母]	母	27
6 strokes		
[耳]	耳	31
	聞	46
[行]	行	50
[西]	西	37
7 strokes		
[足]	足	30
[見]	見	46
[言]	計	25
	言	47
	語	47
	読	45
[車]	車	48
[貝]	買	59
8 strokes		
[雨]	雨	41
	雪	59
[金]	金	20
[門]	間	25
[長]	長	55
9 strokes		
[食]	食	54
10 strokes		
[高]	高	53
[馬]	駅	48
11 strokes		
[魚]	魚	55

Readings Index

a-garu あーがる 上－がる to rise 34
a-geru あーげる 上－げる to raise 34
aida あいだ 間 between 25
a-keru あーける 空－ける to vacate 40
a-ku あーく 空－く to become empty 40
ama あま 天 sky, heaven 40
ama あま 雨 rain 41
ame あめ 天 sky, heaven 40
ame あめ 雨 rain 41
AN アン 行 to go 50
AN アン 安 cheap, safe 53
ara-ta あらーた 新－た newly 56
ashi あし 足 foot, leg 30
atara-shii あたらーしい 新－しい new 56
ato あと 後 after 33
a-u あーう 会－う to meet 49

BAI バイ 買 to buy 59
BAN バン 万 ten thousand 15
bo ボ 母 mother 27
BOKU モク 木 tree; wood 20
BOKU ボク 目 eye 30
BUN ブン 聞 to hear, listen, ask 46
bun ブン 分 divide 34
BYAKU ビャク 白 white 38

chi ち 千 thousand 15
chichi ちち 父 father 27
chii-sai ちいーさい 小－さい small 57
CHŌ チョウ 長 long 55
CHŪ チュウ 中 middle 35

DAI ダイ 大 big 57
DAN ダン 男 man, male 26
da-su だーす 出－す to put out 51
DEN デン 電 lightning, electricity 59
de-ru でーる 出－る to come out 51
DO ド 土 earth, soil 21
DŌ ドウ 道 road 52
DOKU ドク 読 to read 45

E エ 会 meeting; society 49
EKI エキ 駅 station 48
EN エン 円 circle, yen 16

fu フ 父 father 27
fun フン 分 divide 34
furu-i ふるーい 古－い old 56
furu-su ふるーす 古－す used 56
futa ふた 二 two 10

GAI ガイ 外 outside, other 35
GAKU ガク 学 learning 42
GATSU ガツ 月 month; moon 18
GE ゲ 下 bottom, under 34

GE ゲ 外 outside, other 35
GEN ゲン 言 speech, to say 47
GETSU ゲツ 月 month; moon 18
GO ゴ 五 five 11
GO ゴ 午 noon 21
GO ゴ 後 after 33
GO ゴ 語 word; language 47
GON ゴン 言 speech, to say 47
GYO ギョ 魚 fish 55
GYŌ ギョウ 行 to go 50

HACHI ハチ 八 eight 13
ha-eru はーえる 生－える to grow 43
haha はは 母 mother 27
hai-ru はいーる 入－る to enter 51
haka-rau はかーらう 計－らう to arrange 25
haka-ru はかーる 計－らう to measure 25
HAKU ハク 白 white 38
HAN ハン 半 half 23
hana はな 花 flower 38
ha-yasu はーやす 生－やす to grow 43
hazu-reru はずーれる 外－れる to come off 35
hazu-su はずーす 外－す to undo 35
hi ひ 日 sun; day 18
hi ひ 火 fire 19
hidari ひだり 左 left 32
higashi ひがし 東 east 37
hito ひと- 一- one 10
hito ひと 人 person 29
ho ほ 火 fire 19
hoka ほか 外 outside, other 35
HOKU ホク 北 north 36
HON ホン 本 book; main; true 44
HYAKU ヒャク 百 hundred 14

I' イッ 一 one 10
ICHI イチ 一 one 10
i-kasu いーかす 生－かす to let live 43
i-keru いーける 生－ける to arrange (flowers) 43
i-kiru いーきる 生－きる to live 43
i-ku いーく 行－く to go 50
ima いま 今 now 22
IN イン 飲 drink 54
i-reru いーれる 入－れる to put in 51
i-ru いーる 入－る to put in 51
itsu いつ 五 five 11
i-u いーう 言－う to say 47

JI' ジッ 十 ten 14
JI ジ 時 hour, time 24
JI ジ 耳 ear 31
JIKI ジキ 食 food; to eat 54
JIN ジン 人 person 29
JITSU ジツ 日 sun; day 18
JO ジョ 女 woman, female 26

114

READINGS INDEX

JŌ ジョウ 上 top, above, on 34
JŪ ジュウ 十 ten 14

KA カ 火 fire 19
KA カ 何 what, how many 24
KA カ 下 bottom, under 34
KA カ 花 flower 38
KAI カイ 会 meeting; society 49
ka-ku か-く 書-く write 45
kami かみ 上 top, above, on 34
KAN カン 間 between 25
kana かな 金 gold; money 20
kane かね 金 gold; money 20
kara から 空 emptiness 40
karada からだ 体 body 44
kata-rau かた-らう 語-らう to tell 47
kata-ru かた-る 語-る to tell 47
ka-u か-う 買-う to buy 59
kawa かわ 川 river 39
KE ケ 気 spirit, mind 41
KEI ケイ 計 measure, plan 25
KEN ケン 間 between 25
KEN ケン 見 to see 46
KI キ 気 spirit, mind 41
ki き 木 tree 20
ki き 生 pure 43
ki-koeru き-こえる 聞-こえる to hear 46
ki-ku き-く 聞-く to ask, listen 46
KIN キン 金 gold; money 20
KIN キン 今 now 22
kita きた 北 north 36
ki-taru き-たる 来-たる to come 50
ki-tasu き-たす 来-たす to cause 50
KO コ 古 old 56
ko こ 木 tree, wood 20
ko こ 子 child 28
KŌ コウ 口 mouth 31
KŌ コウ 後 after 33
KŌ コウ 校 school 42
KŌ コウ 行 to go 50
KŌ コウ 高 high, expensive 53
ko- こ- 小 small 57
kokono ここの 九 nine 13
KOKU コク 国 country 52
KON コン 金 gold; money 20
KON コン 今 now 22
koto こと 言 word 47
KU ク 九 nine 13
KU ク 口 mouth 31
KŪ クウ 空 sky, emptiness 40
kuchi くち 口 mouth 31
kuda-ru だ-る 下-る bottom, under 34
kuda-saru くだ-さる 下-さる to give 34
kuda-su くだ-す 下-す to let down; to confer 34
kuni くに 国 country 52
ku-rau く-らう 食-らう to eat; to drink 54
ku-ru く-る 来-る to come 50
kuruma くるま 車 car 48
ku-u く-う 食-う to eat 54

KYŪ キュウ 九 nine 13

ma ま 間 between 25
ma ま 目 eye 30
mae まえ 前 before 33
MAI マイ 毎 every, each 23
MAN マン 万 ten thousand 15
mana-bu まな-ぶ 学-ぶ to learn 42
maru-i まる-い 円-い round 16
me め 女 woman, female 26
me め 目 eye 30
MEI メイ 名 name 60
mi- み- 三 three 10
michi みち 道 road 52
mi-eru み-える 見-える to be able to see 46
migi みぎ 右 right 32
mimi みみ 耳 ear 31
minami みなみ 南 south 36
mi-ru み-る 見-る to see 46
mi-seru み-せる 見-せる to show 46
mizu みず 水 water 19
MOKU モク 木 tree; wood 20
MOKU モク 目 eye 30
MON モン 聞 to hear, listen 46
moto もと 下 bottom, under 34
moto もと 本 origin 44
mu む 六 six 12
MYŌ ミョウ 名 name 60

na な 名 name 60
naga-i なが-い 長-い long 55
naka なか 中 middle 35
naka-ba なか-ば 半-ば middle 23
nama なま 生 raw 43
NAN ナン 男 man, male 26
NAN ナン 南 south 36
nan なん 何 what, how many 24
nana なな 七 seven 12
nani なに 何 what, how many 24
NEN ネン 年 year, age 17
NI ニ 二 two 10
NICHI ニチ 日 sun; day 18
nii にい 新 first, new 56
NIN ニン 人 person 29
nishi にし 西 west 37
no-boru の-ぼる 上-ぼる to ascend 34
nochi のち 後 after 33
no-mi の-み 飲-み drink 54
no-mu の-む 飲-む drink 54
NYO ニョ 女 woman, female 26
NYŌ ニョウ 女 woman, female 26
NYŪ ニュウ 入 entering, attendance 51

o- お- 小- small 57
ō- おお- 大- big 57
ō-ini おお-いに 大-いに (very) much 57
ō-kii おお-きい 大-きい big 57
okona-u おこな-う 行-う to conduct 50
oku-reru おく-れる 後-れる to be late 33

115

ON オン 飲 drink 54
on'na おんな 女 woman, female 26
o'o-i おお-い 多-い many 58
o-riru お-りる 下-りる to descend 34
otoko おとこ 男 man, male 26
o-u お-う 生-う to grow 43

RAI ライ 来 to come, since, next 50
RITSU リツ 立 to stand (up) 60
ROKU ロク 六 six 12
RYŪ リュウ 立 to stand (up) 60

SA サ 左 left 32
sa-geru さ-げる 下-げる to hang 34
sa-garu さ-がる 下-がる to hang down 34
SAI サイ 西 west 37
sakana さかな 魚 fish 55
saki さき 先 future; ahead; tip 43
SAN サン 三 three 10
SAN サン 山 mountain 39
SEI セイ 西 west 37
SEI セイ 生 birth; life 43
SEN セン 千 thousand 15
SEN セン 川 river 39
SEN セン 先 future; ahead; tip 43
SHA シャ 車 wheel, vehicle, car 48
SHA シャ 社 company; shrine 49
SHI シ 四 four 11
SHI シ 子 child 28
SHICHI シチ 七 seven 12
shimo しも 下 bottom, under 34
SHIN シン 新 new 56
shira しら 白 white 38
shiro しろ 白 white 38
shiro-i しろ-い 白-い white 38
shita した 下 bottom, under 34
SHO ショ 書 write; book 45
SHŌ ショウ 上 top, above, on 34
SHŌ ショウ 生 birth; life 43
SHŌ ショウ 小 small 57
SHŌ ショウ 少 few, little 58
SHOKU ショク 食 food; to eat 54
SHU シュ 手 hand 29
SHŪ シュウ 週 week 17
SHUTSU シュツ 出 to come out 51
SOKU ソク 足 foot, leg 30
sora そら 空 sky 40
soto そと 外 outside, other 35
SU ス 子 child 28
SUI スイ 水 water 19
SUI スイ 出 to come out 51
suko-shi すこ-し 少-し a few, a little 58
suku-nai すく-ない 少-ない few, little 58

TA タ 多 many 58
ta-beru た-べる 食-べる to eat 54
TAI タイ 体 body 44
TAI タイ 大 big 57
taka たか 高 high, expensive 53
taka-i たか-い 高-い high, expensive 53
taka-maru たか-まる 高-まる to rise 53
taka-meru たか-める 高-める to raise 53
ta-riru た-りる 足-りる to be enough 30
ta-su た-す 足-す to add 30
ta-teru た-てる 立-てる to stand up 60
ta-tsu た-つ 立-つ to stand 60
te て 手 hand 29
TEI テイ 体 body 44
TEN テン 天 sky, heaven 40
TO ト 土 earth, soil 21
TŌ トウ 東 east 37
TŌ トウ 読 to read 45
TŌ トウ 道 road 52
tō とお 十 ten 14
toki とき 時 hour, time 24
TOKU トク 読 to read 45
tomo とも 友 friend 28
toshi とし 年 year, age 17
tsuchi とし 土 earth, soil 21
tsuki つき 月 month; moon 18

U ウ 右 right 32
U ウ 雨 rain 41
ue うえ 上 top, above, on 34
u-mareru う-まれる 生-まれる to be born 43
u-mu う-む 生-む to give birth 43
uo うお 魚 fish 55
ushi-ro うし-ろ 後-ろ after 33
uwa うわ 上 top, above, on 34

wa-karu わ-かる 分-かる to understand 22
wa-keru わ-ける 分-ける to divide 22

ya や 八 eight 13
yama やま 山 mountain 39
yashiro やしろ 社 shrine 49
yasu-i やす-い 安-い cheap 53
yo よ 四 four 11
YŌ ヨウ 曜 days of the week 16
yo-mu よ-む 読-む to read 45
yon よん 四 four 11
YŪ ユウ 友 friend 28
YŪ ユウ 右 right 32
yu-ku ゆ-く 行-く to go 50

ZEN ゼン 前 before 33

Japanese–English Index

agaru あがる 上がる to rise 34
ageru あげる 上げる to raise 34
akeru あける 空ける to vacate 40
aku あく 空く to become empty 40
amamizu あまみず 雨水 rainwater 41
amanogawa あまのがわ 天の川 the Milky Way 40
amefuri あめふり 雨ふり rainy weather 41
amerikajin アメリカじん アメリカ人 American (person) 29
angai あんがい 案外 unexpectedly 35
anki あんき 安気 ease, comfort 53
ashimoto あしもと 足下 at one's feet 30
asu あす 明日 tomorrow 18
atarashii あたらしい 新しい new 56
atesaki あてさき あて先 (destination) address 43
ato de あとで 後で later, afterward 31

bokō ぼこう 母校 alma mater 42
bokokugo ぼこくご 母国語 mother tongue 27
bokoku ぼこく 母国 mother country 27
bōshi ぼうし 帽子 hat 28

chichi no hi ちちのひ 父の日 Father's Day 27
chichioya ちちおや 父親 father 27
chichiue ちちうえ 父上 father (archaic) 27
chikatetsu ちかてつ 地下鉄 subway 34
chīsai ちいさい 小さい small 57
chiyogami ちよがみ 千代紙 origami paper 15
chōjo ちょうじょ 長女 chōjo 55
chōnan ちょうなん 長男 oldest son 26
chūgakkō ちゅうがっこう 中学校 junior high school 35
chūgoku ちゅうごく 中国 China 35
chūgokugo ちゅうごくご 中国語 Chinese language 47
chūkan ちゅうかん 中間 the middle; intermediate 35
chūko ちゅうこ 中古 used, secondhand 35
chūkosha ちゅうこしゃ 中古車 secondhand car 48
chūtō ちゅうとう 中東 the Middle East 37

da'en だえん 楕円 oval 16
daigaku だいがく 大学 university 42
daishō だいしょう 大小 large and small 57
daisuki だいすき 大好き very fond of 57
daitasū だいたすう 大多数 large majority 58
danjo だんじょ 男女 men and women 26
dansei だんせい 男性 man 26
danshi だんし 男子 man, boy 26
deguchi でぐち 出口 exit 31
deiriguchi でいりぐち 出入り口 entrance and exit 51
dekakeru でかける 出かける to go out 51

dekiagaru できあがる 出来上がる to be completed 50
dekiru できる 出来る to be able 50
denki でんき 電気 electricity 41
denki gaisha でんきがいしゃ 電気会社 electric company 49
denki shokku でんきショック 電気ショック electric shock 59
densha でんしゃ 電車 train 48
denshi でんし 電子 electron 59
denshi renji でんしレンジ 電子レンジ microwave oven 59
denshi tabako でんしタバコ 電子タバコ electronic cigarette 59
denshigaku でんしがく 電子学 electronics (study) 42
dobokukōji どぼくこうじ 土木工事 public works 21
dōgaku どうがく 道学 Confucianism 52
dōji ni どうじに 同時に at the same time 24
dokusho どくしょ 読書 reading 45
dokushokai どくしょかい 読書会 reading circle 45
doma どま 土間 dirt floor (in traditional house) 21
doruyasu ドルやす ドル安 a drop in value of the dollar 53
dorudaka ドルだか ドル高 a rise in value of the dollar 53
dosoku de どそくで 土足で with footwear on 21
dote どて 土手 embankment 21
doyōbi どようび 土曜日 Saturday 16

eki biru えきビル 駅ビル station building 48
ekiben えきべん 駅弁 station bento box 48
ekichō えきちょう 駅長 station master 48
eki'in えきいん 駅員 station staff 48
ekimae えきまえ 駅前 in front of the station 48
endaka えんだか 円高 high value of the yen 16
enman na えんまんな 円満な harmonious 16
enshū えんしゅう 円周 circumference 16
en'yasu えんやす 円安 low value of the yen 16

fairu mei ファイルめい ファイル名 (computer) file name 60
fuan ふあん 不安 anxiety 53
fubo ふぼ 父母 parents 27
Fuji-san ふじさん 富士山 Mount Fuji 37
funka ふんか 噴火 volcanic eruption 19
funsui ふんすい 噴水 fountain 19
furuhon ふるほん 古本 secondhand (used) book 56
fushi ふし 父子 father and child 27
fusoku ふそく 不足 insufficiency 30
futari ふたり 二人 two people 10
futatsu ふたつ 二つ two (pieces; age) 10
futsuka ふつか 二日 two days; 2nd day of the month 10

117

JAPANESE–ENGLISH INDEX

gaikoku がいこく 外国 foreign country 52
gaikokujin がいこくじん 外国人 foreigner 35
gairago がいらいご 外来語 loanword 47
gaishoku がいしょく 外食 eating out 54
gaishutsu suru がいしゅつする 外出する to go out 35
gakkō がっこう 学校 school 42
gakuchō がくちょう 学長 university president 55
gakusei がくせい 学生 gakusei 42
gakushoku がくしょく 学食 school cafeteria 42
gakushū suru がくしゅうする 学習する to learn, **study** 42
gakuyū がくゆう 学友 school friend 28
gengo げんご 言語 language, speech 47
gesha suru げしゃする 下車する to get off (bus, train) 48
getsuyōbi げつようび 月曜日 Monday 16
gifu ぎふ 義父 father-in-law 27
ginkō ぎんこう 銀行 bank 50
gogaku ごがく 語学 language study 47
gogatsu ごがつ 五月 May 11
gogo ごご 午後 afternoon, p.m. 21
gogo niji ごごにじ 午後二時 2 p.m. 21
gohyaku ごひゃく 五百 five hundred 11
gojitsu ごじつ 後日 future 33
gojū ごじゅう 五十 fifty 11
gōkei suru ごうけいする 合計する to total, add up 25
gosen ごせん 五千 five thousand 11
gosen'en ごせんえん 五千円 five thousand yen 15
goto ni ごとに 毎に one by one, every 23
gozen ごぜん 午前 morning, a.m. 21
gozenchū ごぜんちゅう 午前中 all morning 21

hachigatsu はちがつ 八月 August 13
hachiji はちじ 八時 eight o'clock 13
hachijū はちじゅう 八十 eighty 13
haha no hi ははのひ 母の日 Mother's Day 27
hahaoya ははおや 母親 mother 27
hahaue ははうえ 母上 mother (archaic) 27
hakaru はかる 計る to measure 25
hakken はっけん 発見 discovery 46
hakujin はくじん 白人 white person 38
hakujitsu はくじつ 白日 broad daylight 38
hakushi はくし 白紙 blank paper 38
hanabi はなび 花火 fireworks 19
hanami はなみ 花見 cherry blossom viewing 38
hanataba はなたば 花たば bouquet 38
hanbun はんぶん 半分 half 23
han'en はんえん 半円 semicircle 16
han'nichi はんにち 半日 half a day 23
hantoshi はんとし 半年 six months 23
hantoshigotoni はんとしごとに 半年毎に bi-annually 23
hantsuki はんつき 半月 half a month 23
happyaku はっぴゃく 八百 eight hundred 13
harigane はりがね 針金 wire 20
hatachi はたち 二十歳 twenty years old 14

hatsuka はつか 二十日 twenty days; 20th of the month
hazureru はずれる 外れる to come off, slip 35
heta へた 下手 not good at something 29
hibana ひばな 火花 spark 19
hidari kurikku ひだりクリック 左クリック left click (on a mouse) 32
hidarigawa ひだりがわ 左側 left side 32
hidarikiki (no) ひだりきき（の） 左利き（の） left handed 32
hidarite ひだりて 左手 left hand 32
higashi yōroppa ひがしヨーロッパ 東ヨーロッパ Eastern Europe 37
higashiguchi ひがしぐち 東口 east gate 37
higoto ni ひごとに 日毎に daily 23
hikōki ひこうき 飛行機 airplane 50
hinode mae ひのでまえ 日の出前 before sunrise 18
hisho ひしょ 秘書 secretary 45
hitode ひとで 人手 other people; other people's assistance; workers 29
hitokuchi ひとくち 一口 a mouthful, a bite 31
hitome ひとめ 一目 a glimpse, glance 30
hitonomi ひとのみ 一飲み sip 54
hitori ひとり 一人 one person 10
hitotsu ひとつ 一つ one (piece; age) 10
hōgen ほうげん 方言 dialect 47
Hokkaidō ほっかいどう 北海道 Hokkaido 36
hokubu ほくぶ 北部 northern district 36
hokusei ほくせい 北西 northwest 37
honjitsu ほんじつ 本日 today (formal) 44
honki de ほんきで 本気で seriously 44
honmyō ほんみょう 本名 real name 44
hon'nen ほんねん 本年 this year (formal) 44
hon'nin ほんにん 本人 the person him/herself 44
honsha ほんしゃ 本社 head office 49
hontai ほんたい 本体 body (of a machine) 44
hyakuen ひゃくえん 百円 one hundred yen 14
hyakumai ひゃくまい 百枚 one hundred sheets of 14
hyakuman'en ひゃくまんえん 百万円 one million yen 15
hyakunin ひゃくにん 百人 one hundred people 14
hyappon ひゃっぽん 百本 one hundred long thin things 14
hyōzan ひょうざん 氷山 iceberg 39

ichigatsu いちがつ 一月 January 10
ichijihan いちじはん 一時半 half past one 23
ichijikan いちじかん 一時間 one hour 24
ichiman'en いちまんえん 一万円 ten thousand yen 15
ichiman'nin いちまんにん 一万人 ten thousand people 15
ichinichi いちにち 一日 one day 10
ichinichijū いちにちじゅう 一日中 all day long 35
igirisujin イギリスじん イギリス人 English (person) 29
igo いご 以後 afterward 33
iiwake いいわけ 言い訳 excuse 47
ikebana いけばな 生け花 ikebana 38
iken いけん 意見 opinion 46

JAPANESE–ENGLISH INDEX

ikiau いきあう 行き会う to meet by chance 50
ikiru いきる 生きる to live 43
ikisaki いきさき 行き先 destination 50
iku いく 行く to go 50
ima いま 居間 living room 25
imasugu いますぐ 今すぐ right now 22
inshoku いしょく 飲食 eating and drinking 54
iriguchi いりぐち 入口 entrance 31
issoku いっそく 一足 a pair (of shoes) 30
isu いす 椅子 chair 28
itsuka いつか 五日 five days; 5th of the month 11
itsutsu いつつ 五つ five (pieces; age) 11
iu いう 言う to say 47
izen no いぜんの 以前の former, previous 33

jibun じぶん 自分 self 22
jidai じだい 時代 era 24
jikan じかん 時間 time, hour 24
jikangai じかんがい 時間外 overtime 24
jinan じなん 次男 second son 26
jinja じんじゃ 神社 Shinto shrine 49
jinkō じんこう 人口 population 31
jinsei じんせい 人生 human life 29
jintai じんたい 人体 human body 29
jisho じしょ 辞書 dictionary 45
jitensha じてんしゃ 自転車 bicycle 48
jo'ō じょおう 女王 queen 26
josei じょせい 女性 woman 26
joshi じょし 女子 woman, girl 26
joshidai じょしだい 女子大 women's university 26
jōzu じょうず 上手 good at something 29
jūen じゅうえん 十円 ten yen 16
jūgatsu じゅうがつ 十月 October 14
jūichi じゅういち 十一 eleven 14
jūichigatsu じゅういちがつ 十一月 November 14
jūman じゅうまん 十万 one hundred thousand 15
jūnigatsu じゅうにがつ 十二月 December 14

kabin かびん 花瓶 vase 38
kaichō かいちょう 会長 chairperson 55
kaidoku かいどく 買い得 bargain 59
kaiireru かいいれる 買い入れる to purchase 59
kaikei かいけい 会計 bill, accounts 49
kaikeigaku かいけいがく 会計学 accounting (study) 49
kaiken かいけん 会見 interview 46
kaimono かいもの 買いもの shopping 59
kaisha かいしゃ 会社 company 49
kaitasu かいたす 買い足す to make additional purchases 59
kaite かいて 買い手 buyer 59
kaji かじ 火事 fire 19
kanadajin カナダじん カナダ人 Canadian (person) 29
karappo からっぽ 空っぽ empty 40
karate からて 空手 karate 40

kasei かせい 火星 Mars 19
kasen かせん 河川 river, stream 39
katamichi かたみち 片道 one way trip 52
katarite かたりて 語り手 narrator 47
kataru かたる 語る to tell; to talk 47
kau かう 買う to buy 59
kawabe かわべ 川辺 riverside 39
kawakami かわかみ 川上 upriver 39
kawashimo かわしも 川下 downstream 39
kayōbi かようび 火曜日 Tuesday 16
kazan かざん 火山 volcano 19
keikaku suru けいかくする 計画する to plan 25
kengaku suru けんがくする 見学する to observe (for learning) 46
kesa けさ 今朝 this morning 22
ki ga tsuku きがつく 気がつく to notice 41
ki ni naru きになる 気になる to worry about 41
kibun きぶん 気分 feeling 41
kikiireru ききいれる 聞き入れる to comply with 46
kikijōzuna ききじょうずな 聞き上手な good listener 46
kikite ききて 聞き手 listener 46
kiku きく 聞く to listen; to ask 46
kingyo きんぎょ 金魚 goldfish 55
kinmedaru きんメダル 金メダル gold medal 20
kinoshita きのした 木の下 under a tree 20
kinyōbi きにょうび 金曜日 Friday 16
kinzoku きんぞく 金属 metal 20
kita amerika きたアメリカ 北アメリカ North America 36
kitaguchi きたぐち 北口 north exit 36
kitaguni きたぐに 北国 northern country 36
kitai きたい 気体 gas, vapor 44
kōchō こうちょう 校長 school principal 42
kodai こだい 古代 ancient times 56
kodomo こども 子ども child 28
kogaisha こがいしゃ 子会社 subsidiary company 28
kogoto o iu こごとをいう 小言を言う to scold 47
kōhan こうはん 後半 second half 33
kokage こかげ 木かげ shade of a tree 20
kokka こっか 国花 national flower 38
kōkō こうこう 高校 high school 42
kokonoka ここのか 九日 nine days; 9th of the month 13
kokonotsu ここのつ 九つ nine (pieces; age) 13
kokontōzai ここんとうざい 古今東西 all times and places 37
kōkūbin こうくうびん 航空便 airmail 40
kokudo こくど 国土 country, territory 52
kokudō こくどう 国道 national highway 52
kokugai こくがい 国外 overseas, abroad 52
kokumei こくめい 国名 country name 52
kokunai こくない 国内 domestic 52
kokuritsu daigaku こくりつだいがく 国立大学 a national university 52
kokuritsu no こくりつの 国立の national 60
kōkyū na こうきゅうな 高級な luxury 53

119

JAPANESE–ENGLISH INDEX

kōmei こうめい 高名 fame 53
komichi こみち 小道 lane, path 52
kōmon こうもん 校門 school gate 42
konban こんばん 今晩 tonight 22
kondo こんど 今度 next time; this time 22
kongetsu こんげつ 今月 this month 18
konkai こんかい 今回 this time 22
kono aida このあいだ この間 the other day 25
konshū こんしゅう 今週 this week 17
kosame こさめ 小雨 drizzle 41
kōsha こうしゃ 校舎 school building 42
kōsui こうすい 香水 perfume 19
koten こてん 古典 classic 56
kotoba ことば 言葉 word, language 47
kotoshi ことし 今年 this year 17
koyubi こゆび 小指 pinkie finger 57
kōza こうざ 口座 bank account 31
kozakana こざかな 小魚 small fish 55
kozukai こづかい 小づかい pocket money 57
kuchō くちょう 口調 tone (oratorial) 30
kudaru くだる 下る to go down 34
kudasai ください 下さい please give it to me 34
kugatsu くがつ 九月 September 13
kuji くじ 九時 nine o'clock 13
kūki くうき 空気 air 40
kun'yomi くんよみ 訓読み Japanese-style reading of a character 45
kuru くる 来る to come 50
kutsushita くつした 靴下 socks 34
kyō 今日 きょう today 22
kyūhyaku きゅうひゃく 九百 nine hundred 13
kyūjū きゅうじゅう 九十 ninety 13
kyūnin きゅうにん 九人 nine people 13

madoguchi まどぐち 窓口 ticket window 31
maekin まえきん 前金 advance (money) 20
maiasa まいあさ 毎朝 every morning 23
maiban まいばん 毎晩 every night 23
maigetsu まいげつ 毎月 every month 18
maiji まいじ 毎時 every hour 23
mainen まいねん 毎年 every year 17
mainichi まいにち 毎日 every day 18
maishū まいしゅう 毎週 every week 17
maitoshi まいとし 毎年 every year 17
maitsuki まいつき 毎月 every month 18
manabu まなぶ 学ぶ to study, to learn 42
me ni tsuku めにつく 目につく to catch one's eye 30
megami めがみ 女神 goddess 26
meigen めいげん 名言 famous words 60
meijin めいじん 名人 expert 60
meishi めいし 名刺 business card 60
meshita めした 目下 one's subordinate 30
metsuki めつき 目つき the look in one's eye 30
meue めうえ 目上 one's superior 30

midashi みだし 見出し headline 46
migigawa みぎがわ 右側 right side 32
migite みぎて 右手 right hand 32
migiude みぎうで 右腕 right-hand man 32
mikiki suru みききする 見聞きする to see and hear 46
mikka みっか 三日 three days; 3rd of the month 10
mikkabun みっかぶん 三日分 three days' worth 22
mimi ga kikoenai みみがきこえない 耳が聞こえない deaf 31
mimi kara manabu みみからまなぶ 耳から学ぶ to learn by ear 31
mimi ni hairu みみにはいる 耳に入る to happen to hear 31
mimiate みみあて 耳あて ear muffs 31
mimitabu みみたぶ 耳たぶ earlobe 31
minami afurika みなみアフリカ 南アフリカ South Africa 36
minami amerika みなみアメリカ 南アメリカ South America 36
minamiguchi みなみぐち 南口 south exit 36
mirai みらい 未来 future 50
miseru みせる 見せる to show, display 46
mittsu みっつ 三つ three (pieces; age) 10
mokuji もくじ 目次 table of contents 30
mokuteki もくてき 目的 purpose 30
mokuyōbi もくようび 木曜日 Thursday 16
mokusei もくせい 木星 Jupiter 20
mokuzō もくぞう 木造 made of wood 20
mugon むごん 無言 silence 47
muika むいか 六日 six days; 6th of the month 12
musuko むすこ 息子 son 28
muttsu むっつ 六つ six (pieces; age) 12

nadakai なだかい 名高い renowned 53
nagai ながい 長い long 55
nakaba なかば 半ば halfway 23
nakama なかま 仲間 partner, friend 25
nama bīru なまビール 生ビール draft beer 43
nama gomi なまゴミ 生ゴミ kitchen garbage 43
namae なまえ 名前 name 60
nanahyaku ななひゃく 七百 seven hundred 13
nanaman'en ななまんえん 七万円 seventy thousand yen 12
nananin ななにん 七人 seven people 12
nanatsu ななつ 七つ seven (pieces; age)
nanbyaku なんびゃく 何百 how many hundreds 14
nangatsu なんがつ 何月 what month 24
nangoku なんごく 南国 southern country 36
nanji なんじ 何時 what time 24
nankai なんかい 何回 how many times 24
nan'nen なんねん 何年 what year; how many years 24
nan'nichikan なんにちかん 何日間 how many days 25
nan'nin なんにん 何人 how many people 24
nanoka なのか 七日 seven days; 7th of the month 12

JAPANESE–ENGLISH INDEX

nanpun なんぷん 何分 how many minutes 24
nansei なんせい 南西 southwest 36
nanshūkan なんしゅうかん 何週間 how many weeks 25
nan'yobi なんようび 何曜日 what day of the week 16
nenkan no ねんかんの 年間の annual 25
nenshō no ねんしょうの 年少の young, juvenile 58
nichiji にちじ 日時 the date and time 24
nichiyōbi にちようび 日曜日 Sunday 16
nigatsu にがつ 二月 February 10
nihon にほん 日本 Japan 18
nihonjin にほんじん 日本人 Japanese person 44
ningen にんげん 人間 human being 25
ningyo にんぎょ 人魚 mermaid 55
ninki にんき 人気 popularity 41
nippon にっぽん 日本 Japan 18
nisen にせん 二千 two thousand 10
nisen'nen にせんねん 二千年 two thousand years 15
nishi yōroppa にしヨーロッパ 西ヨーロッパ Western Europe 37
nishiguchi にしぐち 西口 west exit 37
noborizaka のぼりざか 上り坂 uphill slope 34
noboru のぼる 上る to go up 34
nomi ni iku のみにいく 飲みに行く to go drinking 54
nomimizu のみみず 飲み水 drinking water 54
nomimono のみもの 飲みもの beverage 54
nomu のむ 飲む to drink 54
nyūgaku suru にゅうがくする 入学する to be admitted to a school 51
nyūkai suru にゅうかいする 入会する to become a member of, enroll 51
nyūkoku にゅうこく 入国 entry into a country (immigration) 51

ōame おおあめ 大雨 heavy rain 41
ofuru おふる お古 hand-me-downs 56
ogawa おがわ 小川 stream 39
ōisogi de おおいそぎで 大急ぎで in a hurry, rushed 57
okane おかね お金 money 20
okāsan おかあさん お母さん mother 27
ōkawa おおかわ 大川 large river 57
ōkii おおきい 大きい big 57
okonau おこなう 行う to perform, carry out 50
okujō おくじょう 屋上 roof 34
okumanchōja おくまんちょうじゃ 億万長者 billionaire 15
o-mizu おみず お水 water 19
omoide おもいで 思い出 memory 51
omoshiroi おもしろい 面白い interesting 38
ondokei おんどけい 温度計 thermometer 25
on'na no ko おんなのこ 女の子 girl 26
on'yomi おんよみ 音読み Chinese-style reading of a character 45
o'oi おおい 多い many 58
oriru おりる 下りる to go down; to get off 34

otoko no ko おとこのこ 男の子 boy 26
otoko rashii おとこらしい 男らしい masculine 26
otona おとの 大人 adult 29
otōsan おとうさん お父さん father 27

raigetsu らいげつ 来月 next month 18
rainen らいねん 来年 next year 17
rainichi suru らいんちする 来日する to come to Japan 50
raishū らいしゅう 来週 next week 17
rippa na りっぱな 立派な splendid 60
rittai no りったいの 立体の three-dimensional 60
rokugatsu ろくがつ 六月 June 12
rokuji ろくじ 六時 six o'clock 12
rokujū ろくじゅう 六十 sixty 12
rokunensei ろくねんせい 六年生 sixth grader 12
roppun ろっぷん 六分 six minutes 12
roppyaku ろっぴゃく 六百 six hundred 12
ryokō りょこう 旅行 trip, travel 50

sagaru さがる 下がる to hang down, to go down 34
saiko no さいこの 最古の the oldest 56
saikō no さいこの 最高の highest, maximum, best 53
sakanaya さかなや 魚屋 fish shop 55
sakibarai さきばらい 先払い advance payment 43
sanbyaku さんびゃく 三百 three hundred 14
sangatsu さんがつ 三月 March 10
san'nin さんにん 三人 three people 10
sanshūkan さんしゅうかん 三週間 (a period of) three weeks 17
sanzen さんぜん 三千 three thousand 15
sayū さゆう 左右 left and right 32
seibu せいぶ 西部 western district 37
seikatsu せいかつ 生活 life, living 43
seinengappi せいねんがっぴ 生年月日 date of birth 18
seito せいと 生徒 student 43
sen'en せんえん 千円 one thousand yen 15
sengetsu せんげつ 先月 last month 18
senjitsu せんじつ 先日 the other day 43
sen'nin せんにん 千人 one thousand people 15
sensei せんせい 先生 teacher 43
senshū せんしゅう 先週 last week 17
shachō しゃちょう 社長 president 49
shadō しゃどう 車道 road for cars 48
shakai しゃかい 社会 society 49
shakaijin しゃかいじん 社会人 member of society 49
shamei しゃめい 社名 company name 49
shanai しゃない 車内 inside of a car/train 48
shanai しゃない 社内 inside the company 49
shatai しゃたい 車体 body of a car 44
shichigatsu しちがつ 七月 July 12
shichiji しちじ 七時 seven o'clock 12
shichinin しちにん 七人 seven people 12
shichō しちょう 市長 mayor 55
shigatsu しがつ 四月 April 11

121

JAPANESE–ENGLISH INDEX

shinbun しんぶん 新聞 newspaper 56
shinchō しんちょう 身長 height 55
shinjin しんじん 新人 newcomer 56
shin'nen しんねん 新年 the New Year 56
shin'nyūsei しんにゅせい 新入生 new student 56
shinpin しんぴん 新品 brand-new article 56
shinsha しんしゃ 新車 new car 48
shintō しんとう 神道 Shinto, Shintoism 52
shin'yū しんゆう 親友 close friend 28
shiroi しろい 白い white 38
shiyōchū しようちゅう 使用中 in use, occupied 35
shodō しょどう 書道 calligraphy 45
shōgakkō しょうがっこう 小学校 elementary school 42
shōgakusei しょうがくせい 小学生 elementary school student 57
shōgo しょうご 正午 noon 21
shōjo しょうじょ 少女 girl 26
shōkei しょうけい 小計 subtotal 25
shokudō しょくどう 食道 esophagus 54
shokugo しょくご 食後 after a meal 33
shokuji しょくじ 食事 meal 54
shokuyoku しょくよく 食欲 appetite 54
shokuzen しょくぜん 食前 before meals 54
shōnen shōjo しょうねんしょうじょ 少年少女 boys and girls 58
shōrai しょうらい 将来 future; prospects 50
shorui しょるい 書類 documents 45
shōsetsu しょうせつ 小説 novel 57
shōshō しょうしょう 少々 a little, a few 58
shōshoku しょうしょく 少食 light eating 58
shotai しょたい 書体 font, character style 45
shūchū suru しゅうちゅうする 集中する to concentrate 35
shūjitsu しゅうじつ 週日 weekday 17
shūkai しゅうかい 集会 meeting, assembly 49
shukkoku しゅっこく 出国 departure from a country 51
shūnyū しゅうにゅう 収入 earnings 51
shuppatsu しゅっぱつ 出発 departure 51
shusseki suru しゅっせきする 出席する to attend 51
sobo そぼ 祖母 grandmother 27
sotogawa そとがわ 外側 outside 35
suibun すいぶん 水分 moisture 19
suiei すいえい 水泳 swimming 19
suiyōbi すいようび 水曜日 Wednesday 16
sukoshi すこし 少し a little 58
sukunai すくない 少ない few 58

tabemono たべもの 食べもの food 54
taberu たべる 食べる to eat 54
tabun たぶん 多分 perhaps 22
tachiageru たちあげる 立ち上げる to boot up (a computer) 60
tachiainin たちあいにん 立会人 witness 60

tadai na ただいな 多大な considerable, significant (amount) 58
taiboku たいぼく 大木 big tree 20
taikai たいかい 大会 convention, mass meeting 57
taiken たいけん 体験 experience 44
tainai たいない 体内 inside the body 44
taisetsu たいせつ 大切 important 57
takai たかい 高い high 53
takai ki たかいき 高い木 tall tree 20
takasa たかさ 高さ height 53
tanjōbi たんじょうび 誕生日 birthday 18
tariru たりる 足りる to be enough 30
tashō たしょう 多少 kind of, somewhat 58
tasu たす 足す to add 30
tasū no たすうの 多数の a lot of 58
tatsu たつ 立つ to stand 60
te o ireru てをいれる 手を入れる to repair 29
tehon てほん 手本 model, good example 44
teisai ていさい 体裁 appearance 44
tengoku てんごく 天国 paradise, heaven 40
tenki てんき 天気 weather 40
tenkiyohō てんきよほう 天気予報 weather forecast 40
ten'nen てんねん 天然 nature 40
tenshi てんし 天使 angel 40
tetsudō てつどう 鉄道 railway 52
tewake o suru てわけをする 手分けをする to divide up work 29
tochi とち 土地 plot of land 21
Tōhoku chihō とうほくちほう 東北地方 Tohoku district 36
tōji とうじ 当時 at that time 24
tōka とうか 十日 ten days; 10th of the month 14
tokei とけい 時計 watch, clock 25
tomodachi ともだち 友達 friend 28
tōnan ajia とうなんアジア 東南アジア Southeast Asia 36
toshigoto ni としごとに 年毎に annually 23
toshiue としうえ 年上 elder 17
toshokan としょかん 図書館 library 45
tōzai とうざい 東西 east and west 37
tōzainanboku とうざいなんぼく 東西南北 north, south, east and west 37
tsuchi to mizu つちとみず 土と水 soil and water 21
tsuitachi ついたち 一日 1st of the month 10
tsumaskai つまさき つま先 tip of the toe 43
tsuyu つゆ 梅雨 rainy season 41

uki うき 雨期 rainy season 41
umareru うまれる 生まれる to be born 43
uogashi うおがし 魚河岸 riverside fish market 55
ushiro うしろ 後ろ behind 33
uten うてん 雨天 rainy weather 41
uwagi うわぎ 上着 overcoat 34

122

wakaru わかる 分かる to understand 22
wakeru わける 分ける to divide 22

yagai やがい 野外 outdoors 35
yamamichi やまみち 山道 mountain road 39
yamanobori やまのぼり 山のぼり mountain climbing 39
yaoya やおや 八百屋 greengrocer's 13
yasui やすい 安い cheap 53
yasuku suru やすくする 安くする to knock the price down 53
yasuppoi やすっぽい 安っぽい cheap looking 53
yasurakana やすらかな 安らかな untroubled, at ease 53
yattsu やっつ 八つ eight (pieces; age)
yōka ようか 八日 eight days; 8th of the month 13
yokka よっか 四日 four days; 4th of the month 11
yomu よむ 読む to read 45
yonin よにん 四人 four people 11

yonkai よんかい 四回 four times 11
yonpun よんぷん 四分 four minutes 22
yonsen よんせん 四千 four thousand 11
yottsu よっつ 四つ four (pieces; age) 11
yubisaki ゆびさき 指先 fingertip 43
yūjin ゆうじん 友人 friend 28
yūjō ゆうじょう 友情 friendship 28
yūkō ようこう 友好 friendship 28
yūmei na ゆうめいな 有名な famous 60
yūsen ゆうせん ゆう先 priority 43

zendaimimon no ぜんだいみもんの 前代未聞の unprecedented 46
zengo ぜんご 前後 before and after 33
zenhan ぜんはん 前半 the first half 33
zenjitsu ぜんじつ 前日 the day before 33
zenpan ぜんぱん 前半 the first half 33

English–Japanese Index

1st of the month tsuitachi 一日 *10*
2nd of the month futsuka 二日 *10*
3rd of the month mikka 三日 *10*
4th of the month yokka 四日 *11*
5th of the month itsuka 五日 *11*
6th of the month muika 六日 *12*
7th of the month nanoka 七日 *12*
8th of the month yōka 八日 *13*
9th of the month kokonoka 九日 *13*
10th of the month tōka 十日 *14*
20th of the month hatsuka 二十日 *14*

able, to be dekiru 出来る *50*
abroad kokugai 国外 *52*
accounting kaikeigaku 会計学 *49*
accounts kaikei 会計 *49*
add, to tasu 足す *30*
add up, to gōkei suru 合計する *25*
address atesaki あて先 *43*
admitted to a school, to be nyūgaku suru 入学する *51*
adult otona 大人 *29*
advance (money) maekin 前金 *20*
advance payment sakibarai 先払い *43*
after a meal shokugo 食後 *33*
afternoon gogo 午後 *21*
afterward ato de 後で *33*
afterward igo 以後 *33*
age, era jidai 時代 *24*
air kūki 空気 *40*
airmail kōkūbin 航空便 *40*
airplane hikōki 飛行機 *50*
all day long ichinichijū 一日中 *35*
all morning gozenchū 午前中 *21*
all times and places kokontōzai 古今東西 *37*
alma mater bokō 母校 *42*
a.m. gozen 午前 *21*
American person amerikajin アメリカ人 *29*
ancient times kodai 古代 *56*
angel tenshi 天使 *40*
annual nenkan no 年間の *25*
annually toshigoto ni 年毎に *23*
anxiety fuan 不安 *53*
appetite shokuyoku 食欲 *54*
April shigatsu 四月 *11*
arms and legs teashi 手足 *30*
ask, to kiku 聞く *46*
assembly shūkai 集会 *49*
at ease yasurakana 安らかな *53*
at one's feet ashimoto 足下 *30*

at that time tōji 当時 *24*
at the same time dōji ni 同時に *24*
attend, to shusseki suru 出席する *51*
August hachigatsu 八月 *13*

bank ginkō 銀行 *50*
bank account kōza 口座 *31*
bargain kaidoku 買い得 *59*
become a member of, to nyūkai suru 入会する *51*
before and after zengo 前後 *33*
before meals shokuzen 食前 *54*
before sunrise hinode mae 日の出前 *54*
behind ushiro 後ろ *33*
best saikō no 最高の *53*
beverage nomimono 飲みもの *54*
bi-annually hantoshigotoni 半年毎に *23*
bicycle jitensha 自転車 *48*
big ōkii 大きい *57*
big tree taiboku 大木 *20*
bill kaikei 会計 *49*
billionaire okumanchōja 億万長者 *15*
birthday tanjōbi 誕生日 *18*
bite, mouthful hitokuchi 一口 *31*
blank kūhaku 空白 *38*
blank paper hakushi 白紙 *38*
body of a car shatai 車体 *44*
body of a machine hontai 本体 *44*
boot up, to tachiageru 立ち上げる *60*
born, to be umareru 生まれる *43*
bouquet hanataba 花たば *38*
boy danshi 男子 *26*
boy otoko no ko 男の子 *26*
boys and girls shōnen shōjo 少年少女 *58*
brand-new article shinpin 新品 *56*
broad daylight hakujitsu 白日 *38*
business card meishi 名刺 *60*
buy, to kau 買う *59*
buyer kaite 買い手 *59*

calligraphy shodō 書道 *45*
Canadian person kanadajin カナダ人 *29*
carry out, perform okonau 行う *50*
catch one's eye me ni tsuku 目につく *30*
chair isu 椅子 *28*
chairperson kaichō 会長 *55*
character style, font shotai 書体 *45*
cheap yasui 安い *53*
cheap looking yasuppoi 安っぽい *53*

cherry blossom viewing hanami 花見 *38*
child kodomo 子ども *28*
China chūgoku 中国 *35*
Chinese language chūgokugo 中国語 *47*
Chinese-style reading of a character on'yomi 音読み *44*
circumference enshū 円周 *16*
classic koten 古典 *56*
clock, watch tokei 時計 *25*
close friend shin'yū 親友 *28*
come, to kuru 来る *50*
come to Japan, to rainichi suru 来日する *50*
come off, to slip hazureru 外れる *35*
community shakai 社会 *49*
company kaisha 会社 *49*
company name shamei 社名 *49*
completed, to be dekiagaru 出来上がる *50*
comply with, to kikiireru 聞き入れる *46*
concentrate, to shūchū suru 集中する *35*
Confucianism dōgaku 道学 *52*
considerable amount tadai na 多大な *58*
convention, mass meeting taikai 大会 *57*
country, territory kokudo 国土 *52*
country name kokumei 国名 *52*

daily higoto ni 日毎に *23*
date and time nichiji 日時 *24*
date of birth seinengappi 生年月日 *18*
day before, the zenjitsu 前日 *55*
deaf mimi ga kikoenai 耳が聞こえない *31*
December jūnigatsu 十二月 *14*
departure shuppatsu 出発 *51*
departure from a country shukkoku 出国 *51*
destination ikisaki 行き先 *50*
dialect hōgen 方言 *47*
dictionary jisho 辞書 *45*
dirt floor doma 土間 *21*
discovery hakken 発見 *46*
display miseru 見せる *46*
divide, to wakeru 分ける *22*
divide up work, to tewake o suru 手分けをする *29*

124

ENGLISH–JAPANESE INDEX

documents shorui 書類 *45*
domestic kokunai 国内 *52*
downstream kawashimo 川下 *39*
downward glance shitame 下目 *34*
draft beer nama bīru 生ビール *43*
drink, to nomu 飲む *54*
drinking water nomimizu 飲み水 *54*
drizzle kosame 小雨 *41*
drop in value of the dollar doruyasu ドル安 *53*

earlobe mimitabu 耳たぶ *31*
ear muffs mimiate 耳あて *31*
earnings shūnyū 収入 *51*
east and west tōzai 東西 *37*
east exit higashiguchi 東口 *37*
Eastern Europe higashi yōroppa 東ヨーロッパ *37*
eat, to taberu 食べる *54*
eating and drinking inshoku 飲食 *54*
eating out gaishoku 外食 *54*
eight (pieces; age) yattsu 八つ *13*
eight days yōka 八日 *13*
eight hundred happyaku 八百 *13*
eight o'clock hachiji 八時 *13*
eighty hachijū 八十 *13*
eldest daughter chōjo 長女 *55*
eldest son chōnan 長男 *26*
electric company denki gaisha 電気会社 *49*
electric shock denki shokku 電気ショック *59*
electricity denki 電気 *41*
electron denshi 電子 *59*
electronic cigarette denshi tabako 電子タバコ *59*
electronics (study) denshigaku 電子学 *42*
elementary school shōgakkō 小学校 *42*
elementary school student shōgakusei 小学生 *57*
eleven jūichi 十一 *14*
embankment dote 土手 *21*
empty karappo 空っぽ *40*
empty, to become aku 空る *40*
English person igirisujin イギリス人 *29*
enroll, to nyūkai suru 入会する *51*
entrance iriguchi 入口 *31*
entrance and exit deiriguchi 出入り口 *51*
entry into a country nyūkoku 入国 *51*
enough, to be tariru 足りる *30*
era jidai 時代 *24*
esophagus shokudō 食道 *54*

every gotoni 毎に *23*
every day mainichi 毎日 *18*
every hour maiji 毎時 *23*
every month maigetsu/maitsuki 毎月 *18*
every morning maiasa 毎朝 *23*
every night maiban 毎晩 *23*
every week maishū 毎週 *17*
every year mainen/maitoshi 毎年 *17*
excuse iiwake 言い訳 *47*
exit deguchi 出口 *31*
experience taiken 体験 *44*
expert meijin 名人 *60*

fame kōmei 高名 *53*
famous yūmei na 有名 *60*
famous words meigen 名言 *60*
father chichioya 父親 *27*
father (archaic) chichiue 父上 *27*
father otōsan お父さん *27*
father and child fushi 父子 *27*
father and mother fubo 父母 *27*
father-in-law gifu 義父 *27*
Father's Day chichi no hi 父の日 *27*
February nigatsu 二月 *10*
feeling kibun 気分 *41*
few, a shōshō 少々 *58*
few sukunai 少ない *58*
fifty gojū 五十 *11*
file name fairu mei ファイル名 *60*
fingertip yubisaki 指先 *43*
fire kaji 火事 *18*
fireworks hanabi 花火 *18*
first half zenhan, zenpan 前半 *33*
fish market (riverside) uogashi 魚河岸 *55*
fish shop sakanaya 魚屋 *55*
five (pieces; age) itsutsu 五つ *11*
five days itsuka 五日 *11*
five hundred gohyaku 五百 *11*
font, character style shotai 書体 *45*
food tabemono 食べもの *54*
foreign country gaikoku 外国 *52*
foreigner gaikokujin 外国人 *35*
former, previous izen no 以前の *33*
fountain funsui 噴水 *19*
four (pieces; age) yottsu 四つ *11*
four days yokka 四日 *11*
four minutes yonpun 四分 *22*
four people yonin 四人 *11*
four times yonkai 四回 *11*
Friday kinyōbi 金曜日 *16*
friend nakama 仲間 *25*
friend yūjin 友人 *28*
friend tomodachi 友達 *28*
friendship yūjō 友情 *28*

friendship yūkō 友好 *28*
future gojitsu 後日 *33*
future mirai 未来 *50*
future, prospects shōrai 将来 *50*

gas, vapor kitai 気体 *44*
get off, to oriru 下りる *34*
get off (bus, train), to gesha suru 下車する *48*
girl joshi 女子 *26*
girl on'na no ko 女の子 *26*
girl shōjo 少女 *26*
glance, glimpse hitome 一目 *30*
go, to iku 行く *50*
go down, to kudaru 下る *34*
go down, to oriru 下りる *34*
go down, to sagaru 下がる *34*
go drinking, to nomi ni iku 飲みに行く *54*
go out, to dekakeru 出かける *51*
go out, to gaishutsu suru 外出する *35*
go up, to noboru 上る *34*
goddess megami 女神 *26*
gold medal kinmedaru 金メダル *20*
goldfish kingyo 金魚 *55*
good at something jōzu 上手 *29*
good example, model tehon 手本 *44*
good listener kikijōzuna 聞き上手な *46*
grandmother sobo 祖母 *27*
greengrocer's yaoya 八百屋 *13*
ground, plot of land tochi 土地 *21*

half hanbun 半分 *23*
half a day han'nichi 半日 *23*
half a month hantsuki 半月 *23*
half a year hantoshi 半年 *23*
half past one ichijihan 一時半 *23*
halfway nakaba 半ば *23*
hand-me-downs ofuru お古 *56*
hang down, to sagaru 下がる *34*
happen to hear, to mimi ni hairu 耳に入る *31*
hard of hearing mimi ga tōi 耳が遠い *51*
harmonious enman na 円満な *16*
hat bōshi 帽子 *28*
head office honsha 本社 *49*
heading, headline midashi 見出し *46*
heaven tengoku 天国 *40*
heavy rain ōame 大雨 *41*
height takasa 高さ *53*
height shinchō 身長 *55*
high takai 高い *53*
high school kōkō 高校 *42*
high value of the yen endaka 円高 *16*

125

ENGLISH–JAPANESE INDEX

highest saikō no 最高の *53*
Hokkaido Hokkaidō 北海道 *36*
hour jikan 時間 *24*
how many days nan'nichikan 何日間 *25*
how many hundreds nanbyaku 何百 *14*
how many minutes nanpun 何分 *24*
how many people nan'nin 何人 *24*
how many times nankai 何回 *24*
how many weeks nanshūkan 何週間 *25*
how many years nan'nen 何年 *24*
human being ningen 人間 *25*
human body jintai 人体 *29*
human life jinsei 人生 *29*

iceberg hyōzan 氷山 *38*
ikebana ikebana 生け花 *38*
immigration, entry into a country nyūkoku 入国 *51*
important taisetsu 大切 *57*
in a hurry ōisogi de 大急ぎで *57*
in front of the station ekimae 駅前 *48*
in use shiyōchū 使用中 *35*
inside the body tainai 体内 *44*
inside of a car/train shanai 車内 *48*
inside the company shanai 社内 *49*
insufficiency fusoku 不足 *30*
interesting omoshiroi 面白い *38*
intermediate, middle chūkan 中間 *35*
interview kaiken 会見 *46*

January ichigatsu 一月 *10*
Japan nihon/nippon 日本 *18*
Japanese person nihonjin 日本人 *44*
Japanese-style reading of a character kun'yomi 訓読み *44*
July shichigatsu 七月 *12*
June rokugatsu 六月 *12*
junior high school chūgakkō 中学校 *35*
Jupiter mokusei 木星 *20*
just about, more or less daitai 大体 *44*
juvenile, young nenshō no 年少の *58*

karate karate 空手 *40*
kind of tashō 多少 *58*
kitchen garbage nama gomi 生ゴミ *43*
knock the price down, to yasuku suru 安くする *53*

lane komichi 小道 *52*
language gengo 言語 *47*

language study gogaku 語学 *47*
language, word kotoba 言葉 *47*
large and small daishō 大小 *57*
large majority daitasū 大多数 *58*
last month sengetsu 先月 *18*
last week senshū 先週 *17*
later ato de 後で *33*
later date, future gojitsu 後日 *33*
learn, to gakushū suru 学習する *42*
learn, to manabu 学ぶ *42*
learn by ear, to mimi kara manabu 耳から学ぶ *31*
left and right sayū 左右 *32*
left click hidari kurikku 左クリック *32*
left hand hidarite 左手 *32*
left handed hidarikiki (no) 左利き（の）*32*
left side hidarigawa 左側 *32*
length nagasa 長さ *55*
library toshokan 図書館 *45*
life, living seikatsu 生活 *43*
light eating shōshoku 少食 *58*
listen, to kiku 聞く *46*
listener kikite 聞き手 *46*
little, a shōshō 少々 *58*
little, a sukoshi 少し *58*
life, living seikatsu 生活 *43*
live, to ikiru 生きる *43*
living room ima 居間 *25*
loan word gairaigo 外来語 *47*
long nagai 長い *55*
look in one's eyes metsuki 目つき *30*
lot of, a tasū no 多数の *58*
low value of the yen en'yasu 円安 *16*
luxury kōkyū 高級 *53*

made of wood mokuzō 木造 *20*
make additional purchases, to kaitasu 買い足す *59*
man dansei 男性 *26*
man danshi 男子 *26*
many o'oi 多い *59*
March sangatsu 三月 *10*
Mars kasei 火星 *19*
masculine otoko rashii 男らしい *26*
mass meeting taikai 大会 *57*
May gogatsu 五月 *11*
mayor shichō 市長 *55*
maximum saikō no 最高の *53*
meal shokuji 食事 *54*
measure, to hakaru 計る *25*
meet by chance ikiau 行き会う *50*
meeting shūkai 集会 *49*
member of society shakaijin 社会人 *49*
memory omoide 思い出 *51*
men and women danjo 男女 *26*

metal kinzoku 金属 *20*
mermaid ningyo 人魚 *55*
microwave oven denshi renji 電子レンジ *59*
middle, halfway nakaba 半ば *23*
middle, intermediate chūkan 中間 *35*
Middle East, the chūtō 中東 *37*
Milky Way, the amanogawa 天の川 *40*
model, good example tehon 手本 *44*
moisture suibun 水分 *19*
Monday getsuyōbi 月曜日 *16*
money okane お金 *20*
more or less, just about daitai 大体 *44*
morning gozen 午前 *21*
mother hahaoya 母親 *27*
mother (archaic) hahaue 母上 *27*
mother okāsan お母さん *27*
mother country bokoku 母国 *27*
mother tongue bokokugo 母国語 *27*
Mother's Day haha no hi 母の日 *27*
Mount Fuji Fuji-san 富士山 *39*
mountain climbing yamanobori 山のぼり *39*
mountain road yamamichi 山道 *39*
mouthful hitokuchi 一口 *31*

name namae 名前 *60*
narrator katarite 語り手 *47*
national kokuritsu no 国立の *60*
national flower kokka 国花 *38*
national highway kokudō 国道 *52*
nature ten'nen 天然 *40*
nervous, timid ki ga chīsai 気が小さい *41*
new atarashii 新しい *56*
new car shinsha 新車 *48*
new student shin'nyūsei 新入生 *56*
New Year shin'nen 新年 *56*
newcomer shinjin 新人 *56*
newspaper shinbun 新聞 *56*
next month raigetsu 来月 *18*
next time kondo 今度 *22*
next week raishū 来週 *17*
next year rainen 来年 *17*
nine (pieces; age) kokonotsu 九つ *13*
nine days kokonoka 九日 *13*
nine hundred kyūhyaku 九百 *13*
nine o'clock kuji 九時 *13*
nine people kyūnin 九人 *13*
ninety kyūjū 九十 *13*
noon shōgo 正午 *21*
North America kita amerika 北アメリカ *36*
north exit kitaguchi 北口 *36*
north, south, east and west tōzainanboku 東西南北 *37*

ENGLISH–JAPANESE INDEX

northern country kitaguni 北国 *36*
northern district/part hokubu 北部 *36*
northwest hokusei 北西 *37*
not good at something heta 下手 *29*
notice, to ki ga tsuku 気がつく *41*
novel shōsetsu 小説 *57*
November jūichigatsu 十一月 *14*

observe, to kengaku suru 見学する *46*
occupied shiyōchū 使用中 *35*
October jūgatsu 十月 *14*
older toshiue 年上 *17*
oldest saiko no 最古の *56*
one (piece; age) hitotsu 一つ *10*
one by one gotoni 毎に *35*
one day ichinichi 一日 *10*
one hour ichijikan 一時間 *24*
one hundred long thin things hyappon 百本 *14*
one hundred people hyakunin 百人 *14*
one hundred sheets of hyakumai 百枚 *14*
one hundred thousand jūman 十万 *15*
one hundred yen hyakuen 百円 *14*
one million yen hyakuman'en 百万円 *15*
one person hitori 一人 *10*
one thousand people sen'nin 千人 *15*
one way trip katamichi 片道 *52*
one year ichinenkan 一年間 *17*
one yen ichien 一円 *10*
opinion iken 意見 *46*
origami paper with colored figures chiyogami 千代紙 *15*
other day, the kono aida この間 *25*
other day, the senjitsu 先日 *43*
other people; other people's assistance hitode 人手 *29*
outdoors yagai 野外 *35*
outside sotogawa 外側 *35*
oval da'en 楕円 *16*
overseas kokugai 国外 *52*
overcoat uwagi 上着 *34*
overtime jikangai 時間外 *24*

pair (of shoes) issoku 一足 *30*
paradise tengoku 天国 *40*
parents fubo 父母 *27*
partner nakama 仲間 *25*
path komichi 小道 *52*
perform, carry out okonau 行う *50*
perfume kōsui 香水 *18*
perhaps tabun 多分 *22*
period, era jidai 時代 *24*

person him/herself hon'nin 本人 *44*
pinkie finger koyubi 小指 *57*
plan, to keikaku suru 計画する *25*
please give it to me kudasai 下さい *34*
plot of land tochi 土地 *21*
p.m. gogo 午後 *21*
pocket money kozukai 小づかい *57*
popularity ninki 人気 *41*
population jinkō 人口 *31*
president shachō 社長 *49*
previous day zenjitsu 前日 *33*
previous, former izen no 以前の *33*
priority yūsen 優先 *43*
prospects, future shōrai 将来 *50*
public works dobukukōji 土木工事 *21*
purchase, to kaiireru 買い入れる *59*
purpose mokuteki 目的 *30*

queen jo'ō 女王 *26*

railway tetsudō 鉄道 *52*
rainy season tsuyu 梅雨 *41*
rainy season uki 雨期 *41*
rainy weather amefuri 雨ふり *41*
rainy weather uten 雨天 *41*
raise, to ageru 上げる *34*
read, to yomu 読む *45*
reading dokusho 読書 *45*
reading circle dokushokai 読書会 *45*
real name honmyō 本名 *44*
renowned nadakai 名高い *53*
repair, to te o ireru 手を入れる *29*
right hand migite 右手 *32*
right-hand bend in the road migi kābu 右カーブ *32*
right-hand drive (car) migi handoru 右ハンドル *32*
right-hand man migiude 右腕 *32*
right now imasugu 今すぐ *22*
right side migigawa 右側 *32*
rise, to agaru 上がる *34*
rise in the value of the dollar dorudaka ドル高 *53*
river kasen 河川 *39*
riverside kawabe 川辺 *39*
road for cars shadō 車道 *48*
roof okujō 屋上 *34*
rushed ōisogi de 大急ぎで *57*

Saturday doyōbi 土曜日 *16*
say, to iu 言う *47*
school gakkō 学校 *42*
school building kōsha 校舎 *42*
school cafeteria gakushoku 学食 *42*
school friend kōyū 校友 *28*
school gate kōmon 校門 *42*

school principal kōchō 校長 *42*
scold, to kogoto o iu 小言を言う *47*
second half kōhan 後半 *33*
second son jinan 次男 *26*
secondhand chūko 中古 *35*
secondhand book furuhon 古本 *56*
secondhand car chūkosha 中古車 *48*
secretary hisho 秘書 *45*
see and hear, to mikiki suru 見聞きする *46*
self jibun 自分 *22*
semicircle han'en 半円 *16*
senior, elder toshiue 年上 *17*
September kugatsu 九月 *13*
seriously honki de 本気で *44*
seven (pieces; age) nanatsu 七つ *12*
seven days nanoka 七日 *12*
seven hundred nanahyaku 七百 *12*
seven o'clock shichiji 七時 *12*
seven people nananin, shichinin 七人 *12*
seventy thousand yen nanaman'en 七万円 *12*
shade of a tree kokage 木かげ *20*
Shinto shrine jinja 神社 *49*
Shinto, Shintoism shintō 神道 *52*
shopping kaimono 買いもの *59*
show, to miseru 見せる *46*
shrimp (small) ko ebi 小エビ *57*
significant amount tadai na 多大な *58*
silence mugon 無言 *47*
sip hitonomi 一飲み *54*
six (pieces; age) muttsu 六つ *12*
six days muika 六日 *12*
six hundred roppyaku 六百 *12*
six minutes roppun 六分 *12*
six months hantoshi 半年 *35*
six o'clock rokuji 六時 *12*
sixth grader rokunensei 六年生 *12*
sixty rokujū 六十 *12*
slip, to come off hazureru 外れる *35*
small chīsai 小さい *57*
small fish kozakana 小魚 *55*
society shakai 社会 *49*
socks kutsushita 靴下 *34*
soil and water tsuchi to mizu 土と水 *21*
somewhat tashō 多少 *58*
son musuko 息子 *28*
South Africa minami afurika 南アフリカ *36*
South America minami amerika 南アメリカ *36*
south exit minamiguchi 南口 *36*
Southeast Asia tōnan ajia 東南アジア *36*

ENGLISH–JAPANESE INDEX

southern country nangoku 南国 *36*
southwest nansei 南西 *36*
spark hibana 火花 *18*
speech, language gengo 言語 *47*
splendid rippa 立派 *60*
stand, to tatsu 立つ *60*
station bento box ekiben 駅弁 *48*
station building eki biru 駅ビル *48*
station master ekichō 駅長 *48*
station staff eki'in 駅員 *48*
stream ogawa 小川 *39*
student gakusei 学生 *43*
student seito 生徒 *43*
study, to gakushū suru 学習する *42*
study, to manabu 学ぶ *42*
subordinate meshita 目下 *30*
subsidiary company kogaisha 子会社 *28*
subtotal shōkei 小計 *25*
subway chikatetsu 地下鉄 *34*
Sunday nichiyōbi 日曜日 *22*
superior meue 目上 *30*
swimming suiei 水泳 *19*

table of contents mokuji 目次 *30*
talk, to kataru 語る *47*
tall tree takai ki 高い木 *20*
teacher sensei 先生 *43*
tell, to kataru 語る *47*
ten days tōka 十日 *14*
ten thousand people ichiman'nin 一万人 *15*
ten thousand yen ichiman'en 一万円 *15*
ten yen jūen 十円 *16*
territory kokudo 国土 *52*
thermometer ondokei 温度計 *25*
this month kongetsu 今月 *18*
this morning kesa 今朝 *22*
this time konkai 今回 *22*
this week konshū 今週 *17*
this year kotoshi 今年 *17*
this year (formal) hon'nen 本年 *44*
three (pieces; age) mittsu 三つ *10*
three days mikka 三日 *10*

three days' worth mikkabun 三日分 *22*
three-dimensional rittai 立体 *60*
three hundred sanbyaku 三百 *14*
three people san'nin 三人 *10*
three thousand sanzen 三千 *15*
three weeks sanshūkan 三週間 *17*
throughout the year nenjū 年中 *17*
Thursday mokuyōbi 木曜日 *20*
ticket window madoguchi 窓口 *31*
time jikan 時間 *24*
timid ki ga chīsai 気が小さい *41*
tip of the toe tsumasaki つま先 *43*
today (formal) honjitsu 本日 *44*
today kyō 今日 *22*
Tohoku district Tōhoku chihō 東北地方 *36*
tomorrow asu 明日 *18*
tone (oratorial) kuchō 口調 *30*
tonight konban 今晩 *22*
total, to gōkei suru 合計する *25*
train densha 電車 *48*
travel ryokō 旅行 *50*
trip ryokō 旅行 *50*
Tuesday kayōbi 火曜日 *16*
twenty days hatsuka 二十日 *14*
twenty years old hatachi 二十歳 *14*
two (pieces; age) futatsu 二つ *10*
two days futsuka 二日 *10*
two people futari 二人 *10*
two p.m. gogo niji 午後二時 *21*
two thousand nisen 二千 *10*

under a tree ki no shita 木下 *20*
understand, to wakaru 分かる *22*
unexpectedly angai 案外 *35*
university daigaku 大学 *42*
university, national kokuritsu daigaku 国立大学 *52*
university president gakuchō 学長 *55*
unprecedented zendaimimon no 前代未聞の *46*
untroubled yasurakana 安らかな *53*
uphill slope noborizaka 上り坂 *34*
upriver kawakami 川上 *39*

used, secondhand chūko 中古 *35*
used book furuhon 古本 *56*

vacate, to akeru 空ける *40*
vapor, gas kitai 気体 *44*
vase kabin 花びん *38*
very fond of daisuki 大好き *57*
volcano kazan 火山 *19*
volcanic eruption funka 噴火 *19*

watch, clock tokei 時計 *25*
water o-mizu お水 *19*
weather tenki 天気 *40*
weather forecast tenkiyohō 天気予報 *40*
Wednesday suiyōbi 水曜日 *16*
weekday shūjitsu 週日 *17*
west exit nishiguchi 西口 *37*
western district, part seibu 西部 *37*
Western Europe nishi yōroppa 西ヨーロッパ *37*
what day of the week nanyōbi 何曜日 *16*
what month nangatsu 何月 *24*
what time nanji 何時 *24*
what year nan'nen 何年 *38*
white shiroi 白い *38*
white person hakujin 白人 *38*
white wine shirowain 白ワイン *38*
wire harigane 針金 *20*
with footwear on dosoku de 土足で *21*
witness tachiainin 立ち会い人 *60*
woman josei 女性 *26*
woman joshi 女子 *26*
women's university joshidai 女子大 *26*
wooden mokuzō 木造 *20*
word, language kotoba 言葉 *47*
workers hitode 人手 *29*
worried about, to be ki ni naru 気になる *41*

young, juvenile nenshō no 年少の *58*
younger toshishita 年下 *17*